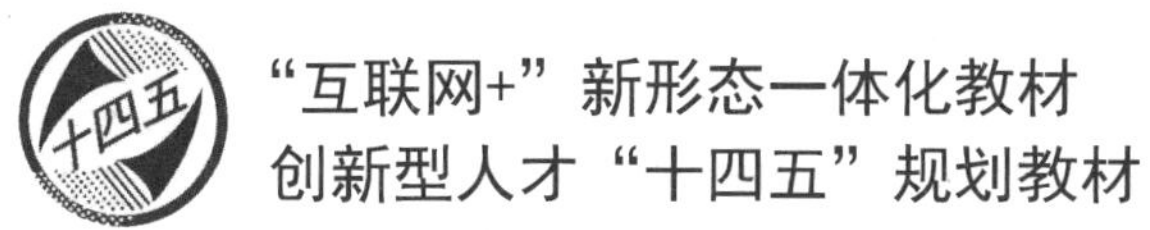


# 管理会计

主　编　程美旺　熊文铱　林贤元

副主编　张　滢　余丽萍　吕　皓
李同国　杨　戈

中国商业出版社

**图书在版编目（C I P）数据**

管理会计 / 程美旺，熊文铱，林贤元主编. -- 北京：中国商业出版社，2023.5
ISBN 978-7-5208-2489-7

Ⅰ. ①管… Ⅱ. ①程… ②熊… ③林… Ⅲ. ①管理会计 Ⅳ. ①F234.3

中国国家版本馆 CIP 数据核字(2023)第 089405 号

责任编辑：黄世嘉

中国商业出版社出版发行
（www.zgsycb.com　100053　北京广安门内报国寺 1 号）
总编室：010-63180647　编辑室：010-63033100
发行部：010-83120835/8286
新华书店经销
北京宝莲鸿图科技有限公司印刷
*
787 毫米×1092 毫米　16 开　16.25 印张　380 千字
2023 年 5 月第 1 版　2023 年 5 月第 1 次印刷
定价 49.80 元
* * * *
（如有印装质量问题可更换）

# 前　言

党的二十大报告指出，我们要办好人民满意的教育，全面贯彻党的教育方针，落实立德树人根本任务，培养德智体美劳全面发展的社会主义建设者和接班人。加快建设高质量教育体系，发展素质教育，促进教育公平。本书以素质教育为指导，根据财政部《会计改革与发展“十四五”规划纲要》和《财政部关于全面推进管理会计体系建设的指导意见》，结合《管理会计基本指引》《管理会计应用指引》的内容编写而成。全书共有九个项目，分别是认知管理会计、成本性态与变动成本法、营运管理、预测分析、短期经营决策、长期投资决策、预算管理、成本管理、责任会计与绩效管理。每个项目中设置了知识目标、知识导图、引入案例、任务描述、知识点、技能点、知识辨析、知识拓展、知识提示、任务举例、课程案例、知识链接等栏目，即有利于学生对管理会计基本知识的学习，又有利于学生解决实际问题和培养综合能力。此外，为了便利教学，本教材还配有《管理会计实训》和教学课件等教学资源，供教师教学使用。

本书由程美旺、熊文铱、林贤元担任主编，张滢、余丽萍、吕皓、李同国、杨戈担任副主编。 具体编写分工如下：程美旺负责编写项目三、项目四；熊文铱负责编写项目一、项目二；林贤元负责编写项目五；项目六、项目七由张滢、余丽萍共同编写；项目八、项目九由吕皓、李同国、杨戈共同编写。全书由程美旺总纂并统稿。

本书可以作为高等院校大数据与会计、大数据与财务管理等相关专业学生学习管理会计来使用，还可以作为管理会计从业人员的辅导用书。为方便教学，本书还配有教学资料包，可联系 bhhwbook@163.com。

本书也是校企合作的成果，潍坊乾晟会计师事务所所长李同国注册会计师参与了本书的撰写，同时在编写过程中，借鉴和参考了大量国内外的相关书籍和教材，在此，谨向所有相关作者表示诚挚的感谢。由于作者水平有限，书中难免存在不当之处，敬请批评指正。

编　者

2023 年 1 月

# 目　　录

# 项目一　认知管理会计

## 【学习目标】

◇知识目标

●了解管理会计的产生与发展，掌握管理会计的概念、职能和内容；
●熟悉管理会计的特点，掌握管理会计与财务会计的关系；
●熟悉管理会计职业道德的内容。

◇技能目标

●能够阐述管理会计产生与发展的过程；
●能够根据企业经济发展分析判断对管理会计的影响；
●能够领悟管理会计的工作重点及工作程序。

## 【知识导图】

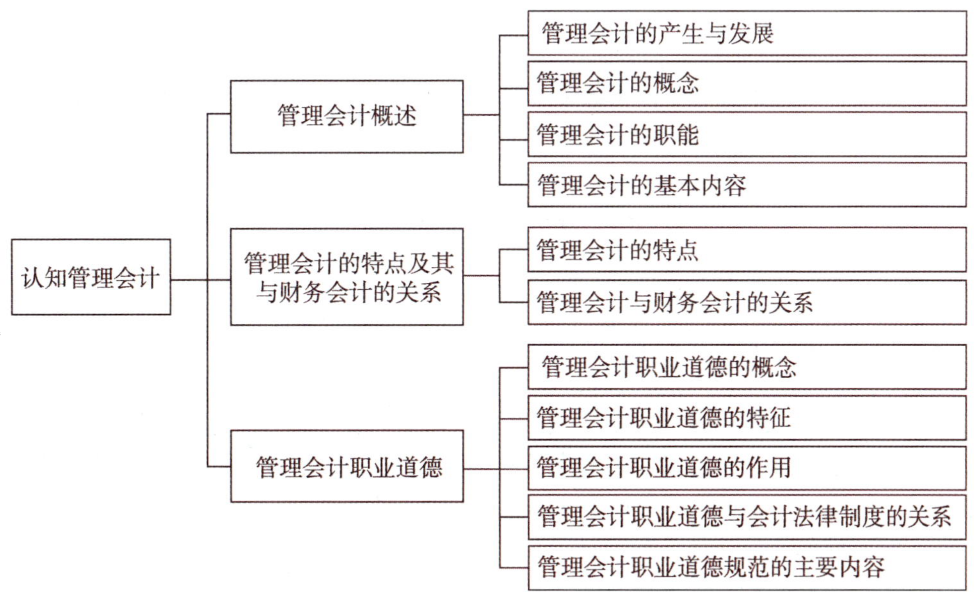


## 【引入案例】

开学了，王教授为同学们介绍管理会计课程，并让同学们讨论，大家热情很高，各抒己见。

甲同学：管理会计和我们上学期学习的财务会计没有什么区别，主要职责都是记好账、算好账、提供会计信息，只不过管理会计侧重于管理，财务会计侧重于核算。乙同学：管理会计不同于财务会计，它与财务会计既有联系又有区别，在工作重点、服务对象、信息特征、会计主体、计算方法等方面有着明显的区别，可以说管理会计创造财富，财务会计衡量财富。丙同学：管理会计是用于企业内部经营管理的会计，其功能在于“管理”，而不是记账、算账。

思考：什么是管理会计？管理会计是如何产生和发展的？管理会计的职能是什么？管理会计和财务会计的区别是什么？请同学们结合这些问题，开启本项目的学习之旅。

# 任务一　管理会计概述

【任务描述】

管理会计是从传统会计中分离出来与财务会计并列的、着重为企业改善经营管理、提高经济效益服务的一个企业会计分支。管理会计是一门专业学科，在制定和执行组织战略中发挥综合作用，其职能为预测经济前景、参与经济决策、规划经营目标、控制经济过程、考核评价经营业绩五个方面。

【知识点】

了解管理会计的产生与发展，掌握管理会计的概念、职能和内容。

【技能点】

掌握管理会计产生与发展的过程，理解经济发展对管理会计的影响。

【知识储备】

## 一、管理会计的产生与发展

会计的产生源于人们对企业经济信息的需求，这一需求随着社会经济环境的发展而变化，而对管理信息的需求则推动了管理会计的萌芽、发展与创新。管理会计先后经历了早期管理会计萌芽与形成、现代管理会计和战略管理会计三个阶段。

### （一）早期管理会计萌芽与形成阶段（20 世纪初—20 世纪 50 年代）

管理会计的最初萌芽产生于 20 世纪初，此时随着市场经济的迅速发展和社会生产力水平的提高，传统的经验管理方式所无法克服的粗放经营、资源浪费严重、生产效率低等弊端与大机器工业之间的矛盾越来越尖锐。以科学管理来代替经验管理就成为历史的必然，这集中体现在“泰勒制”应运而生。1911 年，“科学管理之父”泰勒撰写了《科学管理原理》一书，其核心是科学分析人在劳动中的机械动作，制定最精确的操作方法，实行最完善的计算和监督制度。泰勒强调提高生产和工作效率，通过他所倡导的时间和动作研究，制定一定客观条件下可以实现并认为最有效的标准，并以此作为评价和考核的依据，以促使企业管理向标准化、制度化方向发展。标准制定后，严格进行过程控制以保证标准的执行，杜绝一切可避免的资源浪费和低生产效率的产生。为配合“泰勒制”的实施与推广，要求传统的会计由单一的事后核算向事前规划、事中控制转变，于是在会计实务中出现了“标准成本计算”和“预算控制”。它们的共同特点是：事先制定标准数量或者预测数值，然后按此执行并加以控制，将实际数与标准数值或预测值进行比较，最后计算差异并进行差异分析，通过差异分析，揭示产生差异的原因并提出消除差异的建议和措施。这些状况标志着管理会计萌芽的出现和雏形的形成。由于这一阶段管理会计的职能集中体现在“控制”方面，人们认为这一阶段属于传统管理会计阶段。

### （二）现代管理会计阶段（20 世纪 50—70 年代）

20 世纪五六十年代是世界经济发展的黄金时期，经济高速增长、科学技术进步、管理科学变革。世界经济的快速发展与加强经济管理的需要，是管理会计迅速发展的根本原因。科技的快速进步推动了经济的迅猛发展，企业的内外部环境发生了很大变化，在这样的背景下，迫切要求企业实现向管理科学现代化转型，对生产经营活动进行更加科学、精确的计划与控制，提高产品质量，降低成本，提高利润，加强企业的内部管理效率并对外部市场的变化灵活作出应变，提高竞争能力。与此相对应，准确、及时的事前预测和正确的经营决策直接关系着企业的兴衰成败。在企业外部环境剧烈变化的情况下，曾对经济发展发挥了巨大作用的科学管理理论已无法适应企业管理的需要。科学管理理论只重视生产过程的高度标准化，以提高生产和工作效率，忽视了企业管理的全局性以及企业作为一个整体与外部的联系，也忽视了劳动者的主观能动性，已经不能适应企业管理的新要求。于是，现代管理理论纷纷涌现。现代管理理论的形成和发展为管理会计的发展奠定了理论基础，为管理会计提供了现代化的管理方法与技术，使管理会计的发展进入一个新的发展阶段，促使管理会计更加强调经济预测与经营管理决策，形成了以“决策与计划会计”和“执行会计”为主体的管理会计结构。

### （三）战略管理会计阶段（20 世纪 80 年代以后）

进入 20 世纪 80 年代，世界经济虽然有短暂的停滞，但从整体上看是持续增长的，这推动了企业组织规模的扩大。由于社会富裕程度的增加，消费者的需求逐渐由大众化的、能满足基本使用需求的产品转向更加多样化、更具个性特征的产品。由于这种需求的变化，相应地要求企业由传统的大批量生产模式转向能对顾客多元化、日新月异的需求做出及时的“顾客化生产”。这种市场环境的巨大改变必然反映到企业的生产和管理组织，要求企业的生产管理更加注重顾客需求和顾客价值，企业的整个管理系统都要协调一致地对市场需求的变化作出及时反应。管理会计为了适应新的环境，满足企业管理的要求，又发展出战略管理会计。战略管理会计是为适应战略管理的需要而产生的。1981 年，英国学者肯尼斯·西蒙兹发表了《战略管理会计》一文，首次提出战略管理会计的概念。之后，他又在自己的系列论文中，强调管理会计与战略管理结合的重要意义。战略管理会计的提出，标志着管理会计在适应企业管理要求的道路上开始了跨越式发展。所谓战略管理会计，是以实现企业所有者财富最大化为目标，运用灵活多样化的技术和方法，搜集、加工和整理企业内外与企业战略管理相关的各种财务和非财务信息，并据此来帮助管理当局进行战略制定、战略实施和战略评价，以维持和发展企业持久的、有竞争优势的一种新型的管理会计系统。

【知识辨析 1-1】

下列各项中，属于划分传统管理会计和现代管理会计两个阶段时间标志的是（　　）。

A. 19 世纪 90 年代　　B. 20 世纪 20 年代

C. 20 世纪 50 年代　　D. 20 世纪 70 年代

答案：C

## 二、管理会计的概念

管理会计的定义有广义和狭义之分。狭义的管理会计，又称微观管理会计，是指在当代市场经济条件下，以强化企业内部经营管理，实现最佳经济效益为最终目的，以现代企业经营活动及其价值表现为对象，通过对财务等信息的深加工和再利用，实现对经济过程的预测、决策、规划、控制、责任考核评价等职能的一个会计分支。广义的管理会计，是指用于概括现代会计系统中区别于传统会计，直接体现预测、决策、规划、控制和责任考核评价等会计管理职能的那部分内容的一个范畴。本书主要讨论狭义的管理会计问题。

## 三、管理会计的职能

管理会计的职能是指管理会计实践本身客观存在的必然性所决定的内在功能。按照管理五个职能的观点，可以将管理会计的主要职能概括为以下五个方面。

### （一）预测经济前景

预测是指采用科学的方法预计推测客观事物未来发展必然性或可能性的行为。管理会计发挥“预测经济前景”的职能，就是按照企业未来的总目标和经营方针，充分考虑经济规律的作用和经济条件的约束，选择合理的量化模型，有目的地预计和推测未来企业销售、利润、成本及资金的变动趋势和水平，为企业经营决策提供第一手信息。

### （二）参与经济决策

决策是在充分考虑各种可能的前提下，按照客观规律的要求，通过一定程序对未来实践的方向、目标、原则和方法作出决定的过程。管理会计发挥“参与经济决策”的职能，主要体现在根据企业决策目标收集、整理有关信息资料，选择科学的方法计算有关长短期决策方案的评价指标，并作出正确的财务评价，最终筛选出最优的行动方案。

### （三）规划经营目标

管理会计“规划经营目标”的职能，是通过编制各种计划和预算实现的。它要求在最终决策方案的基础上，将事先确定的有关经济目标分解落实到各有关预算中去，从而合理有效地组织协调企业供、产、销及人、财、物之间的关系，并为控制和责任考核创造条件。

### （四）控制经济过程

管理会计发挥“控制经济过程”的职能，就是将对经济过程的事前控制同事中控制有机地结合起来，通过事前确定科学可行的各种标准，根据执行过程中的实际与计划发生的偏差进行原因分析，并及时采取措施进行调整，改进工作，确保经济活动的正常进行的过程。

### （五）考核评价经营业绩

管理会计履行“考核评价经营业绩”的职能，是通过建立责任会计制度来实现的，即在各部门各单位及每个人均明确各自责任的前提下，逐级考核责任指标的执行情况，找出成绩和不足，从而为奖惩制度的实施和未来工作改进措施的形成提供必要的依据。

【知识辨析 1-2】

1. 下列属于管理会计职能的是（　　）。

A. 预测经济前景　　B. 参与经济决策

C. 规划经营目标　　D. 控制经济过程

答案：ABCD

## 四、管理会计的基本内容

管理会计的内容是指与其职能相适应的工作内容，包括预测分析、决策分析、全面预算、成本控制和责任会计等方面。其中，前两项内容合称为预测决策会计；全面预算和成本控制合称为规划控制会计。预测决策会计、规划控制会计和责任会计，三者既相对独立，又相辅相成，共同构成了现代管理会计的基本内容。

### （一）预测决策会计

预测决策会计是指管理会计系统中侧重于发挥预测经济前景和实施经营决策职能的最具有能动作用的会计子系统，处于现代管理会计的核心地位，是现代管理会计形成的关键标志之一。预测决策会计主要包括经营预测、短期经营决策和长期投资决策。

### （二）规划控制会计

规划控制会计是以确保与其奋斗目标顺利实现的管理会计子系统。它是指企业在进行预测决策的基础上，对未来经营目标设计若干个方案，通过对各种方案进行分析、评价选优，将所选取的方案进一步落实，从而制定出详细的预算，并对预算的执行情况进行监督与检查。其工作包括预算管理、成本控制等。

### （三）责任会计

责任会计是通过考核评价各有关方面履行责任的情况，反映其真实业绩，从而调动企业全体职工积极性的管理会计子系统，是评价、考核工作业绩的一种工作制度。它的内容一般包括确定责任中心、落实责任预算、记录实际结果、比较执行情况、编制业绩报告、控制和调整经济活动等。

【知识辨析 1-3】

管理会计系统中侧重于发挥预测经济前景和实施经营决策职能的最具有能动作用的会计子系统，处于现代管理会计的核心地位的是（　　）。

A. 预测决策会计　　B. 规划控制会计

C. 对外报告会计　　D. 财务会计

答案：A

【知识链接】

## 管理会计假设与原则

（一）管理会计的基本假设

所谓管理会计的基本假设，是指为实现管理会计目标，合理界定管理会计工作的时空范围，统一管理会计操作方法和程序，满足信息收集与处理的要求，从纷繁复杂的现代企业环境中抽象概括出来的，组织管理会计工作不可缺少的一系列前提条件的统称。具体内容包括以下几点。

1. 多层主体假设

该假设又称多重主体假设。该假设规定了管理会计工作对象的基本活动空间。由于管理会计主要面向企业内部管理，而企业内部可划分为许多层次，因此，管理会计假定其会计主体不仅包括企业整体，而且包括企业内部各个层次的所有责任单位。

2. 理性行为假设

该假设包含两重意义。第一，由于管理会计在履行其职能时，往往需要在不同的程序或方法中进行选择，就会使其工作结果在一定程度上受到人的主观意志影响，因此，管理会计假定：管理会计师总是出于设法实现管理会计工作总体目标的动机，能够采取理性行为，自觉地按照科学的程序与方法办事。第二，假定每一项管理会计具体目标的提出，完全出于理性或可操作性的考虑，能够从客观实际出发，既不将目标定得过高，也不至于含混不清，无法操作。

3. 合理预期假设

合理预期假设又称灵活分期假设。本假设规定：为了满足管理会计面向未来决策的要求，可以根据需要和可能，灵活地确定其工作的时间范围或进行会计分期，不必严格地受财务会计上的会计年度、季度或月份的约束；在时态上可以跨越过去和现在，一直延伸到未来。

4. 充分占有信息假设

该假设从信息收集及其处理的角度提出：一方面，管理会计采用多种计量单位，不仅充分占有和处理相关企业内部外部的价值量信息，而且占有和处理其他非价值量信息；另一方

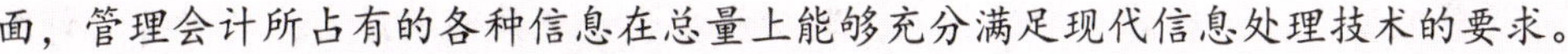

面，管理会计所占有的各种信息在总量上能够充分满足现代信息处理技术的要求。

（二）管理会计的基本原则

管理会计原则是指在明确管理会计基本假设基础上，为保证管理会计信息符合一定质量标准而确定的一系列主要工作规范的统称。

1. 最优化原则。它是指管理会计必须根据企业不同管理目标的特殊性，按照优化设计的要求，认真组织数据的收集、筛选、加工和处理，以提供能满足科学决策需要的最优信息。

2. 效益性原则。该原则包括两层含义：一是指信息质量应有助于管理会计总体目标的实现；二是指坚持成本—效益原则。

3. 决策有用性原则。决策有用性是指管理会计信息在质量上必须符合相关性和可信性的要求。信息的可信性又包括可靠性和可理解性两个方面，前者规范的是管理会计信息内在质量的可信性，后者规范的是管理会计信息外在形式上的可信性。

4. 及时性原则。这个原则要求规范管理会计信息的提供时间，讲求时效，在尽可能短的时间内，迅速完成数据收集、处理和信息传递，确保有用的信息得以及时利用。

5. 重要性原则。贯彻重要性原则，必须考虑到成本—效益原则和决策有用性原则的要求；同时它也是实现及时性的重要保证。

6. 灵活性原则。尽管管理会计也十分讲求其工作的程序化和方法的规范化，但必须增强适应能力，根据不同任务的特点，主动采取灵活多变的方法，提供不同信息，以满足企业内部各方面管理的需要，从而体现灵活性原则的要求。

（三）管理会计基本原则与基本假设的关系

管理会计的基本假设是组织管理会计工作的必备前提，是实现管理会计的基本原则。管理会计的基本原则是在基本假设的基础上对管理会计工作质量（尤其是对其信息质量）所提出的具体要求。两者共同服务于管理会计的总体目标。

【知识拓展】

管理会计的工作主体则为多层次，有时以整个企业为主体，有时又以企业的某一局部、部门甚至管理环节（如成本中心、费用为中心）为其工作主体。也就是说，管理会计为了更好地服务于企业的经营管理，必然同时兼顾企业生产的全局和局部两个方面，既要从整个企业的全局出发来考虑、观察和处理问题，也要从企业的各个局部出发来考虑、观察和处理问题，二者不可偏废。

## 任务二　管理会计的特点及其与财务会计的关系

【任务描述】

管理会计是会计学科体系中不同于财务会计的会计分支，它是用于企业内部经营管理的会计，属于经营管理型会计，有着自身的特点，其功能在于管理并创造财富，与财务会计既有联系又有区别。

【知识点】

熟悉管理会计的特点，掌握管理会计与财务会计的关系。

【技能点】

掌握管理会计的工作重点及工作程序。

【知识储备】

## 一、管理会计的特点

管理会计具有以下五个方面的特点。

### （一）侧重为企业内部经营管理服务

现代管理会计主要通过对财务和管理信息的提供及其分析和解释，为企业管理部门正确地进行优化决策和有效地改善生产经营服务。

### （二）方式方法灵活多样

现代管理会计要充分利用财务会计记账、算账提供的资料；还从此之外取得有关信息，根据管理要求加工计算，为管理上提供各种有用的资料。

现代管理会计以灵活而多样的形式对财务会计的有关资料进行加工、改制和延伸；对各种经营方案的经济效益进行分析对比。并进行资料的加工计算和汇总。

### （三）兼顾全局与局部两个方面

现代管理会计为了更好地服务于企业的经营管理，必须同时兼顾企业生产经营的全局与局部两个方面。

### （四）面向未来

现代管理会计面向企业未来。决策与计划会计主要是以企业未来尚未发生的事项作为处理对象，依据其所掌握的丰富资料，对生产经营中各个方面采取的有关方案能够取得多大经济效益，事先进行科学的预测和分析比较，以便为正确选取最优方案提供客观依据。

### （五）数学方法的广泛应用

现代管理会计越来越广泛地应用许多高等数学和现代数学方法。随着科学技术的不断进步，生产经营变得日趋复杂，企业规模的不断扩大，整个企业管理正朝着定量化的方向发展。现代管理会计为适应企业管理上这一重大转变，要求用高等数学和现代数学方法来“武装”自己，使之朝着定量化的方向发展。

【知识辨析 1-4】

1. 下列表述中，能够揭示管理会计特征的有（　　）。

A. 侧重为企业内部经营管理服务

B. 方式方法灵活多样

C. 兼顾全局与局部两个方面

D. 面向未来

答案：ABCD

## 二、管理会计与财务会计的关系

### （一）管理会计与财务会计的联系

#### 1. 管理会计与财务会计起源相同

管理会计与财务会计两者源于同一母体，都是在传统会计中孕育、发展和分离出来的，且都属于现代企业会计，它们共同是现代企业会计系统的有机整体。两者相互依存、相互制约、相互补充。

#### 2. 管理会计与财务会计的最终目标相同

两者都以企业经营活动及其价值表现为对象；它们都必须服从现代企业会计的总体要求，共同为实现企业和企业管理目标服务。

#### 3. 管理会计与财务会计相互分享部分信息

在实践中，管理会计所需要的许多资料来源于财务会计系统，它的主要工作内容是对财务会计信息进行深加工和再利用，因而受到财务会计工作质量的约束；同时，部分管理会计信息有时也列作对外公开发表的范围。

### （二）管理会计与财务会计的区别

#### 1. 工作主体（范围）的层次不同

管理会计的工作主体可分为多个层次，既可以以整个企业（如投资中心、利润中心）为主体，又可以将企业内部的局部区域或个别部门甚至某一管理环节（如成本中心、费用中心）作为其工作的主体。而财务会计的工作主体往往只有一个层次。

#### 2. 工作侧重点（具体目标）不同

管理会计工作的侧重点在于针对企业经营管理遇到的特定问题，进行分析研究；而财务会计工作的侧重点在于根据日常的业务记录，登记账簿，定期编制有关的财务报表。

#### 3. 作用时效不同

管理会计的作用时效不仅限于分析过去，而且在于能动地利用已知的财务会计资料进行预测和规划未来，同时控制现在，从而横跨过去、现在和未来三个时态；财务会计的作用时效主要在于反映过去。

4. 遵循的原则、标准和依据的基本概念框架结构不同

管理会计在工作中还可灵活应用预测学、控制论、信息理论、决策原理、目标管理原则和行为科学等现代管理理论作为指导，它所使用的许多概念都超出了传统会计要素等的基本概念框架；而财务会计工作必须严格遵守“公认的会计原则”。

5. 信息特征及信息载体不同

管理会计所提供的信息往往是为满足内部管理的特定要求而有选择的、部分的和不定期的管理信息；财务会计能定期地向与企业有利害关系的集团或个人提供较为全面的、系统的、连续的和综合的财务信息。

6. 方法体系不同

管理会计可以选择灵活多样的方法对不同的问题进行分析处理；财务会计的方法则比较稳定。

7. 工作程序不同

管理会计工作的程序性较差；财务会计必须执行固定的会计循环程序。

8. 体系的完善程度不同

目前管理会计体系尚不够完整；财务会计现在已经达到相对成熟和稳定的地步。

9. 观念的取向不同

现代管理会计更为关注管理的过程；财务会计不大关心管理过程及其结果对企业内部各方面人员心理和行为的影响。

10. 对会计人员素质的要求不同

管理会计工作需要考虑的因素比较多，涉及的内容比较复杂，因此要求从事这项工作的人员具备较深厚的专业造诣，且具有较强的分析问题、解决问题的能力。

【知识拓展】

为适应不同管理活动的需要，管理会计虽然主要使用货币量度，但也大量采用非货币量度，如实物量度、劳动量度、关系量度（如市场占有率、销售增长率）等。

【知识辨析 1-5】

下列关于财务会计与管理会计的联系和区别说法正确的是（　　）。

A. 管理会计与财务会计起源相同

B. 管理会计与财务会计的最终目标相同

C. 管理会计与财务会计方法体系不同

D. 管理会计与财务会计工作侧重点不同

答案：ABCD

# 任务三　管理会计职业道德

【任务描述】

管理会计职业道德是指管理会计职业活动中应当遵循的职业行为准则和规范。针对管理会计的职业活动，了解它的特征、作用和内容，与会计法律制度有联系和区别。

【知识点】

理解管理会计职业道德的概念；掌握管理会计职业道德的特征、作用和内容；熟悉管理会计职业道德与相关法律制度的区别。

【技能点】

能在面对管理会计繁杂的职业关系和问题甚至冲突的时候，作出职业道德所指引的正确选择。

【知识储备】

## 一、管理会计职业道德的概念

职业道德是指人们在职业中所遵从的行为规范，体现一定的职业特征，调整一定的职业关系，作为管理会计的职业道德也不例外。

管理会计职业道德是指在管理会计职业活动中应当遵循的、体现管理会计职业特征的、调整管理会计职业关系的职业行为准则和规范。其针对的职业活动是管理会计的职业活动、针对的管理是管理会计职业活动中的管理关系。

## 二、管理会计职业道德的特征

### （一）具有职业性的特征

管理会计的职业道德与其所从事的职业密切相关，具有明显的职业性。

### （二）具有实践性的特征

管理会计从业者作为管理会计目标的实践者，通常是单位管理活动的参与者，管理会计的职业道德正是在管理会计的职业过程中，在管理的工作实践中表现出来的。

### （三）具有符合性的特征

管理会计的职业道德就是为从业者提供思维和行为方向，使得管理会计从业者所参与的管理活动，既要帮助服务的机构达到管理目标，又要使得所服务的管理活动符合国家利益和社会公众利益。

## 三、管理会计职业道德的作用

### （一）对管理会计师个体的作用

#### 1．对管理会计师的指导作用

管理会计职业道德是规范管理会计师行为的基础，指导管理会计师行为的方向。在管理会计工作中，职业道德为其行为提出要求、指明方向，帮助所服务的机构更好地达成管理会计职业的目标，是实现管理会计目标的重要保证。

#### 2．对管理会计师的职业道德遵守的促进和评价作用

通过对管理会计职业道德的制定、推广等活动，能够对管理会计师的言行进行客观的评价，进而促进管理会计师职业道德被从业者遵守。

### （二）对实施管理会计单位的作用

#### 1．是单位实现管理会计目标的重要保障

管理会计职业道德是管理会计体系实施者的从业要求，通过认真学习和遵从管理会计职业道德，将促进管理会计体系的落实，进而促进实现管理会计目标。

#### 2．是单位总体道德价值观的重要组成部分

管理会计的职业道德，通常属于道德规范在具体职业领域的表现，通过管理会计人员对职业道德的遵从，反过来也会对单位总体道德和价值观产生积极正面的影响。

### （三）对职业规范体系的作用

管理会计职业道德是相关财会法律法规的重要补充。管理会计职业道德虽不属于法律法规，但是职业道德体系与法律法规体系共同作用在不同层面形成的对职业规范的完整要求。

## 四、管理会计职业道德与会计法律制度的关系

### （一）管理会计职业道德与会计法律制度的协同关系

#### 1．两者的目标相同

会计法律制度体系和管理会计职业道德体系所要达到的目的是相同的。

#### 2. 管理会计职业道德以会计法律制度为基础

管理会计职业道德是对会计法律制度体系无法或不宜覆盖到的内容，提出要求并进行归纳总结与推广教育的。其与法律制度相互补充，共同构成管理会计职业人员的职业规范体系。

#### 3. 管理会计职业道德是相关法律法规的重要补充

管理会计的主要工作中，绝大多数工作属于对所服务机构的内部管理和决策支持。管理会计的职业道德要求，成为引导管理会计师做好工作的重要指引，是会计法律制度体系的重要补充。

#### 4. 法律法规将成为管理会计职业道德工作的方向指引

财政部关于全面推进管理会计体系建设的指导意见以及其他会计法律制度，是形成中国管理会计职业道德的重要指引和基础。

### （二）管理会计职业道德与会计法律制度的区别

#### 1. 两者的性质不同

会计法律制度是国家法律体系的一部分，具有强制性，代表的是国家意志。一旦所服务的机构或个人违反会计法律制度的相关规定和要求，国家会依法进行制裁，以保证所有机构和个人都能够在法律制度所规范的环境内公平竞争。

管理会计职业道德没有国家行政司法体系作为保障，是管理会计师的自律性要求，代表的是管理会计职业群体以及社会公众的要求或期待，其执行的要求和监督来自社会或自律性组织。

#### 2. 两者作用范围不同

会计法律制度只对实际表现出来的行动和进而产生的实际结果进行约束。

管理会计职业道德则从一个人的思想深处，包括行为的动机出发，教育和约束从业者，使得管理会计人员在行动之前就受到职业道德的影响，从而选择职业道德所引导的方向，进而付诸正确的实际行动。

#### 3. 两者表现形式不同

会计法律制度由国家立法部门或行政管理部门制定和颁布并负责解释，有明确的法律条款，实施细则。

管理会计职业道德可以形成文字，也可以不形成文字，是一种思想深处的自律意识。

## 五、管理会计职业道德规范的主要内容

### （一）职业认知与价值观念

作为一名管理会计从业者，首先要端正职业认知和树立正确的价值观，包括爱岗敬业、客观公正、保守秘密和廉洁自律、诚信从业五个方面。

### 1. 爱岗敬业

爱岗敬业就是要求管理会计人员热爱管理会计工作，安心本职岗位，忠于职守、尽心尽力、尽职尽责。具体表现在以下两个方面。

（1）正确认识管理会计职业，认识管理会计的职业特点。正如管理会计基本指引所指出的，管理会计的目标是通过运用管理会计工具和方法，参与所服务机构的规划、决策、控制、评价活动并为之提供有用信息，推动单位实现战略规划。这些管理工作，都是难度较大、要求较高的，甚至需要一定程度创新和具有挑战性的管理工作。

（2）热爱管理会计职业，通过做好管理会计工作创造价值。在正确认识管理会计工作的性质、特点和挑战的基础上，要发自内心热爱这个工作，才会产生真正做好该工作的内在驱动力，才能克服各种工作困难。通过做好管理会计工作，为所服务的机构创造价值。

### 2. 客观公正

客观公正要求管理会计人员端正态度，依法办事，实事求是，不偏不倚，保持应有的独立性。具体表现在以下三个方面。

（1）从主观上，客观公正地推进工作，管理工作不能带有偏向特定利益方的倾向，但可以带有个人的管理特点。作为管理会计师，因其所参与的管理工作往往会涉及不同的参与方和利益团体，如一个工程项目涉及单位内不同的部门参与、一个投资计划涉及不同的投资人等，在推进管理会计工作的过程中，应该秉承客观公正的态度。如果所服务的机构是企业，就应以企业的利益为出发点；如果是行政事业单位，则以国家利益为出发点。管理会计师不得偏向特定的利益方，不能在管理会计工作中有所偏颇，但这不妨碍管理会计师在管理工作中带有自己的管理特点。

（2）从客观上，顶住各种不正当压力。因为利益的关系，在管理会计师以管理会计的专业方式工作时，很可能内外部利益方或利益团体会以各种不同的方式对其施加压力，企图通过施压甚至给予利益，获得偏向自己的支持。此时，管理会计师需要顶住压力，客观公正地从事自己的工作。

（3）遵守国家法律法规，推动单位向政策和法律法规所鼓励和引导的方向发展。基于对眼前利益的考量或其他因素，单位的某些利益方甚至所有的利益团体可能会有通过违规行为获得利益的冲动或要求，但从长远来看，这样做对单位而言一定是弊大于利。国家法律法规制定的出发点是为所有企业构建公平的经营环境，或依据政策引导企业向国家期望的方向发展，比如用税收优惠、补贴等政策进行引导。

### 3. 保守保密

管理会计师由于王作的关系，必然会掌握企业诸多经营管理信息，甚至包括战略决策方面的信息，这些信息都是企业的商业机密。管理会计师，对于工作中获取或知晓的企业机密信息，必须秉承保密的原则，未经单位许可，不得向他人泄露，同时主动提高警惕性，防止在无意中不经意泄露所在单位的机密。

### 4. 廉洁自律

廉洁自律要求管理会计人员公私分明、不贪不占、遵纪守法、清正廉洁。廉洁就是不贪污钱财，不收受贿赂，保持清白。具体表现在以下三个方面。

（1）不利用职务之便谋取私利或行贿受贿。管理会计师参与企业管理和决策活动，手中握有一定的权力，也有利用权力谋取私利甚至受贿的便利或可能。虽然管理会计师受贿有法律层面的约束，但同时也有职业道德的规范，不得利用职务之便谋取私利或收受贿赂。此外，管理会计师可能是重大事项的主要责任人，在执行项目时，管理会计师会承受很大的管理压力，此时作为项目责任人往往为了快速推进项目或其他原因，产生行贿的冲动并付诸实施。这种行为从长远来看，对单位和个人乃至对整个社会都是有危害的。职业道德要求管理会计师在日常工作中不得有行贿行为。

（2）不支持他人行贿受贿或谋取私利，并推动单位的监控体系进行防范。管理会计活动包含单位的风险管理，控制单位的经济活动和管理活动是管理会计的重要工作内容，管理会计师不得支持他人行贿，更不得支持他人受贿或谋取私利。

（3）推动积极正面的价值观。管理会计师要在企业中以身作则，在工作中秉承公正的态度，通过建立、健全监控防范体系等手段，在单位中推进积极正面的企业文化和价值观。

### 5. 诚信从业

诚实守信要求会计人员做老实人，说老实话，办老实事，执业谨慎，信誉至上，不为利益所诱惑，不弄虚作假，不泄露秘密。具体表现在以下两个方面。

（1）不弄虚作假，不为利益或其他目的而造假。做老实人，要求会计人员言行一致、表里如一、光明正大、实事求是，如实反映单位经济业务的情况，不为个人和小集团的利益伪造账目、弄虚作假，损害国家和社会公众的利益。

（2）实事求是，无隐瞒，不为谋取私利或其他目的人为地选择信息或者选择性地工作。管理会计师在参与管理的过程中，应实事求是、无隐瞒。在实际管理工作中，当其他参与者享有知情权的时候，我们不能对其有所隐瞒或有所选择地提供信息，这样会使参与者不能够得到完整的管理或决策依据，从而使得管理的科学性受到损害。

## 【课程案例】

### 诚实守信

秦末有个叫季布的人，一向说话算数，信誉非常高，许多人都同他建立起了浓厚的友情。当时甚至流传着这样一句话：“得黄金百斤，不如得季布一诺”（这就是成语“一诺千金”的由来）。后来，他得罪了汉高祖刘邦，被悬赏捉拿。他旧日的朋友不仅不被重金所惑，而且冒着生命危险来保护他，使他免遭祸殃。

一个人诚实有信，自然得道多助，能获得大家的尊重和友谊。反过来，如果贪图一时的安逸或小便宜，而失信于朋友，无异于失去了西瓜捡芝麻，得不偿失的。

党的十八大提出，倡导富强、民主、文明、和谐，倡导自由、平等、公正、法治，倡导爱国、敬业、诚信、友善，积极培育和践行社会主义核心价值观。富强、民主、文明、和谐是国家层面的价值目标，自由、平等、公正、法治是社会层面的价值取向，爱国、敬业、诚信、友善是公民个人层面的价值准则，这 24 个字是社会主义核心价值观的基本内容。诚信即诚实守信，是人类社会千百年传承下来的道德传统，也是社会主义道德建设的重点内容，它强调诚实劳动、信守承诺、诚恳待人。

诚信是一种自我约束的品质，不是通过一篇文章或一句话就能检验得出的，它是对别人的尊重，是对过去的肯定，更是对未来的承诺。我们应该以诚为本，以科学知识为船，用诚实守信扬帆，乘风破浪，前方的天地就会广阔无边，未来的人生就会百花烂漫！

（资料来源：河南省公安厅政治部宣传处．诚信教育宣传：中华诚信小故事．平安中原，2020 年 8 月 17 日．）

## （二）能力准备与自我提高

管理会计师作为管理的参与者，在具备相应能力的同时更要不断提高自己的能力，包括专业能力、职业技能，以及对业务、行业和宏观政策的把握能力三个方面。具备了优秀的能力，才能在职业认知和价值观的引导下，真正为所服务的机构作出应有的贡献。

### 1．充足的专业技能准备

作为管理会计师，由于其从事的工作层次较高，因此对其要求也高。为了能够更好地满足工作的要求，管理会计师必须具备充足的专业技能。

（1）熟悉法律法规、财税法规及规则

熟悉国家相关法律法规、财税法规，以及所属行业的其他主管部门的行业管理规定和实施办法，保障企业运行在法律法规所允许的轨道上。

（2）具备管理能力，利用财务的工具和思维参与企业管理

管理会计工作，是通过运用管理会计工具方法，参与企业规划、决策、控制、评价活动并为企业提供有用信息，推动企业实现战略规划。管理会计工作的工具、方法，如预算、成本管理、分析报告、绩效支持等，都是具有一定难度的专业工具和方法，管理会计师需要熟练掌握和运用这些工具、方法，久而久之，形成管理会计思维，并将这种思维长期应用到工作中。

（3）战略决策支持，投融资支持与管理

企事业单位的管理决策、投融资活动、其他战略活动等，也是管理会计的重要工作内容。对管理会计师的能力要求更高，而很多从财务会计转型过来的管理会计师，对这部分知识相对陌生，这要求管理会计师要迅速学习这些方面的知识，提升这些方面的能力。

### 2．充足的职业技能准备

（1）领导能力

管理会计的很多工作属于管理工作，有相当部分的工作是管理。这就对其领导力提出了要求。

（2）计划、总结能力

管理会计师需要有领导力，同样需要对工作进行科学的计划；按照计划推进自己牵头的工作，并适时总结，不断提高后续工作的效果。

（3）沟通协调能力

沟通协调能力是把工作布置清楚，解答他人的疑问，协调处理相关的困难环节，等等。

（4）监督和执行能力

任何工作都需要通过执行，才能达到其目的，在执行过程中，随时监督工作进度，检查工作效果，协调有关各方尽可能走在一个方向、一个速度上，应对和处理执行中的各种问题，让管理会计工作真正落地，是执行力在管理会计领域的体现。

#### 3．熟悉业务、行业、宏观政策

除了专业能力和职业能力外，为了做好管理工作，管理会计师还需要学习和关注相关知识和信息。

（1）对业务的深度认知

作为管理团队的一员，做预算、管成本、支持决策等工作的前提是：必须深入了解本单位的业务。了解业务，包括了解业务的流程、业务的模式、业务的关键节点、业务的管理规律等各个方面。

（2）对行业的深度认知

企业的经营管理工作和决策工作也必须把行业因素纳入进来。管理会计师作为管理的深度参与者，需要对行业情况和变化有更多的了解。

（3）对宏观环境政策的深度认识

宏观环境对几乎所有的企业都有深远影响。所有的管理参与者，包括管理会计师都需要关注并了解相关的政策和变化，才能带领企业逐步实现战略目标。

#### 4．不断提高开辟意识、创新意识、学习意识

（1）具有不断学习提高技能的意识和愿望

管理会计工作，一方面其所使用的各种工作方法都比较难，道理比较深；另一方面法律政策调整、环境变化，也需要管理会计师保持高度的敏感和关注。

（2）掌握科学的学习和提升方法

管理会计的工具方法，职业技能，行业与宏观环境的学习和理解，内容非常多，同时具有一定的深度和难度。管理会计师需要不断总结学习和提升方法。

### （三）努力工作与恪尽职守

管理活动具有比较高的难度和挑战性。因此仅仅具备前两个方面还不够，必须做到恪尽职守、努力奋斗。

#### 1．为企业利益尽最大努力克服各种困难，执着前行

首先，管理会计人员要克服职业与专业上的困难。管理工作的难点是对职业技能要求高和管理目标高，也包括以往财会工作性质和习惯的不同所带来的转型困难；其次，克服管理冲突带来的困难，克服显性或隐性利益冲突带来的工作困难，协调各方利益冲突，为企业的最大利益而努力。

### 2. 用专业的方法和工具为企业工作，提供深入有效的管理支持

（1）管理会计师最大限度地利用管理会计的工具，提供深入有效的管理支持

作为管理会计师，应推进单位在管理和决策中应用管理会计的工具和方法，使得管理和决策科学化，提高工作效率，提升工作效果。

（2）结合管理会计的工作特点，在不同工作上做好相应的角色，使管理支持深入、有效

管理会计工作并不是单一的。例如：在风险管理和内容控制方面，主要是控制工作；在决策支持和战略支持方面，主要是服务工作，应该尽可能为决策者提供更多决策所需要的信息；在预算控制和成本控制方面，需要以管理会计师为主进行专项的、细节上的决策，此时管理会计师自身成为一名决策者。

### 3. 敢于承担责任，敢于坚持正确的观点

（1）参与管理和决策，要敢于承担责任

在履行管理会计职责的过程中，管理会计应通过专业的工具、方法和判断，深度参与管理和决策，而不是躲避或被动接受。

（2）要有观点，并且敢于坚持正确的观点

管理会计在管理和决策中，依据专业的工具和方法，要提出自己的判断和建议，并且要学会把这种判断和建议传递给其他管理者。

【知识拓展】

#### 管理会计岗位职责

1. 参与本部费用预决算制度的建立，并将预算指标分解落实到各工作中心，定期对预算指标与实际发生额之间的差异进行比较分析。

2. 草拟集团内各种财务规章制度，建立并完善各种财务规章制度，并对其执行情况进行督导。

3. 负责本部与集团内部会计报表合并及定期进行财务分析。

4. 参与集团内财务调研和协调工作，参与财务专题研究。

5. 负责本部会计电算化信息系统日常维护工作及集团内会计信息化推广工作。

6. 对下属公司财务管理和会计核算工作进行指导。

7. 监督因调动工作或因故离职的会计工作人员认真办理会计交接手续。

8. 接待外部有关部门和单位的检查。

9. 参与下属企业年度经济指标的考核。

10. 监督检查本部门各成员日常工作的完成情况。

11. 完成领导交办的其他事宜。

【知识辨析 1-6】

下列属于管理会计职业道德规范的主要内容的是（　　）。

A. 爱岗敬业　　B. 诚信从业　　C. 客观公正　　D. 保守秘密

答案：ABCD

### 4. 综合企业各种情况，推进管理会计工作，不能过于超前或拖后

（1）分析企业内部和外部环境，推进管理会计师所在单位的管理措施

因为单位所属的行业不同、投资者的要求不同而不同，需要选用的工具和方法及其深度也不同。管理会计师推进管理会计工作需要结合企业的实际情况，根据企业自身的管理特点，选择适用的管理会计依据和方法，并按照适当的进度推进。

（2）结合管理会计原则，设计和推进管理会计工作

在推进管理会计工作的过程中，一是需要使用科学的方法、现代化的工具，需要有所投入；二是需要让管理会计的工具和方法适应单位的性质、规模、发展阶段、管理模式、治理水平等；三是推进管理会计工作，必须以单位的战略为导向，将管理会计融合、嵌入到单位的相关领域、相关层次、相关环节以及业务流程中。

【知识链接】

#### 会计职业道德规范的特征

会计道德是从社会与经济生活之内的会计活动中提炼出来的，会计工作的特征必然对应于会计道德与职业道德的特征。具体说，会计道德的特征具体体现在以下几个方面。

（一）内容的一致性

在我国会计工作已成为社会经济工作的重要组成部分，会计人员的个人利益、职业利益和社会利益是一致的。会计人员的职业活动不是为了个人利益，他们受国家或集体的委托从事会计工作，其目的是满足社会和人民群众的需要，故个人利益能在社会和人民需要中实现。因此，会计工作的目的与会计道德对会计人员的行为要求是一致的。

（二）法律的制约性

会计职业道德与会计法规有着诸多职能上的区别。前者要求会计人员“应该怎么做”，是一种道德意识的内心的信念。而后者要求会计人员“必须怎样做”，是一种对禁止性后果的确认，是一种外在的强制力量。但应该看到，会计道德主要通过《会计基础工作规范》等形式和其他规章制度被固定下来，从而也含有“必须这样做”的内在规定性，使会计道德具有一定的法律约束性。

（三）稳定的连续性

会计道德在内容上与会计工作时间是紧密结合的。在长期的会计工作中，会形成一种比较成熟的职业品质，并且在一个较长时间内这些道德的性质和方向保持不变。如任何社会的会计人员都希望自己正直廉洁，而这一点很少成为其他职业者的标准。会计人员这种行为方向的稳定性决定了会计道德的连续性，这种连续性表现为时代的会计传统、会计习惯和会计风格，正是这种稳定连续性使会计实现由低级向高级、由不完善向完善的发展和演进。

（四）广泛的渗透性

从纵向来看，会计道德随着会计行为贯穿人类社会的始终，渗透到人类社会的各个发展阶段。从横向来看，会计道德渗透到同一历史时期的各个国家和地区，渗透到各个工商企业、行政单位、事业团体以及每一个独立核算单位，对这些单位的会计工作产生重大影响。

会计道德还渗透到每个公民，特别是渗透到会计人员的头脑中去，形成他们的会计道德意识，培养他们的会计道德习惯，从而达到规范他们行为的目的。

### 会计职业道德规范的职能

（一）调节职能

对于会计道德来说，调节是其基本职能。会计道德的调节指的是会计道德具有纠正人们的会计行为和指导社会经济实践活动的功能。目前，我国仍处于社会主义的初级阶段，会计工作仍然存在着复杂的关系和矛盾，突出表现在会计人员之间、会计人员与其他工作人员之间、会计人员与集体、国家之间的关系上；表现在会计管理部门和基层单位之间、会计工作的负责人和一般职员之间的关系上。以上如此众多的关系和矛盾，除了依照国家颁布的财经会计法规调解解决外，还必须运用会计道德进行调解解决，从而理顺会计工作中人与人之间的关系，建立正常的工作秩序。

（二）导向职能

在社会经济生活中，会计道德扮演着指导人们会计行为方向的“向导”的角色。社会主义会计道德可以指导社会公民和会计人员自愿地选择有利于消除各种矛盾、调整相互关系的会计道德的行为，避免相互之间矛盾的产生与扩大，解决与缓和已产生的矛盾，改善会计领域内人与人之间、个人与国家之间的关系，促使会计人员协调一致、保质保量、及时地完成会计工作。同时，会计道德通过社会舆论和会计人员的职业道德表现，影响和引导会计科学发展的方向。会计领域中大量的事实表明，进步高尚的会计道德能够促进和影响会计科学研究沿着有利于社会的方向发展。

（三）教育职能

会计道德教育职能是指会计道德具有通过造成社会舆论、形成会计道德风尚、树立会计道德榜样等方式来深刻影响人们的会计道德观念和会计道德行为，培养人们的会计道德习惯和会计道德品质。其重大意义在于，会计道德教育职能可以启迪人们的会计道德觉悟，培养人们实践会计道德行为的自觉性和主动性。

（四）认识职能

会计道德认识职能是指能够通过会计道德判断、会计道德标准和会计道德理论等形式，反映会计人员与他人、与社会的关系，向人们提供进行会计道德选择的知识。会计道德认识职能的直接意义，是能够帮助人们提高对于会计、会计学、会计工作、会计地位、会计人员等一系列重大问题的正确认识水平，为实践会计道德行为做认识准备。

（资料来源：会计职业道德规范的职能．原创力文档．2020 年 11 月 7 日．）

# 项目二　成本性态分析和变动成本法

## 【学习目标】

◇知识目标

●熟悉成本性态，掌握成本形态的分类，掌握成本性态分析的方法；
●了解和掌握变动成本法的含义及理论基础，掌握变动成本法和完全成本法的区别；
●掌握变动成本法和完全成本法的计算，熟悉变动成本法的优缺点。

◇技能目标

●能够区分企业的固定成本、变动成本、混合成本；
●能够根据成本习性的原理进行成本性态分析；
●会分析变动成本法和完全成本法两种成本法下分期营业利润差额的变动规律。

## 【知识导图】

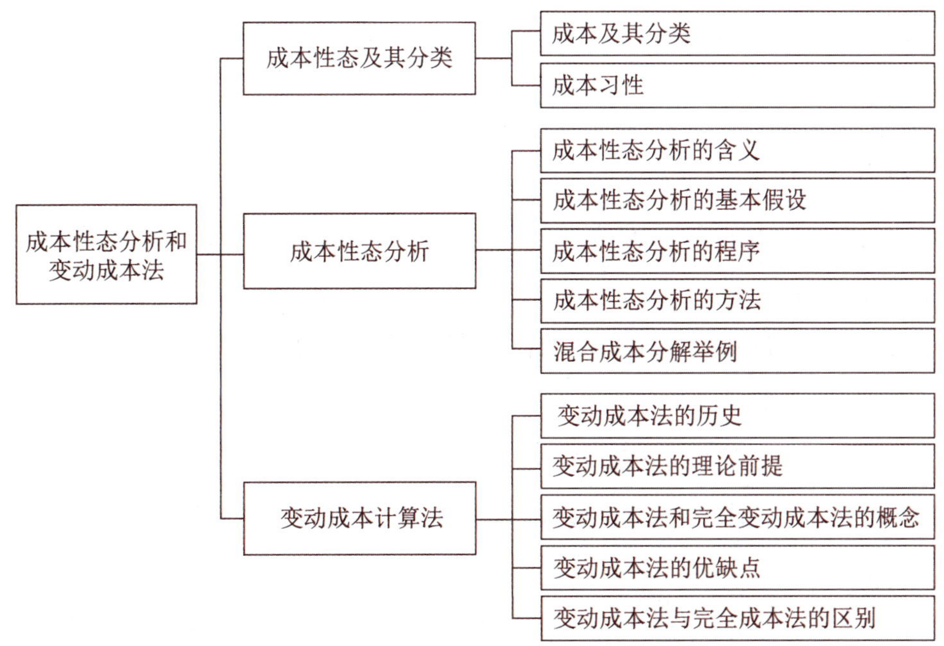

【引入案例】

王海和李滨两位大学生进行自主创业，注册成立了海滨网店，开始营业后，委托学会计的同学赵鑫进行账务管理。日常经营活动中发生了如下成本：房屋租赁费，水电费，购买保险柜、空调、打印机、电脑等物品的费用，购买库存商品的费用，雇用人员工资，折旧费，财产保险费，广告宣传费，电话费。

思考：

1. 什么是固定成本、变动成本、混合成本？

2. 如何区固定成本、变动成本、混合成本？上述案例中发生的成本应如何分类？

请同学们结合这些问题，开启本项目的学习之旅。

# 任务一　成本性态及其分类

【任务描述】

在实际工作中，为了适应经营管理上的不同需要，成本可以从不同的角度按不同的标准进行分类，管理会计中成本按其成本习性分类，能够更好地降低成本，提高经济效益。

【知识点】

熟悉成本性态，掌握成本性态的分类。

【技能点】

学会区分企业的固定成本、变动成本、混合成本。

【知识储备】

## 一、成本及其分类

### （一）管理会计中的成本概念

从管理会计的角度看，成本（Cost）是指企业在生产经营过程中对象化的、以货币表现的、为达到一定目的而应当或可能发生的各种经济资源的价值牺牲或代价。

### （二）几种主要的成本分类

#### 1. 成本按其核算的目标分类

成本按核算目标不同可分为业务成本、责任成本和质量成本三大类。

#### 2. 成本按其实际发生的时态分类

成本按其时态分类可分为历史成本和未来成本两类。区分历史成本和未来成本有助于合理组织事前成本的决策、事中成本的控制和事后成本的计算、分析和考核。

### 3. 成本按其相关性分类

成本的相关性是指成本的发生与特定决策方案是否有关的性质。成本按此分类可分为相关成本和无关成本两类。

### 4. 成本按其可控性分类

成本的可控性是指责任单位对其成本的发生是否可以在事先预计并落实责任、在事中施加影响以及在事后进行考核的性质。以此为标志，成本可分为可控成本和不可控成本两类。

### 5. 成本按其可辨认性分类

成本的可辨认性是指成本的发生与特定的归集对象之间的联系，又称可追溯性，以此为标志可将成本分为直接成本和间接成本两大类。

### 6. 成本按其经济用途分类

成本按其经济用途分类可分为生产成本和非生产成本两类。生产成本又称为制造成本，是指在生产过程中为制造产品而发生的成本，包括直接材料、直接人工和制造费用三个成本项目。非生产成本又称非制造成本，是指生产成本以外的成本。

### 7. 成本按其可盘存性分类

按可盘存性进行分类，可将一定时期内发生的成本分为产品成本和期间成本。成本按可盘存性分类的意义在于能够指导企业准确进行存货估价，正确计算损益。

## 二、成本习性

成本习性又称成本性态，是指成本的变动与业务量之间的依存关系。成本性态分析是对成本与业务量之间的依存关系进行分析，从而在数量上具体掌握成本与业务量之间关系的规律性，以便为企业正确地进行最优管理决策和改善经营管理提供有价值的资料。成本性态分析对短期经营决策、长期投资决策、预算编制、业绩考评，以及成本控制等，具有重要意义。按照成本性态不同，通常可以把成本区分为固定成本、变动成本和混合成本三类。

【知识辨析 2-1】

在管理会计中，成本按成本习性分为（　　）。

A. 固定成本　　　B. 变动成本

C. 混合成本　　　D. 机会成本

答案：ABC

### （一）固定成本

### 1. 固定成本的基本特征

固定成本是指在特定的业务量范围内不受业务量变动影响，一定期间的总额能保持相对稳定的成本，如固定折旧费用、房屋租金、行政管理人员工资、财产保险费、广告费、职工培训费、科研开发费等。固定成本习性模型如图 2-1 所示。

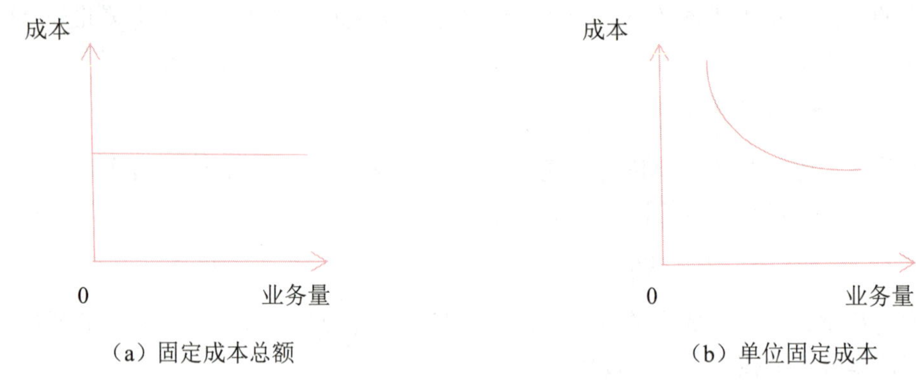


图 2-1　固定成本习性模型

一定期间的固定成本的稳定性是有条件的，即业务量变动的范围是有限的。例如，照明用电一般不受业务量变动的影响，属于固定成本。如果业务量增加达到一定程度，需要增开生产班次，或者业务量低到停产的程度，照明用电的成本也会发生变动。能够使固定成本保持稳定的特定的业务量范围，称为相关范围。

### 2. 固定成本的分类

固定成本按其支出额是否可以在一定期间内改变而分为约束性固定成本和酌量性固定成本。约束性固定成本是指管理当局的短期经营决策行动不能改变其具体数额的固定成本。例如，保险费、房屋租金、固定的设备折旧、管理人员的基本工资等。这些固定成本是企业的生产能力已经形成就必然要发生的最低支出，即使生产中断也仍然要发生。由于约束性固定成本一般是由既定的生产能力所决定的，是维护企业正常生产经营必不可少的成本，所以也称为“经营能力成本”，它最能反映固定成本的特性。降低约束性固定成本的基本途径，只能是合理利用企业现有的生产能力，提高生产效率，以取得更大的经济效益。

酌量性固定成本是指管理当局的短期经营决策行动能改变其数额的固定成本，如广告费、职工培训费、新产品研究开发费用（如研发活动中支出的技术图书资料费、资料翻译费、会议费、差旅费、办公费、外事费、研发人员培训费、培养费、专家咨询费、高新科技研发保险费用等）。这些费用发生额的大小取决于管理当局的决策行为。一般是由管理当局在会计年度开始前，斟酌计划期间企业的具体情况和财务负担能力，对这类固定成本项目的开支情况分别作出决策。酌量性成本并非可有可无，它关系到企业的竞争能力，因此，要想降低酌量性固定成本，只有厉行节约、精打细算，编制出积极可行的费用预算并严格执行，防止浪费和过度投资等。

【知识辨析 2-2】

下列固定成本属于酌量性固定成本的是（　　）。

A．房屋租金　　B．固定的设备折旧

C．广告费　　D．职工培训费

答案：CD

## （二）变动成本

### 1. 变动成本的基本特征

变动成本是指在特定的业务量范围内，其总额会随业务量的变动而呈正比例变动的成本。如直接材料、直接人工、按销售量支付的推销员佣金、装运费、包装费，以及按业务量计提的固定设备折旧等都是和单位产品的生产直接联系的，其总额会随着业务量的增减呈正比例地增减。其基本特征是：变动成本总额因业务量的变动而呈正比例变动，但单位变动成本（单位业务量负担的变动成本）不变。

单位成本的稳定性是有条件的，即业务量变动的范围是有限的。如原材料消耗通常会与业务量成正比，属于变动成本，如果业务量很低，不能发挥原材料的节约潜力，或者业务量过高，使废品率上升，单位产品的材料成本也会上升。这就是说，变动成本和业务量之间的线性关系，通常只在一定的相关范围内存在。在相关范围之外就可能表现为非线性的。变动成本模型如图 2-2 所示。

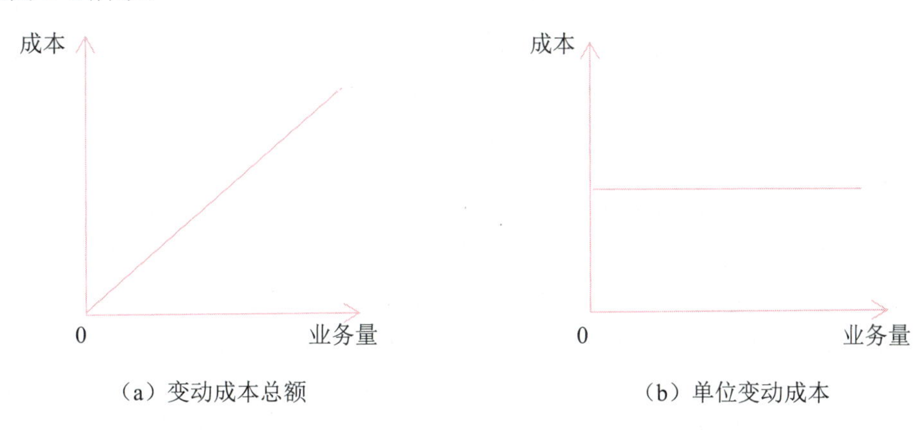


图 2-2　变动成本模型

### 2. 变动成本的分类

根据经理人员是否能决定发生额，变动成本分为两大类：技术性变动成本和酌量性变动成本。

技术性变动成本又称约束性变动成本，是指由技术或设计关系所决定的变动成本。如生产一台汽车需要耗用一台引擎、一个底盘和若干轮胎等，这种成本只要生产就必然会发生，如果不生产，则不会发生。经理人员不能决定技术性变动成本的发生额。

酌量性变动成本是指通过管理当局的决策行动可以改变的变动成本。如按销售收入的一定百分比支付的销售佣金、新产品研制费（如研发活动直接消耗的材料、燃料和动力费用等）、技术转让费等。这类成本的特点是其单位变动成本的发生额可由企业最高管理层决定。酌量性变动成本的效用主要是提高竞争能力或改善企业形象，其最佳的合理支出难以计算，通常要依靠经理人员的综合判断来决定。经理人员的决策一经作出，其支出额将随业务量呈正比例变动，具有技术性变动成本的同样特征。

## （三）混合成本

### 1. 混合成本的基本特征

从成本习性来看，固定成本和变动成本只是两种极端的类型。在现实经济生活中，大多数成本与业务量之间的关系处于两者之间，即混合成本。它们要随业务量的变化而变化，又不能与业务量的变化保持着纯粹的正比例关系。

### 2. 混合成本的分类

混合成本兼有固定与变动两种性质，可进一步将其细分为半变动成本、半固定成本、延期变动成本和曲线变动成本。

（1）半变动成本

半变动成本是指在有一定初始量的基础上，随着业务量的变化而呈正比例变动的成本。

这些成本的特点是：它通常有一个初始的固定基数，在此基数内与业务量的变化无关，这部分成本类似于固定成本；在此基数之上的其余部分，则随着业务量的增加呈正比例增加。例如固定电话费，假设月租费为 20 元，只能拨打市内电话，每分钟 0.10 元，如果某月的通话时间为 1 分钟，总的话费为 20.10 元；如果某月的通话时间为 100 分钟，总的话费为 30 元。半变动成本习性模型如图 2-3 所示。

（2）半固定成本

半固定成本也称为阶梯式变动成本，这类成本在一定业务量范围内的发生额是固定的，但当业务量增长到一定限度，其发生额就突然跳跃到一个新的水平，然后在业务量增长的一定限度内，发生额又保持不变，直到另一个新的跳跃。例如，企业的管理员、运货员、检验员的工资等成本项目就属于这一类。以检验员的工资为例，假设 1 名检验员的工资为 5 000 元，如果产量在 10 万件以内，只需要 1 名检验员；产量在 10 万～20 万件，需要 2 名检验员；产量在 20 万～30 万件，需要 3 名检验员。则产量在 10 万件，检验员的工资总额为 5 000 元；产量在 10 万～20 万件，检验员的工资总额为 10 000 元；产量在 20 万～30 万件，检验员的工资总额为 15 000 元。半固定成本习性模型如图 2-4 所示。

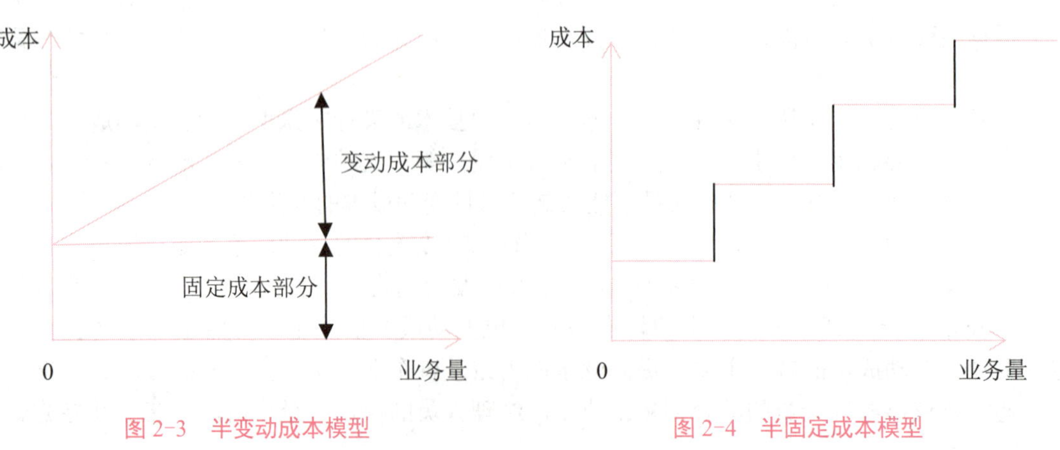


图 2-3　半变动成本模型　　图 2-4　半固定成本模型

【知识拓展】

一定期间固定成本的稳定性是相对的，即对于业务量来说它是稳定的，但这并不意味着每月该项成本的实际发生额都完全一样。例如，照明用电在相关范围内不受业务量变动的影响，但每个月实际用电度数和支付的电费仍然会有或多或少的变化。固定成本的基本特征是：固定成本总额不因业务量的变动而变动，但单位固定成本（单位业务量负担的固定成本）会与业务量的增减呈反向变动。

如果把成本分为固定成本和变动成本两大类，在相关范围内，业务量增加时固定成本不变，只有变动成本随业务量增加而增加，那么，总成本的增加额是由变动成本增加引起的。

（3）延期变动成本

在一定的业务量范围内有一个固定不变的基数，当业务量增长超出了这个范围，与业务量的增长呈正比例变动。例如，职工的基本工资，在正常工作时间情况下是不变的；但当工作时间超出正常标准，则需按加班时间的长短成比例地支付加班薪金。在生活中，也存在延期变动成本，最常见的是手机流量费，假设每月的套餐费是 50 元，流量限额为 2G，每月的流量超过 2G 之后，按照 1 元/兆收费。如果某月的总流量在 2G 之内，流量费为 50 元；如果超出 1 兆，则流量费为 51 元；如果超出 10 兆，则流量费为 60 元。延期变动成本模型如图 2-5 所示。

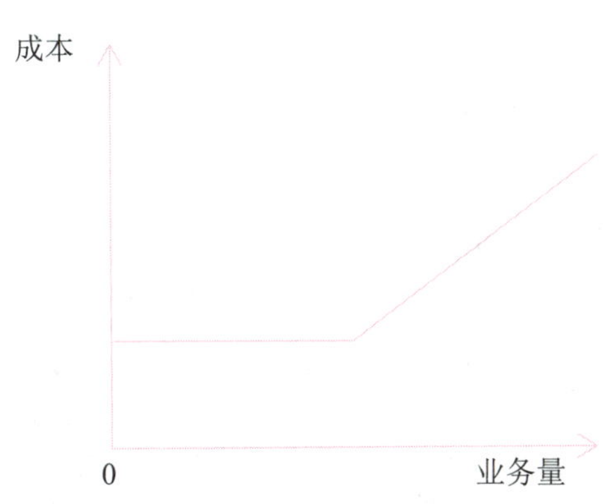


图 2-5　延期变动成本模型

（4）曲线变动成本

曲线变动成本通常有一个不变的初始量，相当于固定成本，在这个初始量的基础上，随着业务量的增加，成本也逐步变化，但它与业务量的关系是非线性的。这种曲线成本又可以分为以下两种类型：一是递增曲线成本，如累进计件工资、违约金等，随着业务量的增加，成本逐步增加，并且增加幅度是递增的；二是递减曲线成本，如有价格折扣或优惠条件下的水、电消费成本、“费用封顶”的通信服务费等，用量越大则总成本越高，但增长越来越慢，变化率是递减的。递增曲线成本和递减曲线成本的成本模型如图 2-6 所示。

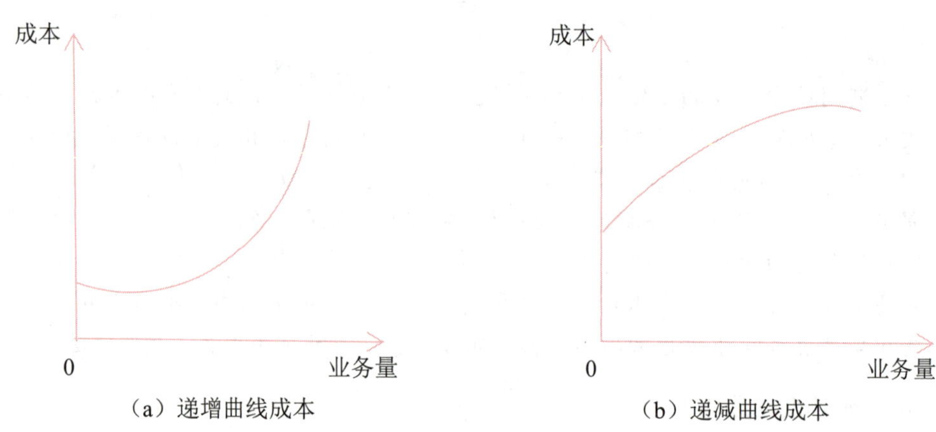


图 2-6　曲线变动成本模型

## 【知识提示】

半变动成本、半固定成本、延期变动成本的区别如图 2-7 所示。

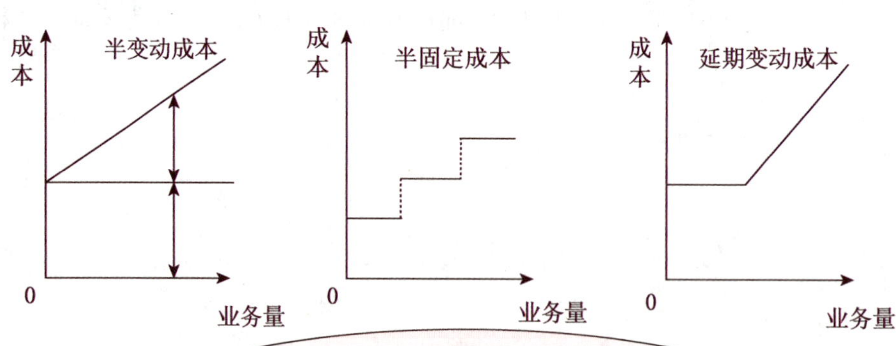


【提示】半变动成本有初始的固定基数，变动的部分从0点开始随业务量变动；半固定成本从0点开始在一定范围内不变动，只有当业务量达到一定水平才开始变动，它的特点是阶梯式变动；延期变动成本从0点开始在一定范围内不变动，当业务量达到一定水平才开始随业务量的增长呈正比例变动。

图 2-7　半变动成本、半固定成本、延期变动成本模型

【知识辨析 2-3】

在有一定初始量的基础上，随着业务量的变化而呈正比例变动的成本是（　　）。

A. 半变动成本　　B. 半固定成本

C. 延期变动成本　　D. 曲线变动成本

答案：A

# 任务二 成本性态分析

## 【任务描述】

成本性态分析是指在成本按成本习性分类的基础上，按照一定的程序，采用一定的方法，最终将全部成本进一步分解成变动成本和固定成本两部分。因此，对于混合成本必须采用适当的方法进行分解，分别纳入固定成本和变动成本中进行研究。

## 【知识点】

掌握成本性态分析的方法。

## 【技能点】

学会成本性态分析。

## 【知识储备】

### 一、成本性态分析的含义

成本性态分析是指在明确各种成本性态的基础上，按照一定的程序和方法，最终将全部成本区分为固定成本和变动成本两大类，并建立相应总成本函数模型 $y=a+bx$ 的过程。成本性态分析包括定性和定量两个方面，成本性态分析的最终结果是将全部成本区分为固定成本和变动成本两个部分，并建立相应成本模型，成本按性态分类的结果是将全部成本区分为固定成本、变动成本和混合成本三大类。

### 二、成本性态分析的基本假设

#### （一）相关范围假设

在研究成本性态分析时，必须假定固定成本和变动成本总是处在相关范围之中。

#### （二）一元线性假设

假定总成本可以近似地用一元线性方程 $y=a+bx$ 来描述。

### 三、成本性态分析的程序

#### （一）分步分析程序

分步分析程序又称多步骤分析程序，属于先定性分析后定量分析的程序。

### （二）同步分析程序

同步分析程序又称单步骤分析程序，属于定性分析与定量分析同步进行的程序。

## 四、成本性态分析的方法

成本性态分析的方法是指完成成本性态分析任务必须采取的技术手段。常用的成本性态分析的方法包括技术测定法、账户分析法、合同确认法和历史资料分析法。

### （一）技术测定法

技术测定法又称工程技术法，是指利用经济工程项目财务评价技术方法所测定的企业正常生产过程中投入与产出的关系，分析确定在实际业务量基础上其固定成本和变动成本水平，并揭示其变动规律的一种方法。

### （二）账户分析法

账户分析法又称会计分析法，它是根据有关成本账户及其明细账的内容，结合其与业务量的依存关系，判断其比较接近哪一类成本，就视其为哪一类成本。这种方法简便易行，但比较粗糙且带有主观性。

### （三）合同确认法

合同确认法，是根据企业订立的经济合同或协议中关于支付费用的规定，来确认并估算哪些项目属于变动成本，哪些项目属于固定成本的方法。合同确认法要配合账户分析法使用。

### （四）历史资料分析法

历史资料分析法是指在占有若干期相关的成本（$y$）和业务量（$x$）历史资料的基础上，运用一定数学方法对其进行数据处理，从而确定常数 $a$ 和 $b$ 的数值，以完成成本性态分析任务的一种定量分析的方法。

#### 1. 高低点法

高低点法又称两点法，是指通过观察一定相关范围内的各期业务量与相关成本所构成的所有坐标点，从中选出高低两点坐标，并据此来推算固定成本总额（或混合成本中的固定部分）$a$ 和单位变动成本（或混合成本中变动部分的单位额）$b$ 的一种成本性态分析方法。

#### 2. 散布图法

散布图法又称布点图法或目测画线法，是指将若干期业务量和成本的历史数据标注在坐标纸上，通过目测画一条尽可能接近所有坐标点的直线，并据此来推算固定成本（或混合成本中的固定部分）$a$ 和单位变动成本（或混合成本中变动部分的单位额）$b$ 的一种成本性态分析方法。

### 3. 一元直线回归法

一元直线回归法又称最小二乘法或最小平方法，是指利用微分极值原理对若干期全部业务量与成本的历史资料进行处理，并据此来推算固定成本（或混合成本中的固定部分）$a$ 和单位变动成本（或混合成本中变动部分的单位额）$b$ 的一种成本性态分析方法。

【知识拓展】

各种混合成本分解的方法，并不是完全独立的。不能指望使用一种方法解决所有成本性态分析问题，往往需要互相补充和印证。技术测定法可能是最完备的方法，即可以用于研究各种成本性态，但它也不是完全独立的，在进入细节之后也要使用其他技术方法作为工具。账户分析法是一种比较粗略的分析方法，在判定某项成本的性态时还要借助技术测定法或回归分析法等。高低点法和回归分析法，都属于历史成本分析的方法，它们仅限于有历史成本资料数据的情况，而新产品并不具有足够的历史数据。总之，应当把这些方法看成一个总体，根据不同对象选择适用的方法，并尽可能用其他方法进行印证。如果不同方法得出的结果有较大差距，则需要判断哪种方法更适合该对象。成本性态分析，实际上是一个对成本性态进行“研究”的过程，而不仅仅是一个计算过程。

【知识辨析 2-4】

利用经济工程项目财务评价技术方法所测定的企业正常生产过程中投入与产出的关系，分析确定在实际业务量基础上其固定成本和变动成本水平，并揭示其变动规律的一种方法是（　　）。

A. 账户分析法　　B. 合同确认法

C. 技术测定法　　D. 回归分析法

答案：C

## 五、混合成本分解举例

混合成本的分解是决定特定成本性态的过程。如果特定的成本是一项混合成本，就需要运用一定的方法估计成本与业务量之间的关系，并建立相应的成本函数模型。混合成本分解，一般是根据大量的历史成本资料或成本发生的具体过程，进行分析计算，寻找混合成本与业务量之间规律性的数量关系，最终确定固定成本和变动成本的历史平均值或标准值，它们代表正常的成本水平。为确定固定成本和变动成本的历史平均值或标准值，而进行混合成本分解，目的是建立总成本的直线方程，以便在决策和计划中使用。由于一定期间的固定成本的发生额是稳定的，它可以用 $y=a$ 来表示；变动成本的发生额因业务量而变，它可以用 $y=bx$ 来表示；如果只有这两类成本，则总成本可以用 $y=a+bx$ 来表示。只要确定了 $a$ 和 $b$，便可以方便地计算出在相关范围内任何业务量 $x$ 下的总成本 $y$。

### 1. 高低点法

高低点法是以过去某一会计期间的总成本和业务量资料为依据，从中选取业务量最高点和业务量最低点，将总成本进行分解，得出成本性态的模型。其计算公式为

单位变动成本=（最高点业务量成本-最低点业务量成本）/（最高点业务量-最低点业务量）

固定成本总额=最高点业务量成本-单位变动成本×最高点业务量

或

固定成本总额=最低点业务量成本-单位变动成本×最低点业务量

前一个公式，分子是业务量变动时总成本的增加量，分母是业务量的增加量，两者相除是增加单位产品时总成本的增量。根据前面对变动成本特点的分析可知，业务量增加时总成本的增加是由变动成本增加引起的，所以，单位产品的增量成本就是单位产品的变动成本。后一个公式，是根据已经计算出来的单位变动成本，推算业务量最高（或最低）期的变动成本总额，然后用总成本减去变动成本求得固定成本。使用高低点法分解混合成本时，需要注意，分子不是（最高成本-最低成本），而是（最高点业务量成本-最低点业务量成本）。

### 2. 回归直线法

回归直线法，是根据一系列历史成本资料，用数学上的最小平方法原理，计算能代表平均成本水平的直线截距和斜率，以其作为固定成本和单位变动成本的一种成本估计方法。计算回归方程 $Y=a+bX$ 系数的公式如下：

$$a=\frac{\sum X_i^2\sum Y_i-\sum X_i\sum X_iY_i}{n\sum X_i^2-\left(\sum X_i\right)^2}$$

$$b=\frac{n\sum X_iY_i-\sum X_i\sum Y_i}{n\sum X_i^2-\left(\sum X_i\right)^2}$$

【任务举例 2-1】

海滨公司的业务量以直接人工小时为计量单位，其业务量在 70 000～140 000 小时范围内。该公司维修成本的历史资料如表 2-1 所示。

表 2-1　维修成本的历史资料

| 月份 | 直接人工（千小时）$X$ | 实际成本（千元）$Y$ | $X^2$ | $X\times Y$ |
|---|---|---|---|---|
| 1 | 120 | 90 | 14 400 | 10 800 |
| 2 | 130 | 91 | 16 900 | 11 830 |
| 3 | 115 | 84 | 13 225 | 9 660 |
| 4 | 105 | 87 | 11 025 | 9 135 |
| 5 | 90 | 82 | 8 100 | 7 380 |
| 6 | 79 | 73 | 6 241 | 5 767 |
| 7 | 70 | 72 | 4 900 | 5 040 |
| 8 | 80 | 78 | 6 400 | 6 240 |

续表

| 月份 | 直接人工（千小时）$X$ | 实际成本（千元）$Y$ | $X^2$ | $X \times Y$ |
|---|---|---|---|---|
| 9 | 95 | 75 | 9 025 | 7 125 |
| 10 | 111 | 89 | 12 321 | 9 879 |
| 11 | 125 | 95 | 15 625 | 11 875 |
| 12 | 140 | 93 | 19 600 | 13 020 |
| 合计 | 1 260 | 1 009 | 137 762 | 107 751 |

将有关数据代入上述公式：

$$a=\frac{137\ 762\times 1\ 009-1\ 260\times 107\ 751}{12\times 137\ 762-1\ 587\ 600}=49.37$$

$$b=\frac{12\times 107\ 751-1\ 260\times 1\ 009}{12\times 137\ 762-1\ 587\ 600}=0.330\ 6$$

维修成本的一般方程式为 $Y$=49.37+0.330 6$X$

用全年总产量来验证：$Y$=49.37×12+0.330 6×1 260=1 008.996

$\sum Y_i$ =1 009，预测值 $Y$=1 008.996

在采用传统成本计算方法时，可以用回归直线法估计固定成本和单位变动成本数据，以便用于成本计划和控制。

## 【知识拓展】

混合成本的类型很多，情况也比较复杂。如何用方程式来表示它们与业务量的关系，有两种选择：一种选择是尽可能对混合成本的实际性态进行真实的数学描述，这样得出的方程式不仅种类繁多，而且有的方程式还可能相当复杂。例如，曲线成本要使用二次方程或高次方程来描述。建立和使用这样的方程式，往往要花费很多时间和精力，有时甚至超过它们可能带来的好处。另一种选择是尽可能使用简单的方程式来描述混合成本。我们已经知道，在各类混合成本中，最容易用简单方程式来描述的是半变动成本，因为它是直线性的成本，可以用 y=a+bx 来表达。可以设想，把所有的混合成本都近似地看成是半变动成本，都用 y=a+bx 来表达，则混合成本的数学描述问题可以大大简化。

当然，对所有的混合成本都用直线方程来描述，所得结果与实际成本性态会有一定的差别。但是这种差别可以用限定相关范围来限制。我们知道，任何一条曲线，在一定区间内都近似地表现为一条直线。因而，在特定的范围内，任何混合成本都可以近似地看成是半变动成本。此外，用于管理的决策的数据并不要求十分精确，只要其误差不影响决策的结果，就不妨碍模型的使用。

【知识辨析 2-5】

下列成本性态分析方法属于历史成本分析的方法是（　　）。

A．高低点法　　B．回归分析法

C．账户分析法　　D．合同确认法

答案：AB

# 任务三　变动成本计算法

【任务描述】

企业的全部成本按照一定的方法分解为固定成本和变动成本之后，就可以按照变动成本法计算产品成本，变动成本法的应用对于企业的预测、决策与控制都有非常重要的意义。

【知识点】

了解和掌握变动成本法的含义及理论基础，掌握变动成本法和完全成本法的区别，掌握变动成本法和完全成本法的计算，熟悉变动成本法的优缺点。

【技能点】

学会分析变动成本法和完全成本法两种成本法下分期营业利润差额的变动规律。

【知识储备】

## 一、变动成本法的历史

变动成本法最初称为直接成本法（Direct Costing，又称直接成本计算法），产生于 20 世纪 30 年代的美国，主要是由于当时的产品成本只包括与业务量关系比较明显的直接材料和直接人工。后来人们逐渐发现，有些间接的制造费用虽然不是直接成本，但随着业务量的变动而正比例变动，而有的直接成本虽然直接计入特定对象，却并非变动成本。直接成本与变动成本、间接成本与固定成本并非两对完全对等的概念。

在 20 世纪 50 年代，市场竞争日益激烈，人们逐渐认识到传统的完全成本法提供的会计信息越来越不能满足企业内部管理的需要，必须重新认识变动成本法，充分发挥其积极作用。美国的一些会计师和经理又重新研究并开始在实务中试行变动成本法，并将变动成本法中的贡献边际这一概念用于本量利分析及其他方面。变动成本法不仅有利于企业加强成本管理，而且对制订利润计划、组织科学的经营决策也十分有帮助。

## 二、变动成本法的理论前提

管理会计理论认为，在进行成本计算、界定产品成本与期间成本时，必须摆脱财务会计传统思维定式的束缚，重新认识产品成本和期间成本的本质。按照重新解释的产品成本和期间成本的定义，产品成本只应该包括变动生产成本，而不应该包括固定生产成本；固定生产成本必须作为期间成本处理。这就构成了变动成本法的理论前提。

按照管理会计理论的解释，产品成本是指在那些生产过程中发生的，随着产品实体流动而流动，随着产量的变动而变动，只有当产品实现销售收入时才能与相关收入实现配比得到补偿的成本。期间成本是指那些不随产品实体的流动而流动，而是随着产品生产经营持续期间的长短而增减，其效益随着时间的推移而消逝，不能递延到下期，只能于发生的当期计入利润表由当期的销售收入补偿的费用。

## 三、变动成本法和完全变动成本法的概念

### （一）变动成本法的含义

变动成本法是指在组织常规的产品成本计算过程中，根据成本习性，把企业全部成本划分为变动成本和固定成本两大类，产品成本由变动性生产成本构成，而将固定生产成本和非生产成本作为期间成本，按贡献式损益确定程序计量损益的一种成本计算模式。

### （二）完全成本法的含义

完全成本法是指在组织常规的成本核算过程中，以成本按其经济用途分类为前提条件，将全部生产成本作为产品的成本构成内容，只将非生产成本作为期间成本，并按传统式损益确定程序计量损益的一种成本计算模式。完全成本法又称为吸收成本法、全部成本法、归纳成本法或兼收成本法。

【知识拓展】

变动成本法实际是针对传统的完全成本法所进行的一种变革，基本特点是对单位产品成本和存货成本的确定，只考虑变动成本而不考虑固定成本，在企业内部管理方面比完全成本法有明显优势，是管理会计的一个创新。

## 四、变动成本法的优缺点

### （一）变动成本法的优点

#### 1. 采用变动成本法，有利于明确企业产品盈利能力和划分成本责任，科学地进行成本分析和成本控制

运用变动成本法所提供的成本资料能将成本升降的两个因素，即由于产量变动所引起的成本升降和由于成本控制工作好坏而造成的成本升降，清楚地区别开来，这不仅有利于对企业成本控制工作作出实事求是的评价，而且有利于进行科学的成本分析和成本控制。而制造成本法计算出来的单位产品成本，却会随产量的变动而变动，从而掩盖或夸大成本管理中的工作成绩，不利于进行科学的成本分析和成本控制。

同时，采用变动成本法计算成本，便于成本控制责任的归属和正确控制方法的选择。一般说来，变动成本是各个部门的可控成本，应由各部门负责控制，并通过其高低来评价各部门成本管理的工作成绩。而固定成本往往是各个部门无法左右的不可控成本，因而应由企业总部的有关职能部门负责。由于固定成本和变动成本具有不同的特点，因而对它们的控制应

分别采用不同的方法。这些方法表现为对固定成本采取制定费用预算，控制总额的方法；对变动成本采取制定标准成本、弹性预算和控制单位变动成本的方法。所有这些都是制造成本法难以做到的。

#### 2．保持利润与销售量一致，促进以销定产，能使管理人员和管理部门关注销售，防止盲目生产

随着科学技术的迅速发展，生产的机械化和自动化程度正在不断提高，固定成本在产品成本中的比重有日益上升的趋势。在固定成本较大的情况下，如果采用制造成本法，就会出现这样的现象：一方面销售量下降，另一方面产量大幅度增长，造成产品积压；由于产量增加而降低了单位成本中的固定成本部分，从而使利润在销售下降的情况下反而有所增长。与此相比，变动成本法则可以排除生产量对利润的影响，保持利润和销售量的同向变动，避免出现上述反常现象，而且能防止盲目生产市场上不需要的产品，加强销售工作，加速资金周转。

#### 3．揭示了销售量、成本和利润之间的依存关系，有利于进行本量利分析

本量利分析是运用数学计算和图示方法，在研究销售量、销售价格、固定成本、变动成本、单位变动成本和利润等因素数量关系的基础上，进行预测的一种技术方法。它对销售量、成本、利润和价格的决策有十分重要的意义。进行本量利分析，要求将所有成本划分为变动成本和固定成本，而变动成本法恰恰提供了这个条件，使当期利润真正反映企业经营状况，有利于企业经营预测和决策。

#### 4．可以避免产量高低影响下期收益

权责发生制要求成本应由受益的会计期间负担，而不管它支付于哪一期间，以便使各期的盈亏能够恰当反映当期的生产经营业绩。但在采用制造成本法的情况下，如果本期生产能力利用不充分，单位成本将随产量的下降而上升。这时每件产品既不会凝结更多的活劳动，也不会吸收更多的劳动资料转移的价值，反倒是人力、物力会在部分时间内闲置。当其中部分产品转入下期销售时，这种损失就会转嫁到下期，从而减少下期利润；反之，则会增加下期的利润。生产工作的这种延期反映，使盈亏不能正确地反映当期的工作业绩，违背了权责发生制的要求。与此相反，采用变动成本法就可以避免这一弊病。

### 【课程案例】

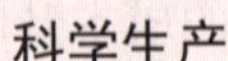
科学生产

亚里士多德认为，不同质量的东西从高处掉落，他们的落地时间应该不一样的。一千多年来无人怀疑，但是伽利略却不这么认为，他通过比萨斜塔实验，把两个铁球从上面扔下来，证明了不同的重量具有同样的下落速度，推翻了亚里士多德的断言，成了现代科学的开端。

通过了解科学，你们学到了什么？在市场经济条件下，企业要以人为本，满足消费者需要，以销定产，科学规划生产，防止盲目生产市场上不需要的产品，这本身就体现和谐观和科学观。

#### 5. 简化产品成本计算，建立弹性预算

采用变动成本法，由于固定成本并不计入产品成本，而于当期计算盈亏时直接转销，使产品成本计算中的费用分配工作大为简化，减少了工作量，并且可以减少成本计算中的主观随意性。这一优点，尤以多品种企业和手工会计核算的企业表现更为明显。

在市场竞争日益激烈的情况下，按一系列产销水平编制适用于不同业务量水平的弹性预算，比只按一个产销水平编制的只适用于一个业务量水平的固定预算有较大的适应性。它使成本、利润的预算数和实际数有更好的可比性，而这种使用日益普遍的弹性预算是建立在变动成本核算基础之上的。

### （二）变动成本法的缺点

#### 1. 不能反映全部耗费

计算单位成本并不是完全成本，不能反映产品生产过程中发生的全部耗费。

#### 2. 不能适应长期决策的需要

变动成本法所提供的成本资料可以对一年内的短期经营决策提供分析的依据，但从长期看，随着生产能力的变动、技术的进步和通货膨胀的发生，固定成本和单位变动成本都不可能不发生变动。因此，变动成本法所提供的资料不能适应一年以上，涉及增加、减少生产能力和扩大、缩小经营规模的长期决策的需要。

#### 3. 改用变动成本法时，会影响有关方面的收益

企业在改制造成本法为变动成本法的当期，一般会因对固定成本的处理不同，使期末存货的估价降低，当期成本提高，从而降低当期的营业利润，暂时影响征税机关的所得税收入和投资者的投资收益的分配。

#### 4. 准确划分困难

变动成本和固定成本的准确划分十分困难，无论采用哪种划分方法都有一定的假设性。

## 五、变动成本法与完全成本法的区别

从完全成本法和变动成本法的内涵可以非常容易地总结一点：这两种方法的主要区别就是对固定性制造费用的处理不一样。完全成本法是将固定性制造费用吸收进存货当中；而变动成本法将固定性制造费用全额列入期间费用，由当期的销售产品承担，影响当期损益。变动成本法与完全成本法对固定性制造费用的不同处理，导致了两种方法下的一系列差异。具体体现在以下几个方面。

【知识辨析 2-6】

全部成本法和变动成本法的本质区别是（　　）。

A. 产品成本的构成内容　　　　B. 成本的划分标准

C. 固定制造费用的处理　　　　D. 变动制造费用的处理

## （一）产品成本的构成内容不同

完全成本法对成本按经济用途分类，将所有成本分为制造成本（又称“生产成本”，包括直接材料、直接人工和制造费用）和非制造成本（又称“非生产成本”，包括管理费用、财务费用和销售费用）两大类，将制造成本“完全”计入产品成本（完全成本法即因此而得名），而将非制造成本作为期间成本，全额计入当期损益。

变动成本法对成本按性态分类，把成本分为变动成本和固定成本。变动成本法先将制造费用按成本性态划分为变动性制造费用和固定性制造费用两类，再将变动性制造费用计入产品成本，而将固定性制造费用与非制造成本一起列为期间成本。当然，按照变动成本法的要求，非制造成本也应划分为固定与变动两部分，并在利润表上分别列为减项。

在变动成本法模式下，产品成本只包括变动生产成本，固定生产成本和非生产成本则全部作为期间成本处理；在完全成本模式下，产品成本包括全部生产成本，只有非生产成本才作为期间成本处理。完全成本法与变动成本法在产品成本计算上的差异可以从下面的描述中更清楚地看出来，其区别如表 2-2 所示。

表 2-2　完全成本法与变动成本法在产品成本计算上的差异

<table>
<tr><td>成本计算法</td><td colspan="3">变动成本法</td><td colspan="2">完全成本法</td></tr>
<tr><td>划分标准</td><td colspan="3">按成本性态划分</td><td colspan="2">按成本用途划分</td></tr>
<tr><td rowspan="4">成本划分的分类</td><td rowspan="2">变动成本</td><td>变动生产成本</td><td>直接材料<br>直接人工<br>变动制造费用</td><td rowspan="2">生产成本</td><td rowspan="2">直接材料<br>直接人工<br>制造费用</td></tr>
<tr><td>变动非生产成本</td><td>变动销售费用<br>变动管理费用</td></tr>
<tr><td rowspan="2">固定成本</td><td>固定生产成本</td><td>固定制造费用</td><td rowspan="2">非生产成本</td><td rowspan="2">销售费用<br>管理费用</td></tr>
<tr><td>固定非生产成本</td><td>固定销售费用<br>固定管理费用</td></tr>
<tr><td>产品成本构成内容</td><td colspan="2">变动生产成本</td><td>直接材料<br>直接人工<br>变动制造费用</td><td>生产成本</td><td>直接材料<br>直接人工<br>制造费用</td></tr>
</table>

**【知识拓展】**

两种成本计算方法在产品成本的构成内容方面存在差别的理论依据如下。

变动成本法之所以在计算产品成本和存货成本时，只包括产品在生产过程中所消耗的直接材料、直接人工和变动制造费用，而将固定性制造费用作为期间成本，全额列入利润表，从当期的销售收入中扣除，其理由是：产品成本和期间成本是两个不同的概念，应明确区分。产品成本是指在产品生产过程中发生的、随产量而变动的成本。根据这一原则，只有直接材料、直接人工、变动性制造费用是在产品生产过程中发生的，随产量变动，所以产品成本只包括这三大部分。固定性制造费用主要是为企业提供一定的生产经营条件而发生的，这些生产经营条件一经形成，不管其实际利用程度如何，有关费用照样发生，同产品的实际生产没有直接联系，并不随产量的增减而增减。也就是这部分费用所联系的是会计期间，而不是产品，它只随着时间的推移而逐渐消失，其效益不应递延到下一会计期间，而应在费用发生的当期，全额列作期间成本，从本期的销售收入中直接扣减。

完全成本法计算的理论依据是：凡是同产品生产有关的耗费都应计入产品成本。固定性制造费用是为保持一定的经营条件而发生的，也就是同形成企业生产能力正常维护相联系，因此认为产品在生产过程中不仅要消耗一定的直接材料、直接人工、变动性制造费用，同时要消耗一定的生产能力，如果没有厂房、没有基本组织机构、不开动机器设备，产品就生产不出来。所以为提供生产能力所发生的固定性制造费用也应同直接材料、直接人工、变动性制造费用一样都是产品成本的组成部分，随产品而流动。也就是说，如果产品销售出去，汇集于产品上的成本也应转为本期的销售成本，以确定本期的收益；假如产品没有销售出去，构成期末存货，那么汇集于产品上的成本也应结转于下一期，等到下期销售后，才结转到销售成本。

（资料来源：变动成本法．挂云帆百科知识．www.guayunfan.com．）

【任务举例 2-2】

海滨有限责任公司产销单一产品，销售单价为 60 元，无期初存货。该种产品的制造成本资料和企业的非制造成本资料如表 2-3 所示。

表 2-3　该种产品的制造成本资料和企业的非制造成本资料

| 期初存货（件） | 0 |
|---|---|
| 本期生产量（件） | 8 000 |
| 本期销售量（件） | 6 000 |
| 期末存货（件） | 2 000 |
| 单位直接材料（元） | 6 |
| 单位直接人工（元） | 4 |
| 变动性制造费用（元） | 16 000 |
| 固定性制造费用（元） | 24 000 |
| 变动性管理费用（元） | 16 000 |
| 固定性管理费用（元） | 8 000 |
| 变动性财务费用（元） | 8 000 |
| 固定性财务费用（元） | 8 000 |
| 变动性销售费用（元） | 12 000 |
| 固定性销售费用（元） | 4 000 |

分别采用两种成本计算方法计算单位产品成本和总成本，有关计算结果如表 2-4 所示。

表 2-4　两种成本法下的产品成本　　单位：元

| 项目 | 变动成本法 | | 固定成本法 | |
|---|---|---|---|---|
| | 单位成本 | 总成本 | 单位成本 | 总成本 |
| 直接材料 | 6 | 48 000 | 6 | 48 000 |
| 直接人工 | 4 | 32 000 | 4 | 32 000 |
| 变动性制造费用 | 2 | 16 000 | 2 | 16 000 |
| 固定性制造费用 | | | 3 | 24 000 |
| 合计 | 12 | 96 000 | 15 | 120 000 |

从表 2-4 可以看出，完全成本法下的单位成本和总成本比变动成本法下的单位成本和总成本要大，这是因为前者多吸收了固定性制造费用而造成的。由于变动成本法将固定性制造费用处理为期间成本，所以其单位产品成本较之完全成本法的单位产品成本更低。当然，变动成本法下的期间成本较之完全成本法下的期间成本更高。这种产品成本构成内容上的差别，是完全成本法和变动成本法的主要差别，两种成本法之间的其他差别均由此而产生。

### （二）存货成本的构成内容不同

由于变动成本法与完全成本法下产品构成内容不同，当然产成品和在产品存货的成本构成内容也就不同。采用变动成本法，不论是库存产成品、在产品还是已销产品，其成本均只包括制造成本中的变动部分，期末存货计价也只是这一部分。而采用完全成本法时，不论是库存产成品、在产品还是已销产品，其成本中均包括了一定份额的固定性制造费用，期末存货计价当然也包括了这一份额（在会计实务中，期末在产品计价也有不计算制造费用而只计算材料成本的情况，但这只是一种变通或者简便的做法，而且从均衡滚动的角度讲，也等于全部计算了）。

很显然，变动成本法下的期末存货计价必然小于完全成本法下的期末存货计价。例中，如假设该月月初无在产品，按变动成本法计算时，期末存货的成本为 24 000 元（12×2 000），而当按完全成本法计算时，期末存货的成本则为 30 000 元（15×2 000），变动成本法与完全成本法下“产品成本的构成内容不同”与“存货成本的构成内容不同”是相关的两个问题，也可以说是同一问题的两个方面，产品成本的构成内容不同，自然存货成本的构成内容也就不同，而存货成本上的差异又会对损益的计算产生影响。

### （三）销货成本计算公式不同

#### 1. 完全成本计算法下的收益与成本配合程序

第一步，计算营业毛利：营业毛利=营业收入-产品营业成本

式中：产品营业成本=期初存货完全生产成本+本期完全生产成本-期末存货完全成本

第二步，计算税前利润：税前利润=营业毛利-（推销费用+管理费用）

#### 2. 变动成本计算法下的收益与成本配合程序

第一步，计算边际贡献：边际贡献=营业收入-变动成本总额

第二步，确定税前利润：税前利润=边际贡献-固定成本总额

式中：变动成本总额=变动生产成本+变动非生产成本=单位变动生产成本×本期销售量+单位变动非生产成本×本期销售量

从上述两种成本计算法的收益与成本配合程序可以看出，在两种成本计算法下，其营业成本计算公式完全不同。

在变动成本法下：

本期营业成本（变动成本法）=单位变动生产成本×本期销售量

在完全成本法下：

本期营业成本（完全成本法）=期初存货成本+本期生产成本-期末存货成本

### （四）利润表格式及所提供信息的用途不同

由于完全成本法和变动成本法下的产品成本构成不同，所以在利润表上两种方法下成本费用的排列也有差别。

以完全成本法编制的利润表把所有成本项目按生产、销售、管理等不同经济职能进行排列，主要是为了适应与企业有经济利益关系的外界团体或个人的需要，故又称为“职能式利润表”。在完全成本法下，必须按照传统式损益确定程序计量营业损益，利润表格式采用传统式利润表。

在变动成本法下，边际贡献反映了产品的盈利能力及其对企业营业利润所做的贡献。边际贡献再减去全部固定成本，则是企业的营业利润，变动成本法编制的利润表，把所有的成本项目按成本性态分为变动成本和固定成本两大类，主要是为了便于取得边际贡献信息。故又称为“贡献式利润表”，在变动成本法下，只能按贡献式损益确定程序计量营业损益。利润表格式采用贡献式利润表两种成本法下利润表的格式如表 2-5 所示。

表 2-5　两种成本法下利润表的格式

| 按变动成本法计算的税前利润表（贡献式） | 按完全成本法计算的税前利润表（职能式） |
|---|---|
| 营业收入 | 营业收入 |
| 减：变动成本 | 减：营业成本 |
| 变动性生产成本 | 期初存货成本 |
| 变动性销售费用 | 本期产品成本 |
| 变动性财务费用 | 可供销售的产品成本 |
| 变动性管理费用 | 减：期末存货成本 |
| 变动成本合计 | 营业成本合计 |
| 边际贡献 | 营业毛利 |
| 减：固定成本 | 减：期间成本 |
| 固定性制造费用 | 销售费用 |
| 固定性销售费用 | 财务费用 |
| 固定性财务费用 | 管理费用 |
| 固定性管理费用 | 期间成本合计 |
| 固定成本合计 | 税前利润 |
| 税前利润 | |

从表 2-5 可以看出，在完全成本法下，本期发生的销售费用、管理费用作为期间成本，在计算营业利润前列在营业费用项下从销售毛利中全部扣减。在变动成本法下，销售费用、管理费用则是按其性态分别处理的，变动部分作为变动成本的组成部分，在计算边际贡献前被扣除，固定成本则在边际贡献后被扣除。虽然它们在贡献式利润表中被扣除的位置不同，却改变不了它们属于期间成本的性质。因此，无论在哪一种成本计算法下，本期发生的销售费用、管理费用都是期间成本，都要全额计入利润表，只是在计入利润表的位置和补偿途径方面存在形式上的区别。基于上述理由，在应用变动成本法时，如果销售费用和管理费用都是已知的数据，且仅仅是为了计算营业利润，则完全不必将它们分解为固定和变动两部分，只需将它们视为固定成本，与固定性制造费用合并处理。这样既可以简化手续，又不会妨碍营业利润的正确计算。

### （五）各期利润不同

变动成本法下的产品成本只包括变动成本（变动性制造成本），而将固定成本（固定性制造费用）当作期间成本，也就是说，对固定成本的补偿由当期销售的产品承担。而完全成本法下的产品成本既包括变动成本，又包括固定成本。换句话说，完全成本法下对固定成本的补偿是由当期生产的产品承担，期末销售的产品与当期已销售的产品承担着相同的份额。上述固定成本处理上的分歧对两种成本计算方法下的计算产生影响，影响的程度取决于产量和销量的均衡程度，且表现为相向关系，即产销越均衡，两种成本计算法下所计算的利润差异就越小，反之则越大。只有当产品实现所谓的“零存货”即产销绝对均衡，利润计算上的差异才会消失。而事实上，产销绝对均衡只是个别的、相对的和理想化的，不均衡才是普遍的、绝对的和现实化的，这也是研究的意义所在。下面举例来具体说明这一问题。

【任务举例 2-3】

海滨公司产销单一产品，销售单价为 30 元，无期初存货。该种产品的制造成本资料和企业的非制造成本资料如表 2-6 所示。

表 2-6　该种产品的制造成本资料和企业的非制造成本资料

| 期初存货（件） | 0 |
| --- | --- |
| 本期生产量（件） | 4 000 |
| 本期销售量（件） | 3 000 |
| 期末存货（件） | 1 000 |
| 单位直接材料（元） | 3 |
| 单位直接人工（元） | 2 |
| 变动性制造费用（元） | 8 000 |
| 固定性制造费用（元） | 12 000 |
| 变动性管理费用（元） | 8 000 |
| 固定性管理费用（元） | 4 000 |
| 变动性财务费用（元） | 4 000 |
| 固定性财务费用（元） | 4 000 |
| 变动性销售费用（元） | 6 000 |
| 固定性销售费用（元） | 2 000 |

从表 2-7 可以看出，不同成本计算法下所计算出的税前利润不同。采用变动成本法时为 29 000 元，采用完全成本法时则为 32 000 元，相差 3 000 元。这 3 000 元正是完全成本法所确认的应由期末存货成本负担的固定性制造费用部分，而在变动成本法下，这 3 000 元全部作为期间成本进入了当期利润。换句话说，这 3 000 元在完全成本法下被视为“一种可以在将来换取收益的资产”列入了资产负债表，而在变动成本法下则被视为“为取得收益而已然丧失的资产”列入了利润表。

表 2-7 海滨有限公司两种成本计算法下的利润表 单位：元

| 按变动成本法计算的税前利润表（贡献式） | | 按完全成本法计算的税前利润表（职能式） | |
|---|---|---|---|
| 营业收入 | 90 000（30×3 000） | 营业收入 | 90 000（30×3 000） |
| 减：变动成本 | | 减：营业成本 | |
| 变动性生产成本 | 21 000（7×3 000） | 期初存货成本 | 0 |
| 变动性销售费用 | 6 000 | 本期产品成本 | 40 000（10×4 000） |
| 变动性财务费用 | 4 000 | 可供销售的产品成本 | 40 000 |
| 变动性管理费用 | 8 000 | 减：期末存货成本 | 10 000（10×1 000） |
| 变动成本合计 | 39 000 | 营业成本合计 | 30 000 |
| 边际贡献 | 51 000 | 营业毛利 | 60 000 |
| 减：固定成本 | | 减：期间成本 | |
| 固定性制造费用 | 12 000 | 销售费用 | 8 000 |
| 固定性销售费用 | 2 000 | 财务费用 | 8 000 |
| 固定性财务费用 | 4 000 | 管理费用 | 12 000 |
| 固定性管理费用 | 4 000 | 期间成本合计 | 28 000 |
| 固定成本合计 | 22 000 | 税前利润 | 32 000 |
| 税前利润 | 29 000 | | |

总之，两种方法计算出来的税前净利有差别，主要是因为它们从销售收入中扣除的固定成本金额不同。变动成本法不管产销量怎样，总是把本期发生的固定成本总额全部扣除，而完全成本法所扣除的固定成本是期初存货中的固定制造费用，加上本期发生的固定成本总额再减去期末存货中的固定制造费用。

## （六）两种成本法下分期营业利润差额的变动规律

### 1．按两种成本法确定的分期营业利润差额变化的一般规律

通过对差额出现的原因进行分析，我们可以得出两种成本法确定的分期营业利润差额变化的一般规律。

（1）若完全成本法下期末存货吸收（带走）的固定性制造费用等于期初存货释放（带来）的固定性制造费用，则两种成本计算方法确定的营业利润必然相等，其差额等于零。这是因为此时计入当期利润表的固定性制造费用的数额在两种成本计算方法下相等。

（2）若完全成本法下期末存货吸收（带走）的固定性制造费用大于期初存货释放（带来）的固定性制造费用，则按照完全成本法确定的营业利润一定大于按照变动成本法确定的营业利润。因为此时完全成本法下计入当期利润表的固定性制造费用数额小于变动成本法下

计入当期利润表的固定性制造费用的数额。

（3）若完全成本法下期末存货吸收（带走）的固定性制造费用小于期初存货释放（带来）的固定性制造费用，则按照完全成本法定的营业利润小于按照变动成本法确定的营业利润。因为此时完全成本法下计入当期利润表的固定性制造费用数额大于变动成本法下计入当期利润表的固定性制造费用的数额。

【任务举例 2-4】

海滨公司最近三年只生产一种产品，相关资料如表 2-8 和表 2-9 所示。要求：分别按变动成本法和完全成本法编制该公司最近三年的税前利润表。

表 2-8　业务量资料表　　单位：件

| 业务量 | 2019 年 | 2020 年 | 2021 年 | 合计 |
|---|---|---|---|---|
| 期初存货量 | 0 | 0 | 1 000 | — |
| 本期生产量 | 5 000 | 6 000 | 5 000 | 16 000 |
| 本期销售量 | 5 000 | 5 000 | 6 000 | 16 000 |
| 期末存货量 | 0 | 1 000 | 0 | — |

表 2-9　成本费用资料表　　单位：元

<table>
<tr><td colspan="2">基本成本资料</td><td>变动成本法</td><td colspan="3">完全成本法</td></tr>
<tr><td>单位销售</td><td>15</td><td rowspan="7">单位变动生产成本三年均为5</td><td colspan="3" rowspan="3">单位变动生产成本三年均为 5</td></tr>
<tr><td>生产成本</td><td></td></tr>
<tr><td>单位变动生产成本</td><td>5</td></tr>
<tr><td>固定成本总额</td><td>3 000</td><td colspan="3" rowspan="2">单位固定生产成本</td></tr>
<tr><td>非生产成本</td><td></td></tr>
<tr><td>单位变动非生产成本</td><td>2</td><td>2019 年</td><td>2020 年</td><td>2021 年</td></tr>
<tr><td>固定非生产成本</td><td>8 000</td><td>6</td><td>5</td><td>6</td></tr>
<tr><td>单位产品成本</td><td></td><td>三年均为 5</td><td>11</td><td>10</td><td>11</td></tr>
</table>

①按变动成本法编制的税前利润表如表 2-10 所示。

表 2-10　利润表（变动成本法）　　单位：元

| 项目 | 2019 年 | 2020 年 | 2021 年 | 合计 |
|---|---|---|---|---|
| 营业收入 | 75 000 | 75 000 | 90 000 | 240 000 |
| 减：变动成本 | | | | |
| 变动生产成本 | 25 000 | 25 000 | 30 000 | 80 000 |
| 变动非生产成本 | 10 000 | 12 000 | 10 000 | 32 000 |
| 变动成本合计 | 35 000 | 37 000 | 40 000 | 112 000 |
| 边际贡献 | 40 000 | 38 000 | 50 000 | 128 000 |
| 减：固定成本 | | | | |
| 固定生产成本 | 30 000 | 30 000 | 30 000 | 90 000 |
| 固定非生产成本 | 8 000 | 8 000 | 8 000 | 24 000 |
| 期间成本合计 | 38 000 | 38 000 | 38 000 | 114 000 |
| 税前利润 | 2 000 | 0 | 12 000 | 14 000 |

②按固定成本法编制的税前利润表如表 2-11 所示。

表 2-11　利润表（完全成本法）　　单位：元

| 项目 | 2019 年 | 2020 年 | 2021 年 | 2022 年 |
|---|---|---|---|---|
| 营业收入 | 75 000 | 75 000 | 90 000 | 240 000 |
| 减：营业变动成本 | | | | |
| 期初存货成本 | 0 | 0 | 10 000 | —— |
| 本期产品成本 | 55 000 | 60 000 | 55 000 | 170 000 |
| 可供销售的产品成本 | 55 000 | 60 000 | 65 000 | —— |
| 减：期末存货成本 | 0 | 10 000 | 0 | —— |
| 营业成本合计 | 55 000 | 50 000 | 65 000 | 170 000 |
| 营业毛利 | 20 000 | 25 000 | 25 000 | 70 000 |
| 减：期间成本（非生产成本） | | | | |
| 变动非生产成本 | 10 000 | 12 000 | 10 000 | 32 000 |
| 固定非生产成本 | 8 000 | 8 000 | 8 000 | 24 000 |
| 期间成本合计 | 18 000 | 20 000 | 18 000 | 56 000 |
| 税前利润 | 2 000 | 5 000 | 7 000 | 14 000 |

2019 年计算出来的税前利润是相同的。这是因为该年的期初存货量和期末存货量均为零，完全成本法下期末存货吸收（带走）的固定性生产成本等于期初存货释放（带来）的固定性生产成本（两者均为零），此时计入当期利润表的固定性生产成本的数额在两种成本计算方法下相等，所以用两种成本计算方法确定的营业利润也必然相等。

2020 年按完全成本法计算出来的税前利润比按照变动成本法计算出来的税前利润高 5 000 元。这是因为该年期末存货量（1 000 件）大于期初存货量（0 件），而每件期末存货的成本按完全成本法比按变动成本法高 5 元，因此按照完全成本法就必然把期末存货 1 000 件所包含的固定性生产成本 5 000 元转入 2020 年，即完全成本法下期末存货吸收（带走）的固定性生产成本 5 000 元大于期初存货释放（带来）的固定性生产成本 0 元。此时完全成本法下计入当期利润表的固定性生产成本的数额比变动成本法下计入当期利润表的固定性生产成本的数额低 5 000 元，所以按完全成本法计算的税前利润比按变动成本法计算的税前利润高 5 000 元。

2021 年按完全成本法计算出来的税前利润比按照变动成本法计算出来的税前利润低 5 000 元。这是因为该年期末存货量（0 件）小于期初存货量（1 000 件），而每件期初存费的成本按完全成本法比按变动成本法高 5 元，因此按照完全成本法就必然把期初存货 1 000 件所包含的固定性生产成本 5 000 元转入 2020 年，即完全成本法下期末存货吸收（带走）的固定性生产成本 0 元小于期初存货释放（带来）的固定性生产成本 5 000 元。此时完全成本法下计入当期利润表的固定性生产成本的数额比变动成本法下计入当期利润表的固定性生产成本的数额高 5 000 元，所以按完全成本法计算的税前利润比按变动成本法计算的税前利润低 5 000 元。

### 2．两种成本法确定的分期营业利润差额变化的具体规律

在考虑特定附加条件的情况下，结合两种成本确定的分期营业利润差额变化的一般规律，我们可以得出以下具体规律。

（1）当期末存货量不为零，而期初存货量为零时

完全成本法确定的营业利润大于变动成本法确定的营业利润。此时，期初存货释放的固定性制造费用为零，期末存货吸收的固定性制造费用不为零，后者大于前者，因此，完全成本法下确定的营业利润大于变动成本法下确定的营业利润。其差额=本期单位固定性制造费用×期末存货量。

（2）当期末存货量为零，而期初存货量不为零时

完全成本法确定的营业利润小于变动成本法确定的营业利润。此时，期初存货释放的固定性制造费用大于零，期末存货吸收的固定性制造费用等于零，前者大于后者，因此，完全成本法下确定的营业利润小于变动成本法下确定的营业利润。其差额=期初存货单位固定性制造费用×期初存货量。

（3）当期末存货量和期初存货量均为零，即产销绝对平衡时

完全成本法确定的营业利润等于变动成本法确定的营业利润。此时，在完全成本法下，期初、期末存货中均未含任何成本，亦即所含的固定性制造费用也为零，因此，两种成本计算方法下的营业利润必然相等。

（4）当期末存货量和期初存货量均不为零

其单位产品所包含的固定性制造费用相等时，两种成本计算方法所确定的营业利润之间的关系取决于当期的产销平衡关系。

当期末存货量和期初存货量相等（即产销相对平衡）时，完全成本法下期初存货释放至当期的固定性制造费用数额与期末存货吸收至下期的数额相等，两种成本计算方法确定的营业利润相等。

当期末存货量大于期初存货量（即产大于销）时，完全成本法下期末存货吸收至当期的固定性制造费用数额大于期初存货释放至当期的数额，完全成本法下确定的营业利润大于变动成本法下确定的营业利润，其差额=单位固定性制造费用×（期末存货量-期初存货量）。

当期末存货量小于期初存货量（即产小于销）时，完全成本法下期末存货吸收至当期的固定性制造费用数额小于期初存货释放至当期的数额，完全成本法下确定的营业利润小于变动成本法下确定的营业利润。其差额=单位固定性制造费用×（期初存货量-期末存货量）。

（5）当期末存货量和期初存货量均不为零，而且单位产品所包含的固定性制造费用不相等时，两种成本计算方法所确定的营业利润之间的关系可用公式表示为

完全成本法确定的营业利润-变动成本法确定的营业利润=期末存货中固定性制造费用-期初存货中固定性制造费用

# 项目三　营运管理

## 【学习目标】

### ◇知识目标

●理解营运管理的概念，认知营运管理的工具方法和程序，了解营运计划的概念和分类，熟悉营运计划制订的原则和要求，了解营运计划的执行，调整和监控及营运绩效管理；

●了解本量利分析基本模型的相关假设，熟悉本量利分析的基本模型，掌握保本分析和保利分析的方法；

●熟悉边际分析的概念，掌握边际分析的方法；

●熟悉利润敏感分析的含义，掌握利润敏感分析各参数的敏感系数计算。

### ◇技能目标

●学会营运计划的制订、执行、调整和监控，会营运绩效管理；

●学会进行保本分析和保利分析；

●学会进行边际分析；

●学会进行利润敏感分析。

## 【知识导图】

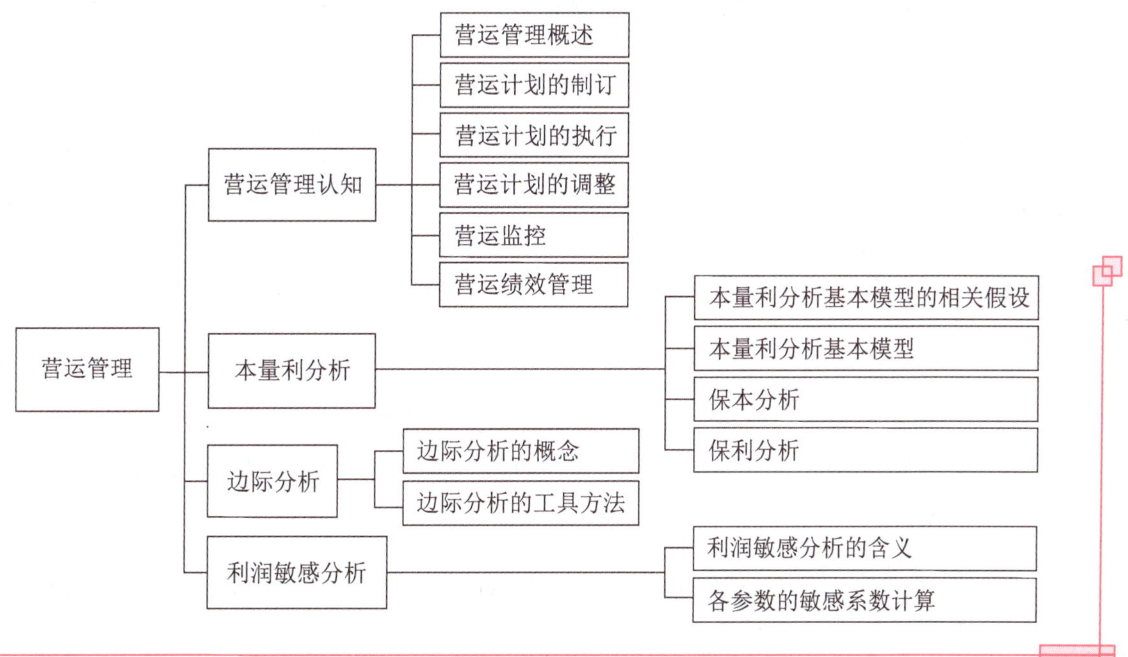

【引入案例】

王海和李滨两位大学生在校自主创业之外，其间还参加了中国“互联网+”大学生创新创业大赛，注册成立了海滨有限责任公司（本教材以下均简称海滨公司），毕业后两人继续合作经营生产普通加湿器，经过几年的打拼，海滨公司红红火火，生意兴隆，销售量稳步上升，随着科技的发展，市场竞争激烈，海滨公司决定生产比普通加湿器功能更多的多功能加湿器，海滨公司生产多功能加湿器的单位变动成本为 58 元，固定成本为 20 000 元，销售价格为 120 元。

思考：海滨公司需要销售多少新产品才能盈利？影响盈利的因素有哪些？请同学们结合这些问题，开启本项目的学习之旅。

# 任务一　营运管理认知

【任务描述】

营运管理是指为了实现企业战略和营运目标，各级管理者通过计划、组织、指挥、协调、控制、激励等活动，实现对企业生产经营过程中供、产、销的价值增值管理。

【知识点】

理解营运管理的概念，认知营运管理的工具方法和程序，了解营运计划的概念和分类，熟悉营运计划制订的原则和要求，了解营运计划的执行、调整和监控及营运绩效管理。

【技能点】

学会营运计划的制订、执行、调整和监控，学会营运绩效管理。

【知识储备】

## 一、营运管理概述

### （一）营运管理的概念

营运管理是指为了实现企业战略和营运目标，各级管理者通过计划、组织、指挥、协调、控制、激励等活动，实现对企业生产经营过程中供、产、销的价值增值管理。

### （二）营运管理的工具方法及程序

营运管理工具方法，包括但不限于本量利分析、敏感性分析、边际分析和标杆管理等。

企业应根据自身业务特点和管理需要等，对不同的营运管理工具方法进行恰当结合与综合运用，更好地实现营运管理的目标。企业进行营运管理分为四个阶段，分别是计划（Plan）、实施（Do）、检查（Check）、处理（Act），简称 PDCA 管理原则，形成闭环管理，使营运管理工作更加条理化、系统化、科学化。

## 二、营运计划的制订

### （一）营运计划的概念及分类

#### 1. 营运计划的概念

营运计划是指企业根据战略决策和营运目标的要求，从时间和空间上对营运过程中所需要的各种资源所作出的统筹安排，主要作用是分解营运目标、分配企业资源、安排营运过程中的各项活动。

#### 2. 营运计划的分类

营运计划按计划的时间可分为长期营运计划、中期营运计划和短期营运计划；按计划的内容可分为销售、生产、供应、财务、人力资源、产品开发、技术改造和设备投资等营运计划。

### （二）营运计划制订的原则及要求

#### 1. 制订营运计划应遵循的原则

（1）系统性原则

企业在制订计划时不仅应考虑营运的各个环节，还要从整个系统的角度出发，认识到各个环节是整个大系统中的一个小系统；既要考虑大系统的利益，也要兼顾个体利益。

（2）平衡性原则

企业应考虑内外部环境之间的矛盾，有效平衡可能对营运过程中的研发、生产、供应、销售等存在影响的各个方面，使其保持合理的比例关系。

（3）灵活性原则

企业应当充分考虑未来的不确定性，在制订计划时保持一定的灵活性和弹性。

#### 2. 制订营运计划的相关要求

企业在制订营运计划时，应以战略目标和年度营运目标为指引，充分分析判断宏观经济形势、行业发展规律以及竞争对手情况等内外部环境变化，同时还应评估企业自身研发、生产、供应、销售等环节的营运能力，客观评估自身的优势和劣势以及面临的风险和机会等。

（1）企业在制订营运计划时，应开展营运预测，将其作为营运计划制订的基础和依据。

（2）营运预测是指通过收集整理历史信息和实时信息，恰当运用科学预测方法，对未来经济活动可能产生的经济效益和发展趋势作出科学合理的预计和推测的过程。

（3）企业应用多种管理工具方法制订营运计划的，应根据自身实际情况，选择单独或综合应用预算管理、平衡计分卡、价值树、标杆管理等管理工具方法；同时，应充分应用本量利分析、敏感分析、边际分析等管理会计工具，为营运计划的制订提供具体量化的数据分析，有效支持决策。

（4）企业应当科学合理地制订营运计划，充分考虑各层次营运目标、业务计划、管理指标等方面的内在逻辑联系，形成涵盖各价值链的、不同层次和不同领域的、业务与财务相结合的、短期与长期相结合的目标体系和行动计划。

（5）企业应采取自上而下和自下而上相结合的方式制订营运计划，充分调动全员积极性，通过沟通、讨论达成共识。

（6）企业应根据营运管理流程，对营运计划进行逐级审批。企业各部门应在已经审批通过的营运计划基础上，进一步制订各自的业务计划，并按流程履行审批程序。

（7）企业应对未来的不确定性进行充分的预估，在科学营运预测的基础上，制订多方案的营运计划，以便应对未来不确定性带来的风险与挑战。

## 三、营运计划的执行

### （一）以正式文件的形式下达执行

经审批的营运计划应以正式文件的形式下达执行。执行企业应逐级分解营运计划，按照横向到边、纵向到底的要求分解落实到各下级企业或部门、岗位或员工，确保营运计划得到充分落实。

### （二）形成月度营运计划

经审批的营运计划应分解到季度、月度，形成月度的营运计划，逐月下达、执行。各执行企业应根据月度的营运计划组织开展各项营运活动。

### （三）建立监督控制机制

企业应建立配套的监督控制机制，及时记录营运计划执行情况，进行差异分析与纠偏，持续优化业务流程，确保营运计划有效执行。

### （四）开展月度、季度滚动预测

企业应在月度营运计划的基础上，开展月度、季度滚动预测，实时反映滚动营运计划所对应的实际营运状况，为企业资源配置的决策提供有效支持。

## 四、营运计划的调整

### （一）保持营运计划的稳定性

企业的营运计划一旦批准下达，一般不予调整。宏观经济形势、市场竞争形势等发生重大变化，导致企业营运状况与预期出现较大偏差的，企业可以适时对营运计划作出调整，使营运目标更加切合实际。

### （二）关注各种不确定因素

企业在营运计划的执行过程中，应关注和识别所存在的各种不确定因素，分析和评估其对企业营运的影响，适时启动调整原计划的有关工作，确保企业营运目标更加切合实际，更合理地进行资源配置。

### （三）及时调整营运计划

企业在进行营运计划调整的决策时，应及时分析和评估营运计划调整方案对企业营运的影响，包括对短期的资源配置、营运成本、营运效益等的影响以及对长期战略的影响。

### （四）建立调整流程和机制

企业应建立营运计划调整的流程和机制，规范营运计划的调整活动。营运计划的调整应由具体执行企业提出调整申请，层层审批，批准后下达正式文件。

## 五、营运监控

### （一）营运监控的含义

#### 1. 营运监控的目的

为了强化营运监控，确保企业营运目标的顺利完成，企业应结合自身实际情况，按照日、周、月、季、年等频率建立营运监控体系；并按照 PDCA 的管理原则，不断优化营运监控体系的各项机制，做好营运监控分析工作。

企业的营运监控分析是指以本期财务和管理指标为起点，通过指标分析查找异常，并进一步揭示差异所反映的营运缺陷，追踪缺陷成因，提出并落实改进措施，不断提高企业营运管理水平。

#### 2. 营运监控的基本任务

营运管理监控的基本任务是发现偏差、分析偏差和纠正偏差。

（1）发现偏差

企业通过各类手段和方法，分析营运计划的执行情况，发现计划执行中的问题。

（2）分析偏差

企业对营运计划执行过程中出现的问题和偏差原因进行研究，采取针对性的措施。

（3）纠正偏差

企业根据偏差产生的原因采取针对性的纠偏对策，使企业营运过程中活动按既定的营运计划进行，或者按照本书项目四对营运计划进行必要的调整。

### （二）营运监控分析与报告

#### 1. 营运监控分析

企业营运监控分析应至少包括发展能力、盈利能力、偿债能力等方面的财务指标以及生产能力、管理能力等方面的非财务内容，并根据所处行业的营运特点，通过趋势分析、对标分析等工具方法，建立完善营运监控分析指标体系。企业营运分析的一般步骤如下。

（1）明确营运目的，确定有关营运活动的范围。

（2）全面收集有关营运活动的资料，进行分类整理。

（3）分析营运计划与执行的差异，追溯原因。

（4）根据差异分析采取恰当的措施，并进行分析和报告。

2．报告

企业应将营运监控分析的对象、目的、程序、评价及改进建议形成书面分析报告。分析报告按照分析的范围及内容可以分为综合分析报告、专题分析报告和简要分析报告；按照分析的时间分为定期分析报告和不定期分析报告。

企业应建立预警、督办、跟踪等营运监控机制，及时对营运监控过程中发现的异常情况进行通报、预警，按照 PDCA 管理原则督促相关责任人将工作举措落实到位。

企业可以建立信息报送、收集、整理、分析、报告等日常管理机制，保证信息传递的及时性和可靠性；建立营运监控管理信息系统、营运监控信息报告体系等，保证营运监控分析工作的顺利开展。

## 六、营运绩效管理

绩效管理指标应以企业营运管理指标为基础，做到无缝衔接、层层分解，确保企业营运目标的落实。企业可以开展营运绩效管理，激励员工为实现营运管理目标作出贡献。

企业可以建立营运绩效管理委员会、营运绩效管理办公室等不同层级的绩效管理组织，明确绩效管理流程和审批权限，制定绩效管理办法、实施细则等绩效管理制度。

企业可以以营运计划为基础，制定绩效管理指标体系，明确绩效指标的定义、计算口径、统计范围、绩效目标、评价标准、评价周期、评价流程等内容，确保绩效指标具体、可衡量、可实现以及具有的明确期限。

【知识辨析 3-1】

企业进行营运管理分为四个阶段，分别是（　　）。

A．计划　　B．实施　　C．检查　　D．处理

答案：ABCD

# 任务二　本量利分析

【任务描述】

本量利分析是对成本、产量（或销量）、利润之间相互关系的一种简称，也称 CVP 分析（Cost-Volume-Profit-Analysis）。这一分析方法是人们在认识到成本应该按性态进行划分的

基础上发展起来的，主要研究销量、价格、成本和利润之间的相互关系。本量利分析的基本原理和方法在企业的预测、决策、计划和控制等多方面具有广泛的用途，也是管理会计的一项基础内容。

【知识点】

了解本量利分析基本模型的相关假设，熟悉本量利分析的基本模型，掌握保本分析和保利分析的方法。

【技能点】

学会进行保本分析和保利分析。

【知识储备】

本量利分析是对成本、业务量、利润之间相互关系进行分析的一种系统方法。这种分析方法是在成本性态分析的基础上，运用数学模型以及图表形式，对成本、业务量、利润与单价等因素之间的依存关系进行具体的分析，为企业经营决策和目标控制提供有用信息，广泛应用于企业的预测、决策、计划和控制等活动中。运用本量利分析，首先需要明确木量利的基本关系。

## 一、本量利分析基本模型的相关假设

### （一）相关范围假设

本量利分析是建立在成本按性态划分基础上的一种分析方法，所以成本按性态划分的基本假设也就构成了本量分析的基本假设。区分一项成本是变动成本还是固定成本时，均限定在一定的相关范围内，这个相关范围就是成本按性态划分的基本假设，同时它也构成了本量利分析的基本假设之一。

#### 1. 期间假设

无论是固定成本还是变动成本，其固定性与变动性均体现在特定的期间内，其金额的大小也是在特定的期间内加以计量而得到的。随着时间的推移，固定成本的总额及其内容会发生变化，单位变动成本的数额及内容也会发生变化。所以，对成本性态的划分应该限定在一定期间内。

#### 2. 业务量假设

同样，对成本按性态进行划分而得到的固定成本和变动成本，是在一定业务量范围内分析和计量的结果，业务量发生变化特别是变化较大时，成本性态有可能变化，就需要重新加以计量，这就构成了新的业务量假设。

期间假设与业务量假设之间是一种相互依存的关系。这种依存性表现为在一定期间内业务量往往不变或者变化不大，而一定的业务量又是从属于特定期间的。换句话说，不同期间的业务量往往发生了较大变化，特别是不同期间相距较远时更是如此，而当业务量发生很大变化时，出于成本性态分析的需要，不同的期间也就由此划分了。

### （二）模型线性假设

企业的总成本按性态可以或者可以近似地描述为 $y=a+bx$。站在本量利分析的立场上，由于利润只是收入与成本之间的一个差量，所以本假设只涉及成本与业务量两个方面，具体来说，模型线性假设包括以下几个方面。

#### 1. 固定成本不变假设

在企业经营能力的相关范围内，固定成本是不变的，用模型表示为 $y=a+bx$。式中的 $a$ 表示在平面直角坐标图中，就是一条与横轴平行的直线。

#### 2. 变动成本与业务量呈完全线性关系假设

在相关范围内，变动成本与业务量呈完全线性关系，用模型表示为 $y=a+bx$。式中的 $bx$，$b$ 是单位变动成本，在平面直角坐标图中是一条过原点的直线，斜率就是单位变动成本。

#### 3. 销售收入与销售数量呈完全线性关系

在本量利分析中，通常假设销售价格为一个常数，因此，销售收入与数量之间就呈现完全线性关系，用数学模型表示为 $s=px$（$s$ 为销售收入，$p$ 为销售单价，$x$ 为销售数量），表示在平面直角坐标图中是一条过原点的直线，斜率就是销售单价。

### （三）产销平衡假设

本量利分析中的“量”指的是销售数量而非生产数量，在销售价格不变的条件下，这个量有时是指销售收入。本量利分析的核心是分析收入与成本之间的对比关系。产量的变动对固定成本和变动成本都可能产生影响，这种影响也会影响到收入与成本之间的对比关系。所以，站在销售数量的角度进行本量利分析时，就必须假设产销关系是平衡的。

### （四）品种结构不变假设

本假设是指在一个多品种生产和销售的企业中，各种产品的销售收入在总收入中所占的比重不会发生变化。由于多品种条件下各种产品的获利能力会有所不同，有时差异较大。例如，企业产销的品种结构发生较大变动，势必导致预计利润与实际利润之间出现较大的出入。

上述假设之间的关系是：相关范围假设是最基本的假设，是本量利分析的出发点；模型线性假设由相关范围假设派生而来，是相关范围假设的延伸和具体化；产销平衡假设与品种结构不变假设是对模型线性假设的进一步补充；同时，品种结构不变假设又是多品种条件下产销平衡假设的前提条件。

上述诸条假设的背后都有一条共同的假设，即企业的全部成本可以合理地或者比较准确地分解为固定成本与变动成本。

## 二、本量利分析基本模型

促使人们研究成本、数量和利润之间关系的动因，是传统的成本分类不能满足企业决策、计划和控制的要求。企业的这些内部经营管理工作，通常以数量为起点，以利润为目标。企业管理人员在决定生产和销售数量时，需要认识到产销对企业利润的影响，这又需要确定收入和成本。对于收入，很容易根据数量和单价来估计，而成本则不然。无论是总成本还是单位成本，都难以把握。不能简单直接地按产品单位成本乘以产销数量来估计总成本，因为数量变化之后，单位成本也会变化。管理人员需要一个数学模型，这个模型除了业务量和利润之外应当都是常数，在业务量和利润之间建立起直接的函数关系。这样，管理人员可以利用这个模型，在业务量变动时估计其对利润的影响，或者在目标利润变动时计算出完成目标所需要的业务量水平。建立这样一个模型的主要障碍是不清楚成本与业务量之间的数量关系。为此，人们首先研究成本和业务量之间的关系，并确立了成本按性态的分类，然后在此基础上明确成本、数量和利润之间的相互关系。

在把成本分解成固定成本和变动成本两部分之后，再把收入和利润加进来，成本、销量和利润的关系就可以统一于一个数学模型。

### （一）损益方程式

#### 1. 基本的损益方程式

目前，企业通常运用损益法来计算利润，即首先确定一定期间的收入，其次计算与收入相匹配比的成本，两者之差为期间利润。基本的损益方程式推演如下（式中，“单位售价”简写为“单价”。下同）：

息税前利润=销售收入-总成本

由于，总成本=变动成本+固定成本=单位变动成本×产量+固定成本

销售收入=单价×销量

假设产量和销量相等，则：

息税前利润=单价×销量-单位变动成本×销量-固定成本

这个方程式是明确表达本量利之间数量关系的基本方程式，它含有五个相互联系的变量，给定其中四个，便可求出第五个变量的值。在规划期间利润时，通常把单价、单位变动成本和固定成本视为稳定的常量，只有销量和利润两个自由变量。给定销量时，可利用方程式直接计算出预期利润；给定目标利润时，可直接计算出应达到的销量。

【任务举例 3-1】

海滨公司每月固定成本为 10 000 元，仅生产一种产品，销售单价为 100 元，单位变动成本为 60 元，本月计划销量 5 000 件。请问预期利润是多少？

将有关数据代入损益方程式：

息税前利润=单价×销量-单位变动成本×销量-固定成本=100×5 000-60×5 000-10 000=190 000（元）

【知识提示】

这个方程式是一种最基本的形式，它可以根据所需计算的问题变换成其他形式，或者根据企业具体情况增加一些变量，成为更复杂、更接近实际的方程式。损益方程式实际上是损益表的模型化表达，不同的损益表可以构造出不同的模型。

#### 2. 包含期间成本的损益方程式

为符合多步式利润表的结构，不但要分解产品的生产成本，而且要分解销售费用、管理费用等期间成本。将它们分解以后，方程式为：

息税前利润=销售收入-（变动生产成本+固定生产成本）-（变动销售和管理费用+固定销售和管理费用）=单价×销量-（单位变动生产成本+单位变动销售和管理费用）×销量-（固定生产成本+固定销售和管理费用）

### （二）边际贡献方程式

#### 1. 边际贡献

边际贡献是指销售收入减去变动成本后的差额。其基本表达式为：

边际贡献=销售收入-变动成本

计算单位产品边际贡献的表达式为：

单位边际贡献=单价-单位变动成本

边际贡献是产品扣除自身变动成本后给企业所做的贡献。它首先用于补偿企业的固定成本，如果还有剩余才形成利润，如果不足以补偿固定成本则产生亏损。由于变动成本既包括生产制造过程的变动成本即产品的变动生产成本（简称产品变动成本），又包括销售、管理费用中的变动成本即变动期间成本，因此，边际贡献也可以具体分为制造边际贡献（生产边际贡献）和产品边际贡献。

制造边际贡献=销售收入-变动生产成本销售产品边际贡献

=制造边际贡献-变动销售和管理费用

通常，如果在“边际贡献”前未加任何定语时，则是指“产品边际贡献”。

#### 2. 边际贡献率

边际贡献率是指边际贡献在销售收入中所占的百分率。其表达式为：

边际贡献=边际贡献÷销售收入×100%

边际贡献=边际贡献÷销售收入×100%=（单位边际贡献×销量）÷（单价×销量）×100%

=单位边际贡献÷单价×100%

通常，“边际贡献率”是指产品边际贡献率。

边际贡献率可以理解为每 1 元销售收入中边际贡献所占的比重，它反映产品给企业作出贡献的能力。与边际贡献率相对应的概念是“变动成本率”，即变动成本在销售收入中所占的百分率。

变动成本率=变动成本÷销售收入×100%=（单位变动成本×销量）÷（单价×销量）×

100%=单位变动成本÷单价×100%。

由于销售收入被分为变动成本和边际贡献两部分，前者是产品自身的耗费，后者是给企业作的贡献，两者百分率之和应等于 1。

变动成本率＋边际贡献率=1

### 3. 边际贡献方程式

由于创造了“边际贡献”这个新概念，前列的基本的损益方程式可以改写成新的形式。

因为：

息税前利润=销售收入-变动成本-固定成本=边际贡献-固定成本

所以：

息税前利润=销量×单位边际贡献-固定成本

这个方程式，也可以明确表达本量利之间的数量关系。

### 4. 边际贡献率方程式

上述边际贡献方程式，还可以利用“边际贡献率”改写成下列形式。

因为：

边际贡献率=边际贡献÷销售收入×100%

边际贡献=销售收入×边际贡献率

息税前利润=边际贡献-固定成本

所以：

息税前利润=销售收入×边际贡献率-固定成本

边际贡献率方程式可以用于多品种企业。由于多种产品的销售收入可以直接相加，所以，问题的关键是计算多种产品的加权平均边际贡献率。

【知识辨析 3-2】

下列各项中，有可能成立的关系有（ ）。

A. 边际贡献率大于变动成本率
B. 边际贡献率小于变动成本率
C. 边际贡献率+变动成本率=1
D. 边际贡献率和变动成本率都大于零

答案：C

【知识链接】

本量利分析起源于 20 世纪初的美国，完善于 20 世纪 50 年代，并在西方会计实践中得到了广泛应用。随着时代的发展，该方法也在世界范围内得到了广泛应用，对企业预测、决策、计划、控制、评价等经营活动的有效进行提供了良好保证。

## 三、保本分析

保本分析是基于本量利基本关系原理而进行的损益平衡分析或盈亏临界分析。它主要研究如何确定保本点，以及有关因素变动的影响，为决策提供超过哪个业务量企业会盈利，或者低于哪个业务量企业会亏损等信息。

保本点又称盈亏临界点（本书中“保本点”与“盈亏临界点”同义），是指企业收入和成本相等的经营状态，即边际贡献等于固定成本时企业所处的既不盈利又不亏损的状态。通常用一定的业务量（保本量或保本额）来表示。

### （一）保本量分析

对生产销售单一产品的企业来说，保本点的计算并不困难。

由于计算利润的公式为：

息税前利润=单价×销量-单位变动成本×销量-固定成本

令息税前利润=0，此时的销售量即为保本量：

0=单价×保本量-单位变动成本×保本量-固定成本

保本量=固定成本÷（单价-单位变动成本）

又由于：

单价-单位变动成本=单位边际贡献

所以，上式又可写成：

保本量=固定成本÷单位边际贡献

【任务举例 3-2】

海滨公司产销甲产品，销售单价为 2 元，单位变动成本为 1.2 元，固定成本为 1 600 元/月，计算其盈亏保本量。

保本量=1 600÷（2-1.2）=2 000（件）

【知识辨析 3-3】

下列因素中，其水平提高会导致保本点升高的有（　）。

A. 单位变动成本　　B. 固定总成本

C. 销售量　　D. 单价

答案：AB

### （二）保本额分析

在现代经济中，产销单一产品的企业已为数不多，大多数企业同时产销多种产品。在多品种情况下，由于不同品种产品销售量加总没有意义，因此，多品种情况下总体或综合盈亏平衡状态时的销售额更有意义。

由于息税前利润计算的公式为：

息税前利润=销售额×边际贡献率-固定成本

令息税前利润=0，此时的销售额即为保本额：

0=保本额×边际贡献率-固定成本

保本额=固定成本÷边际贡献率

根据【任务举例 3-2】中的有关资料：

保本额=1 600÷（2-1.2）÷2=1 600÷40%=4 000（元）

### （三）与保本点有关的指标

与保本点有关的指标是盈亏临界点作业率。

盈亏临界点作业率是指盈亏临界点销售量占企业实际或预计销售量的比重。由于管理会计的主要任务是控制现在或规划未来，因此，实际或预计的销售量（额）就是指现在或未来的正常销售量（额）。所谓正常销售量，是指正常市场和正常开工情况下企业的销售数量，也可以用销售额来计算。

盈亏临界点作业率的计算公式如下：

盈亏临界点作业率=盈亏临界点销售量÷实际或预计销售量×100%

这个比率表明企业保本的业务量在实际或预计业务量中所占的比重。由于多数企业的生产经营能力是按实际或预计销售量来规划的，生产经营能力与实际或预计销售量基本相同，所以，盈亏临界点作业率还表明保本状态下的生产经营能力的利用程度。

如果【任务举例 3-2】中的企业实际或预计销售额为 5 000 元，盈亏临界点销售额为 4 000 元，则：

盈亏临界点作业率=4 000÷5 000×100%=80%

计算表明，该企业的作业率必须达到正常作业的 80%以上才能取得盈利，否则，就会发生亏损。

### （四）安全边际和安全边际率

安全边际是指实际或预计的销售额（量）超过盈亏临界点销售额（量）的差额，表明销售额（量）下降多少企业仍不至亏损。安全边际的计算公式如下：

安全边际额=实际或预计销售额-盈亏临界点销售额

安全边际量=实际或预计销售量-盈亏临界点销售量

根据【任务举例 3-2】中的有关数据计算：

安全边际额=5 000-4 000=1 000（元）

安全边际量=（5 000÷2）-（4 000÷2）=500（件）

企业有时为了考查当年的生产经营安全情况，还可以用本年实际订货额（量）代替实际或预计销售额（量）来计算安全边际。企业生产经营的安全性，还可以用安全边际率来表示，即安全边际与实际或预计销售额（量）[或实际订货额（量）]的比值。安全边际率的计算公式如下：

安全边际率=安全边际额（量）÷实际或预计销售额（量）×100%

根据【任务举例 3-2】中的有关资料计算：

安全边际率=1 000÷5 000×100%=20%

安全边际和安全边际率的数值越大，企业发生亏损的可能性越小，企业就越安全。安全边际率是相对指标，便于不同企业和不同行业的比较。

盈亏临界点把正常销售量分为两部分：一部分是盈亏临界点销售额（量）；另一部分是安全边际额（量）。即：

实际或预计销售额=盈亏临界点销售额+安全边际额

实际或预计销售量=盈亏临界点销售量+安全边际量

上述公式两端同时除以正常销售额（量）得：

1=盈亏临界点作业率+安全边际率

根据【任务举例 3-2】中的有关资料计算：

盈亏临界点作业率+安全边际率=80%+20%=1

【知识拓展】

只有安全边际才能为企业提供利润，而盈亏临界点销售额扣除变动成本后只能为企业补偿固定成本。安全边际部分的销售额减去其自身变动成本后成为企业息税前利润，即安全边际中的边际贡献等于企业利润。这个结论可以通过下式证明：

因为：息税前利润=销售收入-变动成本-固定成本=边际贡献-固定成本

=销售收入×边际贡献率-固定成本

=销售收入×边际贡献率-盈亏临界点销售收入×边际贡献率

=（销售收入-盈亏临界点销售收入）×边际贡献率

所以：息税前利润=安全边际额×边际贡献率

对于单一产品：息税前利润=安全边际量×单价×单位边际贡献÷单价=安全边际量×单位边际贡献

根据【任务举例 3-2】中的有关资料计算：

边际贡献率=（单价-单位变动成本）÷单价×100%=（2-1.2）÷2=40%

安全边际额=5 000-4 000=1 000（元）

息税前利润=安全边际额×边际贡献率=1 000×40%=400（元）

用常规的方法计算利润，也会得到相同的结果。

息税前利润=销售收入-变动成本-固定成本=5 000-2 500×1.2-1 600=400（元）

【知识拓展】

息税前利润÷销售收入=安全边际额÷销售收入×边际贡献率

销售息税前利润率=安全边际率×边际贡献率

公式为我们提供了种计算销售利润率的新方法，并且表明，企业要提高销售息税前利润率，就必须提高安全边际率（即降低盈亏临界点作业率），或提高边际贡献率（即降低变动成本率）。

根据【任务举例 3-2】中的有关资料计算：

销售息税前利润率=安全边际率×边际贡献率=20%×40%=8%

用常规的计算方法，也会得到同样的结果：

销售息税前利润率=息税前利润÷销售收入×100%=400÷5 000×100%=8%

一般而言，安全边际量或安全边际额的数值越大，企业发生亏损的可能性就越小，企业也就越安全。与此同理，安全边际率数值越大，企业发生亏损的可能性就越小，说明企业的业务经营也就越安全。

## （五）多品种情况下的保本分析

多品种下的保本点的确定采用边际贡献法。对于多个品种采用边际贡献法时，由于采用变动成本法，不需要在各种产品之间分配固定成本。由于每个产品的边际贡献率不同，这时采用加权平均边际贡献率。

边际贡献率方程式可以用于多品种企业。由于多种产品的销售收入可以直接相加，所以，问题的关键是计算多种产品的加权平均边际贡献率。

加权平均边际贡献=各产品边际贡献之和÷各产品销售收入之和×100%

加权平均边际贡献率也可以用下列公式计算：

加权平均边际贡献率=Σ（各产品边际贡献率×各产品占总销售比重）

加权平均保本销售额=固定成本总额÷加权平均边际贡献

某种产品的销售百分比=该产品的销售额/所有产品的销售额×100%

某种产品的保本销售额=加权平均保本销售额×某种产品的销售百分比

用求得的保本销售额除以该产品的单价，就得到该产品的保本销售量，公式表示为：

某产品的保本销售量=该产品的保本销售额÷该产品的销售单价

【任务举例 3-3】

海滨公司计划生产 A、B、C 三种产品，固定成本总额为 50 000 元。它们的销售量、销售单价、单位变动成本资料如表 3-1 所示。

表 3-1　三种产品的销售量、销售单价、单位变动成本

| 项目 | A 产品 | B 产品 | C 产品 |
|---|---|---|---|
| 预计销售量（件） | 1 500 | 1 000 | 2 500 |
| 销售单价（元/件） | 20 | 15 | 14 |
| 单位变动成本（元） | 10 | 6 | 7 |

现要求：

（1）计算企业计划期内的加权平均边际贡献率、加权平均保本销售额。

（2）计算 B 产品的盈亏平衡销售额和盈亏平衡销售量。

根据题目的已知条件，可以直接求出各种产品的边际贡献、边际贡献率、销售额、销售额的百分比，用多品种盈亏平衡点的公式，就可以求出加权平均盈亏平衡点。计算结果如表 3-2 所示。

表 3-2　计算结果

| 项目 | A 产品 | B 产品 | C 产品 | 合计 |
|---|---|---|---|---|
| 销售额（元） | 30 000 | 15 000 | 35 000 | 80 000 |
| 销售百分比（%） | 37.50 | 18.75 | 43.75 | 100 |
| 单位边际贡献 | 10 | 9 | 7 | – |
| 边际贡献率（%） | 50 | 60 | 50 | – |

（1）加权平均边际贡献=各产品边际贡献之和÷各产品销售收入之和×100%

=（1 500×10+1 000×9+2 500×7）÷80 000×100%=51.875%

或加权平均边际贡献率=Σ（各产品边际贡献×各产品占总销售比重）

=37.5%×50%+18.75%×60%+43.75%×50%=51.875%

加权平均保本销售额=固定成本总额÷加权平均边际贡献=50 000÷51.875%≈96 386（元）

（2）B 产品的盈亏平衡销售额=加权平均保本销售额×B 产品的销售百分比=96 386×18.75%≈18 072（元）

B 产品的保本销售量=该产品的保本销售额÷该产品的销售单价=18 072÷15=1 205（件）

## 四、保利分析

保利分析是基于本量利基本关系原理进行的确保达到既定的目标利润的分析。它主要研究如何确定保利点，以及有关因素变动的影响。

前述盈亏平衡分析或保本分析是以企业利润为 0，即不盈不亏为前提的，然而，企业不会满足于盈亏平衡，更需要有盈利目标，否则就无法生存和发展。

这里保利分析需确定的保利点，是在单价和成本水平一定的情况下，为确保预先制定的目标利润可以实现，而必须达到的销售量或销售额。

### （一）保利量分析

保利量就是使企业实现目标利润所需完成的业务量。

假设在没有企业所得税的情况下：

目标利润=单价×销量-单位变动成本×销量-固定成本

保利量=（固定成本+目标利润）÷（单价-单位变动成本）

=（固定成本+目标利润）÷单位边际贡献

假设存在企业所得税：

税后目标利润=（单价×销量-单位变动成本×销量-固定成本）×（1-企业所得税税率）

保利量=[固定成本+税后目标利润/（1-企业所得税税率）]÷（单价-单位变动成本）

=[固定成本+税后目标利润/（1-企业所得税税率）]÷单位边际贡献

### （二）保利额分析

保利额是企业为实现既定的目标利润所需的业务额。保利额可在保利量计算公式的基础上乘以单价加以计算，在不存在企业所得税的情况下，公式为：

保利额=（固定成本+目标利润）÷（单价-单位变动成本）×单价

=（固定成本+目标利润）÷边际贡献率

假设存在企业所得税，计算保利额的公式为：

保利额=[固定成本+税后目标利润/（1-企业所得税税率）]÷（单价-单位变动成本）×单价

=[固定成本+税后目标利润/（1-企业所得税税率）]÷边际贡献率

如果【任务举例 3-2】中目标利润为 1 500 元，不存在企业所得税，则：

保利量=（1 600+1 500）÷（2−1.2）=3 875（件）
保利额=（1 600+1 500）÷（2−1.2）÷2=7 750（元）
假设企业所得税税率为 25%，则：
保利量=[1 600+1 500÷（1−25%）]÷（2−1.2）=4 500（件）
保利额=[1 600+1 500÷（1−25%）]÷（2−1.2）÷2=9 000（元）

# 任务三　边际分析

【任务描述】

企业在进行本量利分析、敏感性分析的同时运用边际分析工具方法，主要有边际贡献分析、安全边际分析。边际贡献分析是指通过分析销售收入减去变动成本总额之后的差额，衡量产品为企业贡献利润的能力；安全边际分析是指通过分析正常销售额超过盈亏临界点销售额的差额，衡量企业在保本的前提下，能够承受因销售额下降带来的不利影响的程度和企业抵御营运风险的能力。

【知识点】

熟悉边际分析的概念，掌握边际分析的方法。

【技能点】

学会进行边际分析。

【知识储备】

## 一、边际分析的概念

边际分析是指分析某可变因素的变动引起其他相关可变因素变动的程度的方法，以评价既定产品或项目的获利水平，判断盈亏临界点，提示营运风险，支持营运决策。企业在营运管理中，通常在进行本量利分析、敏感性分析的同时运用边际分析工具方法。企业在营运计划的制订、调整以及营运监控分析等程序中通常会应用到边际分析。

## 二、边际分析的工具方法

边际分析工具方法主要有边际贡献分析、安全边际分析等。

### （一）边际贡献分析

边际贡献分析是指通过分析销售收入减去变动成本总额之后的差额，衡量产品为企业贡献利润的能力。边际贡献分析主要包括边际贡献总额和边际贡献率两个指标。

边际贡献总额是产品的销售收入扣除变动成本总额后给企业带来的贡献，进一步扣除企业的固定成本总额后，剩余部分就是企业的利润，相关计算公式如下：

边际贡献总额=销售收入-变动成本总额

单位边际贡献=单价-单位变动成本

边际贡献率是指边际贡献在销售收入中所占的百分比，表示每 1 元销售收入中边际贡献所占的比重。

边际贡献率=边际贡献 /销售收入×100%=单位边际贡献/单价×100%

企业面临资源约束，需要对多个产品线或多种产品进行优化决策或对多种待选新产品进行投产决策的，可以通过计算边际贡献以及边际贡献率，评价待选产品的盈利性，优化产品组合。

企业进行单一产品决策时，评价标准如下：当边际贡献总额大于固定成本时，利润大于 0，表明企业盈利；当边际贡献总额小于固定成本时，利润小于 0，表明企业亏损；当边际贡献总额等于固定成本时，利润等于 0，表明企业保本。

当进行多产品决策时，边际贡献与变动成本之间存在如下关系：

综合边际贡献率=1-综合变动成本率

综合边际贡献率反映了多产品组合给企业作出贡献的能力，该指标通常越大越好。

企业可以通过边际分析对现有产品组合进行优化决策，如计算现有各条产品线或各种产品的边际贡献并进行比较，增加边际贡献或边际贡献率高的产品组合，减少边际贡献或边际贡献率低的产品组合。

【知识辨析 3-4】

下列各式计算结果等于边际贡献率的有（　　）。

A. 单位边际贡献/单价　　B. 1-变动成本率

C. 边际贡献/销售收入　　D. 固定成本/保本销售量

答案：ABC

### （二）安全边际分析

安全边际分析是指通过分析正常销售额超过盈亏临界点销售额的差额，衡量企业在保本的前提下，能够承受因销售额下降带来的不利影响的程度和企业抵御营运风险的能力。安全边际分析主要包括安全边际和安全边际率两个指标。安全边际是指实际销售量或预期销售量超过盈亏平衡点销售量的差额，体现企业营运的安全程度。有关计算公式如下：

安全边际=实际销售量或预期销售量-保本点销售量

安全边际率是指安全边际与实际销售量或预期销售量的比值，计算公式如下：

安全边际率=安全边际/实际销售量或预期销售量×100%

【知识拓展】

安全边际主要用于衡量企业承受营运风险的能力，尤其是销售量下降时承受风险的能力，也可以用于盈利预测。安全边际或安全边际率的数值越大，企业发生亏损的可能性越小，抵御营运风险的能力越强，盈利能力越大。

边际分析方法的主要优点是：可有效地分析业务量、变动成本和利润之间的关系，通过定量分析，直观地反映企业营运风险，促进提高企业营运效益。边际分析方法的主要缺点是：决策变量与相关结果之间关系较为复杂，所选取的变量直接影响边际分析的实际应用效果。

# 任务四　利润敏感分析

【任务描述】

敏感性分析是指对影响目标实现的因素变化进行量化分析，以确定各因素变化对实现目标的影响及其敏感程度。从保本点分析可以看出，销售量、单价、单位变动成本、固定成本等因素中的某一个或某几个因素的变动，都会对保本点和目标利润产生影响。本量利关系上的敏感分析，主要研究与分析有关因素发生多大变化，将盈利转为亏损，以及各参数变化对利润的敏感程度等。

【知识点】

熟悉利润敏感分析的含义，掌握利润敏感分析各参数的敏感系数计算。

【技能点】

学会利润敏感分析。

【知识储备】

## 一、利润敏感分析的含义

在前述保本分析和保利分析中，隐含着一个假定，即除待求变量外的其他参数都是确定不变的。实际上，由于市场的变化（例如原材料消耗、工时消耗水平等的变动），会引起模型中的参数发生变化，势必对原已计算的盈亏临界点、目标利润或目标销售量产生影响。经营者希望预先掌握有关参数可能变化的影响程度，以便在变化发生时及时采取对策，调整企业计划，使生产经营活动始终控制在最有利的状态。敏感性是解决类似问题的一种可取的方法。

基于本量利关系的利润敏感分析，主要研究分析有关参数发生多大变化会使盈利转为亏损，各参数变化对利润变化的影响程度，以及各因素变动时如何调整应对，以保证原目标利润的实现。

【任务举例 3-4】

海滨公司生产甲产品，销售单价为 2 元，单位变动成本为 1.2 元，预计明年产销量

100 000件，固定成本为40 000元。假设没有利息支出和所得税，明年预计利润为：

P=100 000×（2−1.2）−40 000=40 000（元）

有关的敏感分析如下：

销售单价、单位变动成本、产销量和固定成本的变化，会影响利润的高低。这种变化达到一定程度，会使企业利润消失，进入盈亏临界状态，使企业的经营状况发生质变。敏感分析的目的之一，就是提供能引起目标发生质变的各参数变化的界限，其方法称为最大最小法。

（1）销售单价的最小值。单价下降会使利润下降，下降到一定程度，利润将变为0，它是企业能忍受的销售单价最小值。

设销售单价为SP：

100 000×（SP−1.20）−40 000=0　SP=1.6（元）

销售单价降至1.6元，即降低20%，（0.4÷2）时企业由盈利转入亏损。

（2）单位变动成本的最大值。单位变动成本上升会使利润下降，并逐渐趋近于0，此时的单位变动成本是企业能忍受的最大值。

设单位变动成本为VC：

100 000×（2−VC）−40 000=0　VC=1.6（元）

单位变动成本由1.2元上升至1.6元时，企业利润由40 000元降至0。此时，单位变动成本上升了33%（0.4÷1.2）。

（3）固定成本最大值。固定成本上升也会使利润下降，并趋近于0。

设固定成本为FC：

100 000×（2−1.2）−FC=0　FC=80 000（元）

固定成本增至80 000元时，企业由盈利转为亏损，此时固定成本增加了100%（40 000÷40 000）。

（4）销售量最小值。销售量最小值，是指使企业利润为0的销售量，它就是盈亏临界点销售量，其计算方法在前面已介绍过。

销售量最小值=40 000÷（2−1.2）=50 000（件）

销售计划如果只完成50%（50 000÷100 000），则企业利润为0。

## 二、各参数的敏感系数计算

各参数变化都会引起利润的变化，但其影响程度各不相同。有的参数发生微小变化，就会使利润发生很大的变动，如果利润对这些参数的敏感系数绝对值大于1，我们称这类参数为敏感因素。如果利润对这些参数的敏感系数绝对值小于1，我们则称这类参数为不敏感因素。

反映敏感程度的指标是敏感系数，公式表示为：

敏感系数=目标值变动百分比÷参量值变动百分比

下面仍以【任务举例3-2】中的数字为基础，进行敏感程度的分析：

（1）单价的敏感程度。设单价增长 20%，则：

SP=2×（1+20%）=2.4（元）

按此单价计算，利润为：

P=100 000×（2.4−1.2）−40 000=80 000（元）

按原例利润为 40 000 元，其变化率为：

目标值变动百分比=（80 000−40 000）÷40 000=100%

单价的敏感系数=100%÷20%=5

这就是说，单价对利润的影响很大，从百分率来看，利润以 5 倍的速率随单价变化。提价似乎是提高盈利的最有效手段，价格下跌也将是企业的最大威胁。经营者根据敏感系数知道，每降价 1%，企业将失去 5%的利润，必须格外予以关注。

（2）单位变动成本的敏感程度。设单位变动成本增长 20%，则：

VC=1.2×（1+20%）=1.44（元）

按此单位变动成本计算，利润为：

P=100 000×（2−1.44）−40 000=16 000（元）

按原例利润为 40 000 元，其变化率为：

目标值变动百分比=（16 000−40 000）÷40 000=−60%

单位变动成本敏感系数=−60%÷20%=−3

由此可见，单位变动成本对利润的影响比单价要小，单位变动成本每上升 1%，利润将减少 3%。但是，敏感系数绝对值大于 1，说明变动成本的变化会造成利润更大的变化，仍属于敏感因素。

（3）固定成本的敏感程度。设固定成本增长 20%，则：

FC=40 000×（1+20%）=48 000（元）按此固定成本计算，利润为：

P=100 000×（2−1.2）−48 000=32 000（元）

按原例利润为 40 000 元，其变化率为：

（32 000−40 000）÷40 000=−20%

目标值变动百分比=（32 000−40 000）÷40 000=−20%

目标成本敏感系数=−20%÷20%=−1

这说明固定成本每上升 1%，利润将减少 1%。

销售量的敏感程度。设销量增长 20%，则：

Q=100 000×（1+20%）=120 000（件）

按此计算利润：

p=120 000×（2−1.2）−40 000=56 000（元）

利润的变化率：

目标值变动百分比=（56 000−40 000）÷40 000=40%

销量的敏感系数=40%÷20%=2

就本例而言，影响利润的诸因素中，敏感因素依次为：①销售单价，敏感系数为 5；②单位变动成本，敏感系数为−3；③销量，敏感系数 2；④固定成本，敏感系数−1。其中敏感系数为正值的，表明它与利润为同向增减；敏感系数为负值的，表明它与利润为反向增减。

敏感系数提供了各因素变动百分比和利润变动百分比之间的比例，但不能直接显示变化后的利润额。为了弥补这种局限，有时需要编制利润的敏感分析表，列示各因素变动百分比及相应的利润金额，如表 3-3 所示。

表 3-3　各因素变动百分比及相应的利润金额

| 项目 | -20% | -10% | 0 | +10% | +20% |
|---|---|---|---|---|---|
| 单价（元/件） | 0 | 20 000 | 40 000 | 60 000 | 80 000 |
| 单位变动成本（元） | 64 000 | 52 000 | 40 000 | 28 000 | 16 000 |
| 固定成本（元） | 48 000 | 44 000 | 40 000 | 36 000 | 32 000 |
| 销量（件） | 24 000 | 32 000 | 40 000 | 48 000 | 56 000 |

在表 3-3 中，各因素变动的百分比通常以+20%为范围，便可以满足实际需要。表 3-3 以 10%为间隔，也可以根据实际需要改为 5%。

## 【知识拓展】

敏感性分析除应用于上述目标利润规划外，还可应用于长期投资决策分析。长期投资决策的敏感性分析，通常分析项目期限、折现率和现金流量等变量的变化对投资方案的净现值、内含报酬率等产生的影响，最终作出对项目投资决策的可行性评价。

【知识辨析 3-5】

某产品单价为 8 元，固定成本总额为 2 000 元，单位变动成本为 5 元，计划产销量 600 件，要实现 400 元的利润，可分别采用的措施有（　　）。

A. 减少固定成本 600 元　　　　B. 提高单价 1 元

C. 提高产销量 200 件　　　　D. 降低单位变动成本 1 元

答案：ABCD

# 项目四　预测分析

## 【学习目标】

### ◇知识目标

●了解经营预测的含义，熟悉经营预测的原则、程序、方法；
●了解销售预测的意义，掌握销售定量预测和定性预测的方法；
●熟悉成本水平变动趋势预测的方法，掌握目标成本预测和因素变动的方法；
●熟悉利润变动趋势预测，掌握目标利润预测的方法，掌握利润的敏感分析；
●了解资金预测的含义，掌握资金预测的方法。

### ◇技能目标

●认知经营预测的程序和方法；
●会销售的定性和定量预测；
●会进行成本预测；
●会目标利润预测，会利润的敏感分析；
●会预测企业资金需要量。

## 【知识导图】

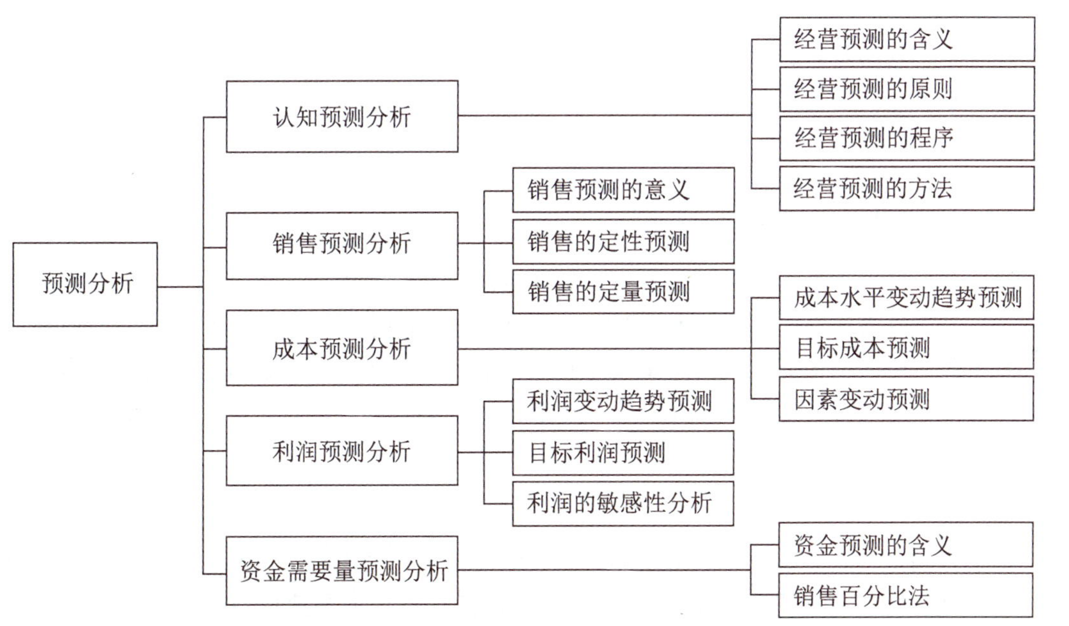

【引入案例】

海滨公司召开经营工作会议，主要议题为年度经营预测，王海和李滨共同参与了此次会议，在选择预测方法时，两人意见不一致。王海认为，定性预测依靠的是个人经验和知识，主观性太强，因人而异，不可靠，预测应该采用定量预测法。李滨认为，定量预测依据的是历史资料，只能代表过去，且运用现代数学方法进行数据处理，据以建立的预测模型忽略了很多现实因素，适用性不强，预测应该采用定性预测法。

思考：海滨公司年度预测应该采用哪种预测方法？两种方法各有什么优缺点？区别和联系是什么？如何应用这两种方法？请同学们结合这问题，开启本项目的学习之旅。

# 任务一　认知预测分析

【任务描述】

预测是对研究对象的未来状态所进行的预计和推测，它是一个由已知推测未知的过程。预测的意识和简单的直观预测早已普遍存在于人们的生产、生活中，如大家最常见的天气预报、地震预测等。

【知识点】

了解经营预测的含义，熟悉经营预测的原则、程序、方法。

【技能点】

学会认知经营预测的程序和方法。

【知识储备】

## 一、经营预测的含义

在竞争日益激烈的市场经济条件下，经营预测显得尤为重要。企业为了提高自身的竞争力，必须对市场需求进行预测，才能正确评价企业自身的实力，确保其经营计划切实可行。

经营预测是人们根据有关的历史数据和现在的信息，运用科学的方法，对企业未来的经济活动可能产生的经济效益及其发展趋势在事前进行的科学预计或推测。企业的经营预测主要包括销售预测、成本预测、利润预测和资金预测。

### 1. 销售预测

销售预测是指企业在一定的市场环境和营销规划下，根据相关产品的历史销售资料对其在未来一定时期的销售量所进行的测算。做好销售预测，可避免盲目生产，使企业的产、供、销之间保持平衡。

2．成本预测

成本预测是指对企业未来一定时期生产的产品或提供的劳务的成本水平和成本目标所进行的测算。通过成本预测，企业可以了解成本的升降趋势，从而为编制成本计划提供依据。

3．利润预测

利润预测是指对企业未来一定时期的利润水平及升降趋势所进行的预计和测算，它可为企业确定最优的利润目标提供依据。

4．资金预测

资金预测是指对企业未来一定时期的资金需求量所进行的估计和判断，它可为企业编制资金计划提供依据。

【知识辨析 4-1】

企业根据现有的经济条件和掌握的历史资料以及客观事物的内在联系，对生产经营活动的未来发展趋势和状态进行的预计和测算的过程，就是管理会计的（　　）。

A．经营决策　　　　B．经营预测

C．生产决策　　　　D．生产预测

答案：B

## 二、经营预测的原则

经济活动的发展趋势总是具有一定的规律性，并可为预测者认知和掌握，这些客观规律实质上就是经营预测的基本原则。

1．延续性原则

延续性原则是指在企业的生产经营过程中，假定过去和现在的某种发展规律会一直延续到未来。依据这条原则，我们在对未知变量的发展趋势进行推测时就可将未来视为历史的延伸，如趋势预测分析法就是基于这条原则产生的。

2．相关性原则

相关性原则是指在企业的生产经营过程中，一些经济变量之间存在着相互依存、相互制约的关系。依据这条原则，我们可以通过一个（或一些）经济变量的变动推测另一个（或另一些）经济变量的变动情况，如因果分析预测法就是基于这条原则产生的。

3．相似性原则

相似性原则是指企业的生产经营活动中的不同经济变量（一般是无关的）的发展规律有时会出现十分相似的情况。依据这条原则，我们可以利用已知变量的发展规律类推未知变量的发展趋势，如判断分析法就是基于这条原则产生的。

### 4. 统计规律性原则

统计规律性原则是指尽管对某个变量的一次观测结果可能是随机的，但对于多次预测结果而言，则会出现具有某种统计规律性的现象。依据这条原则，我们可利用数理统计的方法推算未知变量的发展趋势，如回归分析法就是基于这条原则产生的。

## 三、经营预测的程序

### 1. 确定预测目标

首先要清楚预测目标，然后根据预测的目标确定预测的对象、内容和范围，并规定时间范围及预测结果所要求达到的精确度等。

### 2. 收集相关资料并进行分析

收集相关资料是开展预测分析的前提条件。在收集了必要的信息后，必须对其进行鉴别、归纳、加工和整理，深入分析各因素之间相互依存、相互制约的关系，以便选择那些能够反映预测对象特性和变动倾向的规律性信息作为预测的依据。

### 3. 选择预测方法并进行预测

根据整理后的预测信息及预测对象的特性建立预测模型，并根据各种预测方法的适用条件和特点选择合适的预测方法。

运用预测方法的核心是建立能够描述、概括研究对象特征和变化规律的模型，包括定性模型和定量模型。根据预测模型，拟定预测的调查提纲，输入有关资料、数据，进行计算或处理，即可得到预测结果。

### 4. 对预测结果进行分析评价

由于受到资料的质量、预测人员的分析判断能力、预测方法本身的局限性等因素的影响以及影响预测对象的外部因素的变化，都会导致预测结果产生误差。因此，有必要对前期的预测结果进行验证和分析评价，找出误差产生的原因，以便及时对所选择的预测方法进行修正。

### 5. 输出预测结论与报告

输出预测结论，提交预测报告。

## 四、经营预测的方法

经营预测的方法很多，大体可分为定性预测法与定量预测法两类。

### 1. 定性预测法

定性预测法，又称非数量分析法，它是利用直观的资料，依靠预测人员丰富的知识和经验及主观的分析判断能力，考虑各种因素对经营活动的影响，从而对研究对象的未来状况和发展趋势进行推测的一种预测方法。

常用的定性预测方法包括判断分析法和市场调查法。判断分析法可分为集合意见法和德尔菲法。市场调查法又可分为全面调查法、重点调查法、典型调查法和随机抽样调查法。

### 2．定量预测法

定量预测法，又称数量分析法，它是运用数学方法，根据各种已知的数据资料建立相应的数学模型对研究对象的未来状况和发展趋势进行数量预测的一种预测方法。

常用的定量预测法有趋势预测法和因果分析预测法两种。趋势预测法包括算术平均法、加权平均法和指数平滑法。因果分析预测法则包括直线回归法和多元线性回归法。

上述方法的具体应用将在销售预测部分阐述。值得注意的是，在现实经济活动中，并非所有的自变量因素均能采用定量预测，某些自变量因素（如政治形势的变动、消费倾向和环境的变化）只有定性的特征。同时，定量预测法本身也存在局限性，因为任何数学方法都不可能涵盖所有的经济变化情况。因此，在实际工作中，我们只有将定性预测法和定量预测法相结合，才能达到事半功倍的效果。

【知识辨析 4-2】

下列各项中，不属于定量分析法的是（　　）。

A．判断分析法　　　　B．算术平均法

C．回归分析法　　　　D．平滑指数法

答案：A

## 任务二　销售预测分析

### 【任务描述】

在市场经济条件下，企业的生存和发展主要取决于市场对企业的接纳程度，即取决于企业能否生产出适销对路、质量合格的产品。由此可见，企业产品的销售预测对于企业生存和发展来说是至关重要的。

### 【知识点】

了解销售预测的意义，掌握销售定量预测和定性预测的方法。

### 【技能点】

会销售的定性和定量预测。

【知识储备】

## 一、销售预测的意义

销售预测（Sales Forecast）是经营预测的首要环节，是企业整个生产经营过程的重要组成部分，其意义主要表现在以下几方面。

销售预测是企业从事生产经营活动的起点。通过销售预测，企业管理者可以了解市场需求，调整未来的生产经营，真正做到“以销定产”。

销售预测是企业制定价格政策的依据。通过销售预测，企业管理者可把握产品的社会需求和市场竞争情况，全面分析政治、经济、技术等因素对企业产品销售状况的影响，从而制定出合理的价格政策。

销售预测是企业进行成本和利润预测的前提。销售预测的准确与否，直接影响计划期企业的成本水平和盈亏状况，关系着目标成本和目标利润的预测。

## 二、销售的定性预测

销售的定性预测是指根据市场调查所获得的信息资料，结合实践经验，通过分析影响产品供求关系的各种因素，进而对企业产品的销售趋势所进行的预测。销售预测经常采用的定性预测法是判断分析法和市场调查法。

### （一）判断分析法

判断分析法是由一些具有丰富经验的经营管理人员或经济专家对企业未来一定时期内产品的销售情况作出判断和预测的方法。它适用于那些不具备完整可靠的历史资料，无法运用定量预测法进行预测的企业。判断分析法包括集合意见法、德尔菲法等。

#### 1. 集合意见法

集合意见法就是首先向经验丰富的管理人员或专家征求意见，要求他们对本企业产品销售的当前状况和未来趋势作出独立的个人判断，然后再对此进行综合分析以确定预测值的一种定性分析方法。该方法的精确程度取决于预测人员的业务技术水平、实践经验和判断能力。经营管理人员和业务人员接近顾客，熟悉市场需求，他们的判断能在一定程度上反映市场趋势，但同时也可能因个人能力在限制和主观判断的影响而导致对市场潜力的估计过分乐观或估计不足。集合意见法适用于短期市场预测，采用该方法时要加强对经营管理人员、业务人员的培训，以提高他们的预测能力。

#### 2. 德尔菲法

德尔菲法是 20 世纪 40 年代由美国的兰德公司（RAND）首创并率先使用的，20 世纪 50 年代后在西方发达国家得到了广泛的应用，德尔菲法通过邀请相关专家以匿名的方式就预测结果达成一致的意见。该方法的特点是：将专家最初达成的意见再反馈给他们，以便进行进一步的讨论，从而在主要预测结果上达成一致的意见。该方法的优点是：有助于减少数据方面的偏差，并能克服预测者的主观偏差。其缺点是缺乏一定的客观标准，且轮番函询的时间较长。此法适用于缺乏数据资料的长期预测。

### （二）市场调查法

市场调查法是指根据某种产品在市场上的供求状况以及本企业产品的市场占有率来预测某一时期该产品销售量的一种方法。产品的销售量取决于顾客的购买量，因此，顾客的消费倾向是销售预测中最有价值的信息，通过消费意向的市场调查，可以取得重要的第一手资料。常用的市场调查法主要有全面调查法、重点调查法、典型调查法和随机抽样调查法四种。

#### 1．全面调查法

全面调查法是指对涉及同种产品的所有销售单位逐个进行调查，将取得的相关销售资料进行综合整理分析，由此推测该产品的销售量在未来一定时期内变动趋势的一种方法。全面调查法能取得比较完整、可靠的资料，但涉及范围较广，工作量较大，所需时间也比较长，主要适用于那些使用范围和用户有限的专用产品的预测。

#### 2．重点调查法

重点调查法是指对相关产品的重点销售单位进行调查，将取得的相关销售资料进行综合整理分析，由此推测该产品销售量在未来一定时期内变动趋势的一种方法，其关键在于合理选择重点调查对象。重点调查法所花费的时间比较短，工作量较小，耗资也较少。

#### 3．典型调查法

典型调查法是指有意识地选择具有代表性的销售单位进行系统、周密的调查，取得具体、详尽的销售资料并进行综合分析，由此推测该产品的销售量在未来一定时期内总体变化趋势的一种方法。典型调查法的关键是合理选择典型销售单位，以达到从点到面、由个别推论总体的目的。

#### 4．随机抽样调查法

随机抽样调查法是指按照随机原则从产品所有销售单位中抽取部分销售单位作为样本进行调查，取得相关销售资料，由此推测该产品销售量在未来一定时期内的变动趋势。随机抽样调查法的关键是要选择正确的抽样方法，以便使所抽取的样本能反映被调查对象的总体情况。

## 三、销售的定量预测

销售的定量预测是根据过去和现在已知的与销售相关的数据资料，采用统计数学模型所进行的预测。销售的定量预测方法有趋势预测法和因果分析预测法。

【知识辨析 4-3】
下列各项中，可用于销售预测的定量分析方法有（　　）。

A. 判断分析法　　　　B. 趋势外推分析法
C. 本量利分析法　　　D. 因果预测分析法
答案：BD

## （一）趋势预测法

趋势预测法，又称“时间序列预测法”（Time Sequence Method），它是指根据企业经营时间顺序排列的销售数据，应用一定的数学方法进行加工处理，由此预计和推测销售量随时间变化的一种方法。根据所采用的具体数学方法的不同趋势预测法可分为算术平均法、加权平均法和指数平滑法三种。

### 1. 算术平均法

算术平均法是指以产品过去若干时期实际发生的销售量或销售额的算术平均数作为销售预测数的一种方法。其计算公式为：

计划期销售量（额）=各期销售量之和÷期数

【任务举例 4-1】

海滨公司 2022 年 1 月—6 月份产品的销售量资料如表 4-1 所示。试用算术平均法预测该公司 2022 年 7 月份的销售量。

表 4-1　销量资料

| 月份 | 1 | 2 | 3 | 4 | 5 | 6 |
|---|---|---|---|---|---|---|
| 销售量/件 | 220 | 190 | 234 | 220 | 240 | 240 |

解：2022 年 7 月的销售量=（220+190+234+220+240+240）÷6=224（件）

算术平均法的优点是计算方法简单明了；缺点是将各期销售差异平均化，没有考虑远期和近期销售量的变动对计划期销售量的不同影响，这可能会使预测结果产生较大误差。该方法适用于销售量比较稳定的产品，且一般用于短期预测。

### 2. 加权平均法

加权平均法是指对过去若干时期的销售量（额）按其距计划期的远近分别进行加权，并以其加权平均数作为计划期销售预测数的一种方法。其计算公式为：

计划期销售量（额）=（各期销售量或额×该期权数）÷该期权数之和

这种方法的关键是权数的确定，一般遵循近大远小的原则。

【任务举例 4-2】

依【任务举例 4-1】的资料。试采用加权平均法预测该公司 2022 年 7 月的销售量，（权数分别为 1、2、3、4、5、6）

解：7 月的销售量=（220×1＋190×2＋234×3＋220×4＋240×5＋240×6）÷（1+2+3+4+5+6）=229（件）

加权平均法的优点是将距离计划划期时间长短不同的数据，按其对未来影响的不同程度，采用近大远小的权数进行修正，比较科学；缺点是各期权数值的确定有较大的主观性，没有客观的标准。

### 3．指数平滑法

指数平滑法是指在前期预测销售量（额）和实际销售量（额）的基础上，利用事先确定的平滑指数（用 $a$ 表示）预测未来销售量（额）的一种方法。第 $n$ 期销售预测数的计算公式为：

第 $n$ 期预测销售量（额）$Q_n=a\times$第 $n-1$ 期实际销售量（额）+（$1-a$）×第 $n-1$ 期预计销售量（额）

即：　　$Q_n=a\times Q_{n-1\text{实}}+(1-a)\times Q_{n-1\text{预}}$

平滑指数由预测者根据过去的销售实际数与预测数之间的差异大小而定。通常 $a$ 的取值范围在 0.3～0.7 之间。$a$ 值越大，则近期实际数对预测数的影响越大；$a$ 值越小，则近期实际数对预测数的影响越小。因此，一般情况下，如果进行短期预测或销售量的波动较大时，应选择较大的 $a$ 值；如果进行长期预测或销售量的波动较小时，应选择较小的 $a$ 值。

【任务举例 4-3】

依【任务举例 4-1】的资料，若 6 月的预测销售量为 255 件，实际销售量为 240 件，a 值为 0.4。试采用指数平滑法预测该公司 7 月的销售量。

解：7 月的销售量=0.4×240+（1-0.4）×255=249（件）

指数平滑法的优点是使用灵活，适用范围广；缺点是平滑指数选择的主观随意性大。

## （二）因果分析预测法

因果分析预测法是指根据历史资料，找出作为预测对象的销售量（额）与相关变量之间的依存关系，通过建立相应因果关系的数学模型来预测销售量（额）的一种方法。利用因果关系进行销售预测，主要有直线回归法和多元线性回归法。

这里，只介绍直线回归法。

直线回归法（Iner Ressisis Method），又称“一元线性回归法”。它假定影响预测对象销售量（额）的因素只有一个，按照数学上最小二乘法的原理确定一条误差最小，且能正确反映影响因素和预测对象 $y$ 之间因果关系的直线 $y=a+bx$，常数项 $a$ 和 $b$ 可以按照下式计算：

$$a=(\sum y-b\sum x)/n$$

$$b=(n\sum xy-\sum x\sum y)/[n\sum x^2-(\sum x)^2]$$

需要注意的是，利用直线回归法进行预测前，必须对预测对象销售量（额）及其影响因素进行相关性检验，只有当相关程度较高时，才能运用该法进行预测。

【任务举例 4-4】

海滨公司主要生产冰柜的冷凝管，近五年该地区冰柜和该公司冷凝管的销售统计资料如表 4-2 所示。预计该地 2022 区年冰柜的销量为 240 万台，试利用直线回归法预测 2022 年该公司冷凝管的销售量。

表 4-2　冰柜和冷凝管的销量资料

| 年度 | 2017 | 2018 | 2019 | 2020 | 2021 |
|---|---|---|---|---|---|
| 该地区冰柜销售量（万台） | 150 | 165 | 180 | 200 | 225 |
| 该公司冷凝管销售量（万根） | 36 | 40 | 50 | 57 | 65 |

解：首先，根据历史资料对冷凝管的销售量和冰柜的销售量进行相关性分析。分析过程如下：

设 $y$ 为冷凝管的销售量，$x$ 为冰柜的销售量，列表计算如表 4-3 所示。

表 4-3　计算表

| 年度 | $x$/万台 | $y$/万根 | $xy$ | $x^2$ | $y^2$ |
|---|---|---|---|---|---|
| 2017 | 150 | 36 | 5 400 | 22 500 | 1 296 |
| 2018 | 165 | 40 | 6 600 | 27 225 | 1 600 |
| 2019 | 180 | 50 | 9 000 | 32 400 | 2 500 |
| 2020 | 200 | 57 | 11 400 | 40 000 | 3 249 |
| 2021 | 225 | 65 | 14 625 | 50 625 | 4 225 |
| n=5 | $\sum x$=920 | $\sum y$=248 | $\sum xy$=47 025 | $\sum x^2$=172 750 | $\sum y^2$=12 870 |

根据样本相关系数的定义公式：

$b=(n\sum xy-\sum x\sum y)/[n\sum x^2-(\sum x)^2]=(5\times470\ 25-920\times248)/[5\times172\ 750-(920)^2]=0.4$

$a=(\sum y-b\sum x)/n=(248-0.4\times920)/5=-24$

因此，$y=-24+0.4x$，当 2022 年冰柜的销售量 $x=240$ 时，冷凝管的销售量 $y=-24+0.4\times240=72$（万根）。

# 任务三　成本预测分析

【任务描述】

成本预测是企业进行全面成本管理的首要环节。准确的成本预测不仅能够指导企业挖掘降低成本的潜力，而且能为企业管理者作出正确的生产经营决策提供依据。因此，成本预测对于企业有效实施成本控制、提高经济效益具有十分重要的意义。

【知识点】

熟悉成本水平变动趋势预测的方法，掌握目标成本预测和因素变动的方法。

【技能点】

学会进行成本预测。

【知识储备】

成本预测（Costs Forecast）就是根据相关资料，结合企业的经营现状和发展前景，运用科学的方法对企业未来的成本水平及变动趋势所进行的推测。

# 一、成本水平变动趋势预测

在此，我们主要介绍成本水平变动趋势预测、目标成本预测和因素变动预测。成本水平变动趋势预测是根据历史资料，按照成本习性分析的原理，运用数学方法对未来可能达到的成本水平所进行的预测。成本可以用 $y=a+bx$（$x$ 代表产量，$y$ 代表产品总成本）表示，只要求出 $a$ 和 $b$ 的值，就可以预测任何产量 $x$ 下的产品总成本 $y$。常见的预测方法有高低点法、直线回归法和加权平均法等。

## （一）高低点法

高低点法的优点是简单易行，缺点是无法避免各期产量变动幅度所产生的误差。此法适用于生产经营活动比较正常、成本变动趋势波动较小的企业。

【任务举例 4-5】

某企业近 5 年来的相关资料如表 4-4 所示。试利用高低点法预测 2022 年当产量为 1 200 台时的产品总成本和单位成本。

表 4-4　相关资料

| 年度 | 产量 $x$（台） | 固定成本 $a$（元） | 总成本 $y$（元） | 单位成本 $b$（元） |
|---|---|---|---|---|
| 2017 | 200 | 40 000 | 160 000 | 600 |
| 2018 | 800 | 52 000 | 292 000 | 300 |
| 2019 | 600 | 54 000 | 324 000 | 450 |
| 2020 | 400 | 48 000 | 268 000 | 550 |
| 2021 | 1 000 | 60 000 | 460 000 | 400 |

解：$b$=（最高点成本－最低点成本）/（最高点业务量－最低点业务量）=（460 000－160 000）/（1 000－200）=375（元/台）

$a$=最高点总成本－$b$×最高点业务量=460 000－375×1 000=85 000（元）

或：$a$=最低点总成本－$b$×最低点业务量=160 000－200×375=85 000（元）

则，2022 年的预计总成本 $y$=85 000+375×1 200=535 000（元）

单位成本=535 000/1 200=445.83（元）

## （二）加权平均法

加权平均法的优点是计算结果误差相对较小，缺点是权数的确定具有很大的主观随意性。这种方法适用于生产经营活动变动幅度较大的企业。

【任务举例 4-6】

依【任务举例 4-4】资料。试利用加权平均法预测 2022 年产量为 1 200 台时的产品总成本和单位成本。

解：假设各年的权数分别为 0.1、0.15、0.2、0.25、0.3。

2022 年产品总成本=（40 000×0.1+52 000×0.15+54 000×0.2+48 000×0.25+60 000×0.3）+（600×0.1+300×0.15+450×0.2+550×0.25+400×0.3）×1 200=595 600（元）

产品单位成本=595 600/1 200=496.33（元）

## 二、目标成本预测

目标成本（Target Cost）是指为实现既定的目标利润所应达到的成本水平或应控制的成本限额，是企业未来一定时期成本管理工作的目标。它的表示形式主要有标准成本、计划成本或定额成本。目标成本的预测方法主要有以下几种。

### （一）根据产品的目标利润制定

这种方法是在确定了目标利润的基础上，通过市场调查，根据销售量预测的结果和相关资料确定适当的销售价格。用预计的销售收入减去目标利润，即可得到目标成本。

【任务举例 4-7】

某企业计划期目标利润为 50 000 元，预计销售量为 3 000 件，销售单价为 80 元。试计算该企业的目标成本。

解：目标成本=3 000×80-50 000=190 000（元）

### （二）根据资金利润率制定

资金利润率是指企业在一定时期内实现的利润总额与资金平均占用额的比率。其计算公式如下：

目标成本=预计销售收入-预计资金利润率×资金平均占用额

【任务举例 4-8】

海滨公司 2021 年资金平均占用额为 200 万元，产品售价为 25 元/件，实际获得利润 30 万元。预计 2022 年产品销售量为 3 万件，其售价将降低 5%，资金利润率将增加 3 个百分点。试计算该企业 2022 年的目标成本。

解： 资金利润率=30/200+3%=18%

目标成本=25×（1-5%）×3-18%×200=35.25（万元）

### （三）根据销售利润率制定

销售利润率是指企业在一定时期内实现的利润总额与销售收入总额的比率。根据销售利润率进行目标成本预测的计算公式如下：

目标成本=预计销售收入×（1-销售利润率）

【任务举例 4-9】

海滨公司 2021 年的销售收入为 50 万元，实际获得的利润为 10 万元，预计 2022 年的销售收入为 60 万元，销售利润率将增加 5 个百分点。试计算该企业 2022 年目标成本。

解：销售利润率=10/50+5%=25%

目标成本=60×（1-25%）=45（万元）

### （四）根据同行业先进的成本水平制定

企业为了赶超先进，提高经济效益，一般都会将同行业中的先进成本水平作为自己的奋斗目标，努力寻找差距，挖掘降低成本的潜力。

## 三、因素变动预测

企业成本降低的措施和方案确定后，应进一步预测各项措施对产品成本的影响程度，据此修订初选目标成本，从而正确制定企业计划期的目标成本。在分析各项措施对产品成本的影响程度时，可分别从节约原材料消耗、提高劳动生产率、合理利用设备和节约管理费用等方面进行预测。

### （一）直接材料变动对产品成本的影响

产品成本中所消耗的直接材料是以直接材料消耗量乘以单价来计算的。如果基期与计划期之间产品的直接材料消耗量或单价发生变动，都会影响计划期产品的总成本和单位成本。

直接材料消耗量变化对产品成本影响的计算公式如下：

直接材料消耗量变动对成本的影响=∑（计划期材料消耗量-基期材料消耗量）×基期直接材料价格

直接材料价格变动对产品成本影响的计算公式如下：

直接材料价格变动对产品成本影响=∑（计划期材料单价-基期材料单价）×计划期材料消耗量

【任务举例 4-10】

海滨公司生产产品耗用甲、乙两种材料，基期耗用甲材料 50 千克/件，甲材料单价 10 元；耗用乙材料 30 千克/件，乙材料单价 15 元。计划期耗用甲材料 45 千克/件，乙材料 28 千克/件，单价不变。试计算直接材料消耗量变动，对单位产品成本的影响。

解：（45-50）×10+（28-30）×15=-80（元）

计算结果表明由于计划期材料消耗量降低，使单位产品成本降低了 80 元。

【任务举例 4-11】

依【任务举例 4-9】资料，计划期甲材料单价上升为 13 元，乙材料下降为 14 元，其余资料不变。试计算直接材料价格变动对单位产品成本的影响。

解：（13-10）×45+（14-15）×28=107（元）

计算结果表明由于计划期材料价格的变动使单位产品成本增加了 107 元。

### （二）产量变动对单位成本的影响

由于固定成本总额在相关范围内保持不变，所以，随着产量的增加，单位产品分摊的固定成本相应减少；产量减少，单位产品分摊的固定成本则相应增加。因此，产量变动会导致单位产品成本的变动。其计算公式如下：

$$产量变动对单位成本的影响=\left(1-\frac{1}{1+产量增长率}\right)\times 基期单位成本中的固定成本$$

【任务举例 4-12】

海滨公司 2021 年总成本中的固定成本为 1 600 元，单位成本中固定成本为 8 元，产品产量为 200 件，2022 年预计产量为 280 件。试计算产量变动对单位成本中固定成本的影响。

解：产量增长率=（280−200）/200=40%

$$产量变动对单位成本的影响=\left(1-\frac{1}{1+40\%}\right)\times 8=2.29（元）$$

计算结果表明由于产量增加使得单位成本中的固定成本减少了 2.29 元。

【知识辨析 4-4】

下列各项中，可用于成本预测的方法包括（　　）。

A．指数平滑法　　B．加权平均法

C．回归直线分析法　　D．高低点法

答案：BCD

## 任务四　利润预测分析

【任务描述】

利润预测（Profit Forecast）是在销售预测和成本预测的基础上，按照企业经营目标的要求，通过对影响利润变动的各种因素（如成本、产销量、价格等）的调查、分析，运用科学的方法对企业未来一定时间内的产品销售利润水平和变化趋势进行的预计和推测。利润预测是一项十分重要的工作，它有助于企业正确制定和实施经营决策，加强企业管理从而提高经济效益，实现企业的经营目标。

【知识点】

熟悉利润变动趋势预测，掌握目标利润预测的方法，掌握利润的敏感分析。

【技能点】

学会目标利润预测，会利润的敏感分析。

【知识储备】

利润是指营业收入减去与之相配比的成本后的余额。是反映企业在一定时期内生产经营成果和管理工作质量的综合性指标。企业要考核与衡量一定时期的财务状况和现金流量，必须先做好利润预测工作。

在此，我们主要介绍利润变动趋势预测、目标利润预测和利润的敏感性分析。

## 一、利润变动趋势预测

在企业生产经营的过程中，随着产品销售量（额）的增加或减少，企业在一定时期内的销售利润也会随之变动。利润变动趋势预测就是根据企业销售收入的历史资料，对企业未来一定时期的利润总额的变动趋势所进行的推测，其主要方法是直线回归法。

## 二、目标利润预测

目标利润是指企业在未来一定时期内要求达到的利润水平。它是企业未来经营必须考虑的重要战略目标之一。目标利润的确定应遵循以下四个原则：一是可行性，目标利润应该反映企业未来有能力实现的最佳利润水平；二是客观性，目标利润的预测必须以客观存在的市场环境、技术发展状况等为背景，以现实参数为依据确定；三是严谨性，目标利润必须经过反复测算、验证后，才能最终确定；四是指导性，目标利润应对现有业务量、成本、价格起着规定或约束的作用，经制定就应及时组织落实上述各方面的指标和有关措施。

目标利润预测主要是根据事先预计的销售量、成本和价格水平等，运用数学模型估计和推算预期实现的利润额。目标利润预测的方法主要有本量利分析法、经营杠杆系数法和相关比率法。

### （一）本量利分析法

本量利分析法是指在企业销售预测的基础上，利用销售量、成本利润之间的依存关系，确定企业未来一定时期的目标利润总额的一种方法。其计算公式为

利润总额（$P$）=预计的单位售价×预计的销售量-（固定成本总额+预计的单位变动成本×预计的销售量）$=px-(a+bx)$

【任务举例 4-13】

海滨公司预计年 2021 产品的产销量为 12 000 件，单位变动成本为 24 元，固定成本总额为 56 000 元，单位售价为 30 元。试计算该企业 2022 年的目标利润。

解：$P$=30×12 000-（56 000+24×12 000）=16 000（元）

所以，该企业 2022 年的目标利润为 16 000 元。

## （二）经营杠杆系数法

经营杠杆系数法是指根据企业的经营杠杆系数，结合计划期的销售增长率来预测计划期利润的一种方法。其计算公式如下：

计划期目标利润（$P$）=基期利润×（1+销售增长率×经营杠杆系数）=$P_0$（1+$R$×DOL）

【任务举例 4-14】

海滨公司经营杠杆系数为 2，基期利润为 8 万元，销售收入为 100 万元，若计划期销售收入可达到 120 万元。试计算该企业计划期的目标利润。

解：销售增长率=（120-100）/100=20%

目标利润 $P$=8×（1+20%×2）=11.2（万元）

在目标利润确定的情况下，还可以利用经营杠杆系数对销售收入以及预期销售变动率进行预测。

【任务举例 4-15】

海滨公司经营杠杆系数为 4，基期利润为 8 万元，销售收入为 100 万元，计划期确定的目标利润为 10 万元。试计算计划期应实现的销售收入。

解：10=8×（1+$R$×4）

解得 $R$=6.25%

销售收入=100×（1+6.25%）=106.25（万元）

## （三）相关比率法

相关比率法是指根据利润与销售收入、销售成本和资金占用额等指标之间的内在联系，预测计划期内利润水平的一种方法。常用的相关比率主要有销售利润率、销售成本利润率、资金利润率和产值利润率等。其计算公式分别为：

利润预测值=预计的销售收入×销售利润率

利润预测值=预计的销售成本×销售成本利润率

利润预测值=预计的平均资金占用额×资金利润率

利润预测值=预计的产值×产值利润率

【任务举例 4-16】

海滨公司基期的销售利润率为 20%，根据市场分析，计划期的销售利润率与基期基本相同，预计计划期的销售收入为 80 万元，试计算公司计划期的利润额。

解：利润预测值=80×20%=16（万元）

【任务举例 4-17】

海滨公司本年度实际固定资产平均占用额为 120 万元，全部流动资金平均占用额为 50 万元；下年度计划扩大生产规模，年初将购置一套价值 40 万元的新型加工设备投入生产，同时追加流动资金 5 万元，预计的资金利润率为 15%。试计算该企业下年度的预计利润。

解：该企业预计利润=（120+50+40+5）×15%=32.25（万元）

【知识辨析 4-5】

下列各项中，属于企业为实现目标利润应采取措施的有（　　）。

A．在其他因素不变的情况下，提高单价

B．在其他因素不变的情况下，增加销售量

C．在其他因素不变的情况下，降低固定成本

D．在其他因素不变的情况下，降低单位变动成本

答案：ABCD

## 三、利润的敏感性分析

### （一）敏感性分析概述

敏感性分析（Sestivity Analysis）是指一种用于分析不确定性因素对目标值的影响程度的技术方法。敏感性分析一般可选择主要参量（诸如销售单价、销售量、单位变动成本、固定成本等）进行分析。若参量值较小幅度的变化就能引起目标值（利润）较大幅度的变化，则称这类参量为敏感性因素，否则，称为非敏感性因素。

敏感性分析可分为单因素敏感性分析和多因素敏感性分析。单因素敏感性分析是在其他因素保持不变的情况下，研究不确定性单因素的变化对利润指标的影响程度的方法，其计算过程比较简单，适合于分析影响利润指标的最敏感因素。多个因素敏感性分析则要考虑多个因素不同变动幅度的各种可能的组合对利润指标的影响程度，因此，它比单因素敏感性分析更具有实用价值，但其计算过程比较复杂。

在利润预测中，敏感性分析一方面通过计算敏感系数（敏感系数等于目标值变动率与参量值变动率的比值）来确定敏感性因素；另一方面还可用于确定为达到企业既定的目标利润，各参量值所允许变动的范围。

【知识辨析 4-6】

利润敏感性分析是研究当制约利润的有关因素发生某种变化时对利润所产生影响的一种（　　）。

A．判断分析法　　B．趋势分析法　　C．定量分析法　　D．定性分析法

答案：C

在此，我们将从不同角度举例说明敏感性分析在利润预测中的应用。

### （二）利润的单因素敏感性分析

【任务举例 4-18】

海滨公司计划期每月销售产品 3 000 件，销售单价为 10 元，单位变动成本为 6 元，固定成本为 5 000 元，若以上各因素均向使利润增加的方向变动 1%。试计算各因素的敏感系数。

解：计划期的利润 $P=px-$（$a+bx$）=10×3 000−（5 000+6×3 000）=7 000（元）

各因素变动对利润的影响程度如表 4-5 所示。

表 4-5　敏感系数计算

| 影响利润因素 | 变动幅度 | 影响范围 | | 变动后的利润（元） | 影响程度 | |
|---|---|---|---|---|---|---|
| | | 计划期销售收入（元） | 计划期销售成本（元） | | 绝对额（元） | 敏感系数 |
| $p$ | +1% | 1%×10×3 000=300 | 0 | 7 300 | 300 | 4.29 |
| $x$ | +1% | 3 000×1%×10=300 | 3 000×1%×6=180 | 7 120 | 120 | 1.71 |
| $b$ | −1% | 0 | 6×（−1%）×3 000=−180 | 7 180 | 180 | 2.57 |
| $a$ | −1% | 0 | 5 000×（−1%）=−500 | 7 050 | 50 | 0.71 |

从表 4-5 中我们可以看出，在影响利润的四个因素中，$p$ 的敏感性最大，$b$、$x$、$a$ 依次降低。但是这种次序一般在 $p<2b$ 时成立。当 $p>2b$ 时，$p$ 的敏感性最大，其他依次是 $x$、$b$、$a$ 或是 $x$、$a$、$b$ 需要根据具体情况分析决定。

进行利润的敏感性分析，可以帮助企业及时发现问题，采取有效的措施增加收入，降低成本，以实现目标利润。

### （三）利润的多因素敏感性分析

在现实生活中，各种因素都不可能独立存在，而是相互制约、相互影响的。因此，我们往往需要综合考虑多种因素同时变动对利润的影响。根据本量利分析的公式，可测算出各因素变动对利润的综合影响程度。

【任务举例 4-19】

根据例【任务举例 4-17】资料，假定计划期产品数量由 3 000 件增加到 3 500 件，销售单价由 10 元降至 9.5 元，单位变动成本由 6 元降到 5 元，而固定成本由 500 元增加到 6 000 元。试计算各因素同时变动对利润的影响。

解：基期利润=7 000（元）

计划期利润=9.5×3 500−（6 000+5×3 500）=9 750（元）

计算结果表明，各因素同时变动使得利润从 7 000 元增加到 9 750 元。

### （四）各因素变动对实现目标利润的预测分析

为了保证目标利润的实现，还需要测算在利润变动程度一定的情况下，需要针对哪个因素具体采取什么措施。这就需要我们根据本量利分析的公式对各个因素进行分析，然后结合企业的实际情况做出最优选择。本量利的基本公式为 $P=px-(a+bx)$。

## 任务五　资金需要量预测分析

【任务描述】

资金需要量预测是企业生产经营预测中必不可少的组成部分，也是企业进行经营决策的主要依据，对改进企业经营管理和提高经济效益有着十分重要的意义。资金预测的方法很

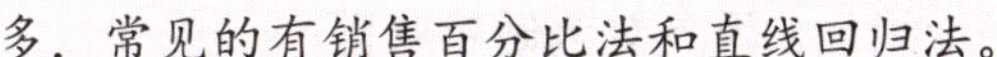
多，常见的有销售百分比法和直线回归法。

【知识点】

了解资金预测的含义，掌握资金预测的方法。

【技能点】

学会预测企业资金需要量。

【知识储备】

## 一、资金预测的含义

资金预测（Forecasting of Financial Needs），即资金需求量预测，就是以计划期企业生产经营规模的发展和资金利用的程度为依据，在分析有关历史资料、技术经济条件和发展规划的基础上，运用数学方法对计划期资金需求量所进行的科学预计和推测。

## 二、销售百分比法

销售百分比法（Proforma Balance Sheet）又称“预计资产负债表法”，是指根据资产负债表中各个项目与销售收入之间的依存关系，以未来销售收入变动的百分比为参量值来预测未来需要追加的资金量的一种方法。其计算公式为：

$$F=(S_1-S_0)(A/S_0-L/S_0)-D-S_1R(1-d)+M$$

式中，$F$——预计未来需要追加的资金额；

$S_0$——基期的销售收入总额；

$S_1$——计划期的销售收入总额；

$A$——随销售额变动的资产项目基期数额；

$L$——随销售额变动的负债项目基期数额；

$D$——计划期提取的折旧摊销额与同期更新改造资金的差额；

$R$——基期税后销售利润率；

$d$——计划期股利发放率；

$M$——计划期新增的零星资金开支数额。

销售百分比法在预测过程中假设各项有关资产、负债项目将随销售额的增长而增加，比较适用于近期需要追加资金需求量的预测。销售百分比法的步骤如下。

### （一）找出敏感项目

分析研究资产负债表中各个项目与销售收入之间的依存关系，选择出与销售收入呈正比例关系的项目，即敏感项目（Responsive Items）。

一般来说，敏感资产包括现金、应收账款、存货等项目，它们通常随销售额的增加而相应增加。固定资产是否也随销售额的增长而增加，则需视基期的固定资产利用是否充分而定。若利用率已达到饱和状态，则增加销售就要增加设备，即固定资产随销售额增长而增加；若未充分利用，则可进一步挖掘其生产力，即固定资产在一定范围内不随销售额的增长而增加。至于长期投资和无形资产等项目，一般不随销售额的增长而增加，不宜列为敏感项目。

敏感负债包括应付票据、应付账款、应交税费和其他应付款等流动负债，它们一般会随销售额的增长而增加。长期负债和所有者权益类项目通常不随销售额的增长而增加，因此不宜列为敏感项目。

找出敏感项目后，将这些项目的金额分别除以基期的销售收入总额，并以销售百分比的形式表示出来。

### （二）计算出未来销售收入的变动额

根据基期和计划期的销售收入，计算出未来销售收入的变动额，即（$S_1$，$-S_0$）；根据折旧计划和更新改造计划确定可作为内部周转资金来源的折旧摊销额与同期用于更新改造的资金数额之差，即 $D$；根据计划期的销售收入、基期的税后利润率以及计划期的股利发放率，计算出计划期的应付股利，即 $S_1$（$1-d$）；确定新增加的零星开支 $M$。

将所有数据代入上述公式，即可求得需追加的资金需求量。

【任务举例 4-20】

海滨公司 2021 年销售收入为 80 万元，税后净利为 7 万元，发放股利 4 万元，2022 年设备的利用率为 70%，该企业 2021 年 12 月 31 日的资产负债表如表 4-6 所示。该企业预测 2022 年销售收入为 150 万元，仍按 2021 年股利发放率支付股利，提取折旧额为 3 万元，其中 80%用于更新改造；零星资金需求量为 15 000 元。试运用销售百分比法预测该企业 2022 年需追加的资金量。

表 4-6　2021 年资产负债表

2021 年 12 月 31 日　　单位：元

| 资产 | | 负债及所有者权益 | |
|---|---|---|---|
| 现金 | 30 000 | 应付账款 | 100 000 |
| 应收账款 | 180 000 | 应付票据 | 20 000 |
| 存货 | 150 000 | 长期借款 | 130 000 |
| 厂房设备 | 200 000 | 实收资本 | 350 000 |
| 无形资产 | 100 000 | 留存收益 | 60 000 |
| 资产合计 | 660 000 | 负债及所有者权益 | 660 000 |

解：（1）分析资产负债项目，如表 4-7 所示。

表 4-7　资产负债表（百分比结构）

2021 年 12 月 31 日

| 资产 | | 负债及所有者权益 | |
|---|---|---|---|
| 现金 | 3.75% | 应付账款 | 12.50% |
| 应收账款 | 22.50% | 应付票据 | 2.50% |
| 存货 | 18.75% | 长期借款 | 不适用 |
| 厂房设备 | 不适用 | 实收资本 | 不适用 |
| 无形资产 | 不适用 | 留存收益 | 不适用 |
| 资产合计 | 45.00% | 负债及所有者权益 | 15.00% |

计算相关数据：

$S_1-S_0$=150-80=70（万元）

$D$=3×（1-80%）=0.6（万元）

$S_1R$（1-d）=150×7/80×（1-4/7）=5.625（万元）

$M$=1.5（万元）

（2）预计资金需求量为：

$F$=70×（45.00%-15.00%）-0.6-5.625+1.5=16.275（万元）

# 项目五　短期经营决策

## 【学习目标】

### ◇知识目标

●了解短期经营决策的含义与成本分类，熟悉相关成本与不相关成本；

●掌握生产决策的主要方法，掌握亏损产品是否停产的决策、零部件自制与外购的决策、特殊订单是否接受的决策、约束资源最优利用决策、产品是否进一步深加工的决策；

●了解产品销售定价决策原理、掌握产品销售定价的方法。

### ◇技能目标

●会识别短期经营决策的相关成本和不相关成本；

●会掌握亏损产品是否停产的决策、零部件自制与外购的决策、特殊订单是否接受的决策、约束资源最优利用决策、产品是否进一步深加工的决策；

●会产品销售定价决策、会产品销售定价。

## 【知识导图】

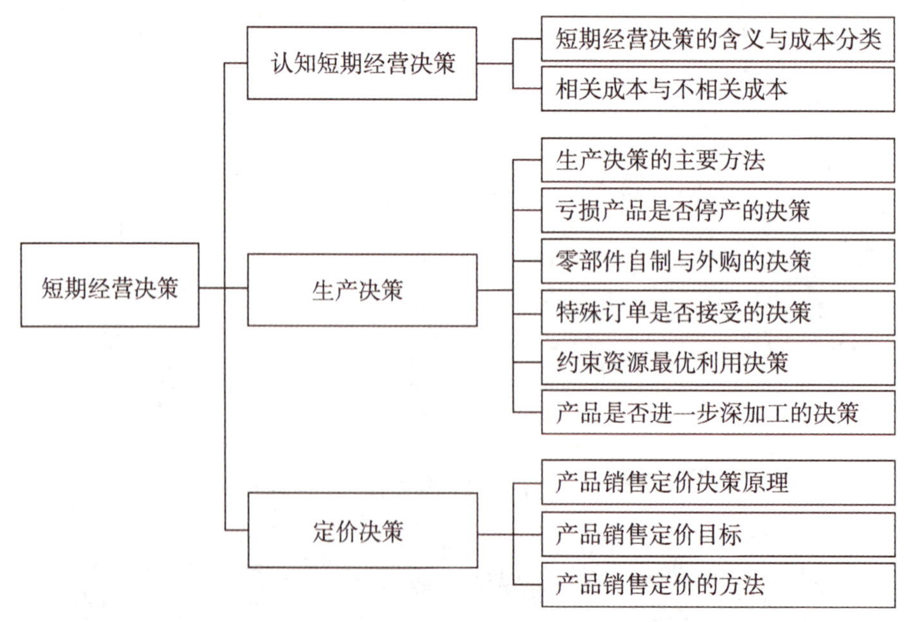

【引入案例】

海滨公司的产品质量好，档次高，深受消费者的喜爱，最近，在产品销售过程中，接到一客户订单，需要特殊加湿器 2 000 套，卖家要求的单价不超过 80 元，并且要求一个月内交货，公司这种产品的正常售价是 120 元。刚建成的新厂房已经投入使用，有大量的闲置生产能力，因此，在一个月内生产出 2 000 套加湿器没有问题，但客户对产品有特殊要求，需要购买专用设备一台，价值 5 000 元。这种加湿器的生产成本是 90 元，其中：直接材料成本 40 元，直接人工成本 20 元，变动制造费用 10 元，固定制造费用 20 元。

思考：海滨公司在决策时应考虑哪些成本？哪些是决策相关成本？哪些是决策无关成本，这个订单是否接受？请同学们结合这些问题，开启本项目的学习之旅。

# 任务一　认知短期经营决策

【任务描述】

决策是指为了实现特定的经营目标，根据所掌握的信息，借助于科学的理论和方法，从若干个备选方案中，选出最优方案的过程。企业的决策按照时间长短可以分为长期投资决策（也可以称为资本预算决策）和短期经营决策。

【知识点】

了解短期经营决策的含义与成本分类，熟悉相关成本与不相关成本。

【技能点】

学会识别短期经营决策的相关成本和不相关成本。

【知识储备】

## 一、短期经营决策的含义与成本分类

短期经营决策是指对企业年以内或者维持当前经营规模的条件下所进行的经营活动决策。短期经营决策的主要特点是在既定的规模条件下决定如何有效地进行资源的配置，以获得最大的经济效益。通常不涉及固定资产投资和经营规模的改变，因此，短期经营决策通常是在成本性态分析时提到的“相关范围”内所进行的决策。

短期经营决策过程主要包括以下四个步骤。

### （一）明确决策问题和目标

制定决策首先必须明确决策的问题和目标，例如，是否接受某一客户的特殊订单，或者生产何种产品。在一项决策作出之前，必须首先弄清楚该问题。弄清楚问题以后，就应该对决策的标准进行界定，目标是利润最大化，是尽可能扩大市场的份额，还是使成本最小化？在决策之前，必须清晰界定决策的标准，作为选择最优方案的依据和准绳。

### （二）收集相关资料并制订可选方案

对决策问题明确之后，应该收集相关资料和数据，并充分考虑现实与可能，设计制订各种可能实现目标的备选方案。备选方案的制订要集思广益，充分考虑各种可能的情况和因素。各备选方案要尽可能详细，以有利于分析各方案的优劣。

### （三）对备选方案作出评价，选择最优方案

这一过程需要对各备选方案进行详细的定性和定量分析，从各个方面分析各方案的可行性和优劣。这个过程是正确决策的关键，它要求对各方案的决策标准（例如利润）作出细致的分析，进而通过各方案的决策标准进行比较，从而得出最优方案。

### （四）决策方案的实施与控制

最优方案选定以后，就要组织实施，在方案的实施过程中，可能会出现不曾预料到的新情况，根据新情况可能要调整和修改原方案，对方案实施过程的监控，可以保证决策的顺利实施，同时能够积累经验和数据，为之后的类似决策提供指导。

企业决策就在于从各个备选方案中选出最优方案。判断方案优劣的经济标准有两个；成本和经济效益，而成本又是影响经济效益高低的一个重要的制约因素。因此，为了使企业的决策更加准确可靠，我们首先必须弄清各种成本同决策之间的关系。从与企业决策是否相关的角度划分，成本可分为两大类：相关成本和不相关成本。

## 二、相关成本与不相关成本

### （一）相关信息的特点

相关信息必须同时具备两个特点。

#### 1．相关信息是面向未来的

决策影响的是未来，不是过去。决策依据的信息必须是涉及未来的信息。由于相关信息面向未来事件，管理人员必须预测相关成本与效益的数额。作为预测的方法之一就是利用过去的数据进行分析。因此，对历史数据的分析是为了找到数据之间的适当关系，进而有利于未来进行更为准确的预测。

#### 2．相关信息在各个备选方案之间应该有所差异

在所有可获取的备选方案中，同样都发生的那部分成本或者收益对决策不会产生任何影

响。例如，在选择生产何种产品的决策中，如果各种产品的固定成本是相同的，那么固定成本信息就属于无关信息，它并不影响决策过程。合理地选择相关信息是进行决策分析的基础，如果不区分相关信息与无关信息，往往会使信息的收集和加工陷入无序的信息陷阱中，分散决策者的注意力，降低决策的效率。

决策的相关信息应该同时具备上述两个特点，这两个特点也是区分相关成本和不相关成本的标准。在决策过程中，区分相关信息与无关信息是管理人员十分重要的工作，企业经营的信息涉及面广，方方面面，纷繁复杂。管理者每天要面对大量的信息，如果不能区分出对决策有用的相关信息和无用的无关信息，就可能会落入信息陷阱中。一方面，任何管理者的精力都是有限的，无关信息会占用管理者的时间和精力，从而降低决策的效率；另一方面，大量无关信息可能会干扰管理者的决策，甚至造成决策错误。面对大量的信息，管理会计师需要根据其职业判断，区分哪些信息是与决策相关的，哪些是不相关，对于不相关的信息，应该在决策时予以剔除。

### （二）相关成本

相关成本是指与决策相关的成本，在分析评价时必须加以考虑，它随着决策的改变而改变。

相关成本的表现形式有很多，诸如边际成本、机会成本、重置成本、付现成本、可避免成本、可延缓成本、专属成本、差量成本等，熟悉并掌握这些成本概念对于企业的决策分析具有十分重要的意义。

#### 1. 边际成本

边际成本是西方经济学的一个理论概念，它是指业务量变动一个单位时成本的变动部分。在实际的计量中，产量的无限小的变化也只能小到一个单位。所以，边际成本的确切含义，就是产量增加或减少一个单位所引起的成本变动。

#### 2. 机会成本

机会成本是指实行本方案的一种代价，即失去所放弃方案的潜在收益。机会成本不是我们通常意义上的成本，它实际上不是一种支出和费用，而是失去的收益，是辩证的概念。这种收益不是实际的而是潜在的。

例如，有 A 和 B 两种方案可供选择，现在选择了 B 方案。如果选择 A 方案的话可以获利一万元，那么该一万元潜在收益就是选择方案 B 的机会成本。所以，机会成本总是针对具体方案的，离开了被放弃的方案就无从确定。

机会成本要求我们在决策中全面考虑可能采取的各种方案，以便为既定资源寻求最为有利的使用途径。

#### 3. 重置成本

重置成本是指目前从市场上购置一项原有资产所需支付的成本，也可以称之为现时成本或现行成本，它带有现时估计的性质。与重置成本直接对应的概念是账面成本，即一项资产在账簿中所记录的成本。

有些备选方案需要动用企业现有的资产，在分析评价时不能根据账面成本来估价，而应该以重置成本为依据。

例如，库存商品 A 账面单位成本 200 元，重置成本为 250 元，若按历史成本考虑，售价定为 230 元，认为可获利 30 元，但是这些商品售出后再依据重置成本补进时，反而每件亏损 20 元。不难看出，重置成本在定价决策中是不可忽视的重要因素。

#### 4．付现成本

付现成本是指需要在将来或最近期间支付现金的成本，是一种未来成本。付现成本是在某项决策需要付现但又要全面衡量该项决策在经济上是否真正有利时，应予认真考虑的，尤其是在企业资金紧张的时候更应慎重对待。在实际工作中，企业往往宁愿采纳总成本高而付现成本较低的方案，而不采纳总成本较低而付现成本较高的方案。在这种情况下，付现成本比总成本意义更大。只有符合企业目前实际支付能力的方案，才能算得上最优的方案。

例如，某企业需要更新设备一台，但企业资金紧张，银行存款余额为 6 000 元。有 A 和 B 两家工厂可提供设备，A 厂售价 50 000 元，一次付清货款；B 厂售价 60 000 元，只要求预付 4 000 元，余额 10 个月内付清，很显然在这种情况下，企业以选择 B 厂设备为最优，它可以使企业迅速恢复生产，多付总成本可以从提早恢复生产所获取的利润中得到补偿。

#### 5．可避免成本

可避免成本是指当方案或者决策改变时，这项成本可以避免或其数额发生变化，酌量性固定成本就属此类。例如，利用挖掘潜力、改进劳动组织的办法去代替原先人员增加的方案而节省下来的人工支出，就是可避免成本。有时几个方案在决策中，那些与落选方案关联的成本也称为可避免成本。

#### 6．可延缓成本

可延缓成本是指同已经选定，但可以延期实施而不会影响大局的某方案相关联的成本。例如，企业原定在计划年度新建办公大楼，预计共需资金 3 亿元，现因资金紧张而决定推迟该计划的实施，那么这 3 亿元的基建成本即为可延缓成本。

#### 7．专属成本

专属成本是指可以明确归属于某种、某批或某个部门的固定成本。例如，专门生产某种零件或某批产品而专用的厂房、机器的折旧费、某种物资的商品保险费等。

#### 8．差量成本

差量成本通常指两个备选方案的预期成本之间的差异数，亦称差别成本或差额成本。不同方案的经济效益，一般可通过差量成本的计算明显地反映出来。例如，某公司的甲零件若自制，预期自制单位成本为 48 元；而若外购，预期单位购价为 52 元，后者与前者比较，有差量成本 4 元，说明自制方案较外购方案优越。

### （三）不相关成本

不相关成本是相关成本的反义词，它是指与决策没有关联的成本。或者说不相关成本不随决策的改变而改变。不相关成本或者是过去已经发生的成本，或者是虽未发生，但在各种替代方案下数额相同，对未来决策没有影响，因此，在决策分析中可以不考虑。

不相关成本的表现形式主要有沉没成本、不可避免成本、不可延缓成本、无差别成本和共同成本等。

#### 1. 沉没成本

沉没成本是指过去已经发生、现在和未来的决策无法改变的成本。从广义上说，凡是过去已经发生，不是目前决策所能改变的成本，都是沉没成本。从狭义上说，沉没成本是指过去发生的，在一定情况下无法补偿的成本，与“历史成本” 同义。例如，假定某企业有一台生产设备，原价 20 000 元，累计折旧 18 000 元，账面价值（净值）2 000 元就是沉没成本。很明显，沉没成本一经耗费就一去不复返了。

#### 2. 不可避免成本

不可避免成本是指不能通过管理决策行动而改变数额的成本，约束性固定成本就属此类。企业的生产经营能力和生产组织机构一旦确定，约束性固定成本就不可避免地要发生，其发生的数额也不是企业的短期经营决策所能改变的。此外，企业现有厂房、建筑物等固定资产的年折旧费也属不可避免成本。

#### 3. 不可延缓成本

不可延缓成本是相对于可延缓成本而言的，它是指即使财力有限也必须在企业计划期间发生，否则就会影响企业大局的已选定方案的成本。例如，某企业的旧厂房因暴雨冲击而发生较大裂痕，必须在计划期内大修，否则会造成严重后果。那么，这大修费用则属于不可延缓成本。

#### 4. 无差别成本

无差别成本是指两个或两个以上方案之间没有差别的成本。例如，某企业到某高校招聘大学生，该校同班同学甲和乙都去应聘，甲和乙花费的岗前培训费相同，就是该企业无论选甲还是选乙的无差别成本。无差别成本是不相关成本。

#### 5. 共同成本

共同成本是指那些需由几种、几批或有关部门共同分担的固定成本。共同成本具有共享性、基础性等特征。例如，企业的管理人员工资、车间的照明费以及需由各种产品共同负担的联合成本，共享企业的共同基础设施平台等。

需要特别指出的是，将成本划分为相关成本和不相关成本两大类对于企业进行短期经营决策具有十分重要的意义，它可以使企业在决策中避免把精力耗费在收集那些无关紧要的信息和资料上，减少得不偿失的劳动。当然，在实际的决策中，我们一定要根据具体情况作细致的分析，切不可根据一般的原则进行机械的分类。

【知识辨析 5-1】

下列各项中，属于无关成本的是（　　）。

A. 沉没成本　　B. 增量成本

C. 机会成本　　D. 专属成本

答案：A

# 任务二　生产决策

【任务描述】

生产决策是企业短期经营决策的重要内容。它主要针对企业短期内（或者当前经营规模范围内）是否生产、生产什么、怎样组织生产等问题进行的相关决策。典型的生产决策包括亏损产品是否需要停产的决策、零部件自制还是外购的决策、特殊订单是否接受的决策、约束资源如何最优利用的决策、产品是否进一步深加工的决策等。

【知识点】

掌握生产决策的主要方法，掌握亏损产品是否停产的决策、零部件自制与外购的决策、特殊订单是否接受的决策、约束资源最优利用决策、产品是否进一步深加工的决策。

【技能点】

学会掌握亏损产品是否停产的决策、零部件自制与外购的决策、特殊订单是否接受的决策、约束资源最优利用决策、产品是否进一步深加工的决策。

【知识储备】

## 一、生产决策的主要方法

### （一）差量分析法

差量分析法就是分析备选方案之间的差额收入和差额成本，根据差额利润进行选择的方法。在差量分析中，差额利润等于差额收入减去差额成本。差额收入等于两个方案的相关收入之差，差额成本等于两个方案相关成本之差。如果差额利润大于 0，则前一个方案优于后一个方案；反之，则后一个方案优于前一个方案。通常可以通过编制差量分析表来计算差额利润的高低。

这种方法在分析过程中，只考虑相关收入和相关成本，对不相关因素不予考虑，因此，较为简单明了。但对于两个以上的备选方案，只能两两进行比较，逐次筛选，因此，比较烦琐。

### （二）边际贡献分析法

边际贡献分析法是指通过对比各个备选方案的边际贡献额的大小来确定最优方案的决策方法。边际贡献是销售收入与变动成本的差额。在短期生产决策过程中，固定成本往往稳定不变，因此，直接比较各备选方案边际贡献额的大小就可以作出判断。但当决策中涉及追加专属成本时，就无法直接使用边际贡献大小进行比较，此时，应该使用相关损益指标，某方案的相关损益是指该方案的边际贡献额与专属成本之差，或该方案的相关收入与相关成本之差。哪个方案的相关收益大，哪个方案为优，这种相关损益分析法可以看作边际贡献分析法的一种特例。

### （三）本量利分析法

本量利分析法就是利用成本、产量和利润之间的依存关系来进行生产决策的方法。利用本量利分析的思路和各种分析指标，可以方便地分析判断各种方案对企业利润的影响程度。

## 二、亏损产品是否停产的决策

对于产品多元化的企业而言，通常企业利润的绝大部分是由几种核心产品所带来的，其他非核心产品提供的利润往往很少，有的甚至亏损。对于亏损的产品或者部门，企业是否应该立即停产呢？从短期经营决策的角度，关键是看该产品或者部门能否给企业带来正的边际贡献。

【任务举例 5-1】

假定海滨公司生产甲、乙两种产品，两种产品的相关收益情况如表 5-1 所示。

表 5-1　相关数据资料　　单位：元

| 项目 | 甲产品 | 乙产品 | 合计 |
| --- | --- | --- | --- |
| 销售收入 | 10 000 | 50 000 | 60 000 |
| 变动成本 | 6 000 | 30 000 | 36 000 |
| 边际贡献 | 4 000 | 20 000 | 24 000 |
| 固定成本 | 2 000 | 25 000 | 27 000 |
| 息税前利润 | 2 000 | -5 000 | -3 000 |

由于乙产品的息税前利润为-5 000，即亏损 5 000 元，因此，企业的管理层需要考虑是否应该停止乙产品的生产。对此，可以分析如下：在短期内，即使停产乙产品，固定成本

也不会相应降低。如果停产乙产品，则企业的息税前利润将仅来源于甲产品的边际贡献4 000 元扣除固定成本总额 27 000 元（2 000+25 000），息税前利润为-23 000 元（4 000-27 000），反而扩大了亏损。为什么会出现这种现象呢？原因在于乙产品虽然亏损，但是提供的边际贡献仍然为正。乙产品如果继续生产，其边际贡献 20 000 元能够抵减固定成本20 000 元，但是如果停产，则连 20 000 元的固定成本也无法抵减，因此会造成息税前利润的下降。由此可见，在短期内，如果企业的亏损产品能够提供正的边际贡献，就不应该立即停产。

## 三、零部件自制与外购的决策

对于某些行业的企业来说，零部件可以自制也可以选择向外部供应商购买。例如，汽车制造企业所需要的汽车配件，可以自行生产，也可以向外部的零部件供应商采购。零部件是自制还是外购，从短期经营决策的角度，需要比较两种方案的相关成本，选择成本较低的方案即可。在决策时还需要考虑企业是否有剩余生产能力，如果企业有剩余生产能力，不需要追加设备投资，那么只需要考虑变动成本即可；如果企业没有足够的剩余生产能力，需要追加设备投资，则新增加的专属成本也应该属于相关成本。同时还需要把剩余生产能力的机会成本考虑在内。

【任务举例 5-2】

海滨公司是一家山地自行车制造商，每年制造自行车需要外胎 10 000 个，外购成本每条58 元，自制外胎的相关单位成本资料如表 5-2 所示。

表 5-2　相关单位成本资料　　单位：元

| 项目 | 金额 |
|---|---|
| 直接材料 | 32 |
| 直接人工 | 12 |
| 变动制造费用 | 7 |
| 固定制造费用 | 10 |
| 变动成本 | 51 |
| 生产成本 | 61 |

基于下列各种情况。分别作出该自行车外胎是自制还是外购的决策。

（1）公司现在具有足够的剩余生产能力，且剩余生产能力无法转移。即该生产车间不制造外胎时，闲置下来的生产能力无法被用于其他方面。

由于有剩余生产能力可以利用，且无法转移，所以自制外胎的相关成本仅包含自制的变动成本。

自制的单位变动成本=32+12+7=51（元/条）

外购的相关成本=58（元/条）

由于自制方案可比外购方案每年节约成本 70 000 元[（58-51）×10 000]，这种外胎需求应采用自制方案。

（2）公司现在具备足够的剩余生产能力，但剩余生产能力可以转移用于加工自行车内胎，每年可以节省内胎的外购成本 20 000 元。

若选择自制外胎，则会放弃生产内胎所带来的成本节约 20 000 元，这可以看作自制外胎的机会成本。相关差额成本分析如表 5-3 所示。

表 5-3　差额成本分析表　　单位：元

| 项目 | 自制成本 | 外购成本 | 差额成本 |
|---|---|---|---|
| 变动成本 | 510 000 | 580 000 | -70 000 |
| 机会成本 | 20 000 | | 20 000 |
| 相关成本合计 | 530 000 | 580 000 | -50 000 |

从表 5-3 中可知，自制成本低于外购成本 50 000 元，公司应该自制该外胎。

（3）公司目前只有生产外胎 5 000 条的生产能力，且无法转移，若自制 10 000 条，则需租入设备一台，月租金 4 000 元，这样使外胎的生产能力达到 13 000 条，相关差额成本分析如表 5-4 所示。

表 5-4　差额成本分析表　　单位：元

| 项目 | 自制成本 | 外购成本 | 差额成本 |
|---|---|---|---|
| 变动成本 | 510 000 | 580 000 | -70 000 |
| 专属成本 | 48 000（4 000×12） | | 48 000 |
| 相关成本合计 | 558 000 | 580 000 | -22 000 |

从表 5-4 中可知，自制外胎的年成本低于外购成本，差额成本为 22 000 元，公司应该选择自制外胎。

（4）公司目前只有生产外胎 5 000 条的能力，若自制 10 000 条，则需租入设备一台，月租金 4 000 元。可以采用自制外胎和外购外胎两种方式的结合，既可自制一部分，又可外购一部分。

在这种情况下，公司应先按现有生产能力自制外胎 5 000 条，因为其自制成本低于外购成本，超过 5 000 条的部分，则应比较外购成本与自制成本的高低。对于超过 5 000 条部分的外胎，如果自制，单位成本为 60.6 元（51+48 000/5 000），超过了外购的单位成本，因此，超过部分应该选择外购。这样，企业应该自制 5 000 条，同时外购 5 000 条外胎。

在进行自制还是外购决策时，决策者除了要考虑相关成本因素外，还要考虑外购产品的质量、送货的及时性、长期供货能力、供货商的新产品研发能力以及本企业有关职工的态度等因素，在综合考虑各方面因素之后才能进行最后的选择

【知识提示】

在零部件自制或外购的决策中，如果零部件的需用量尚不确定，应当采用的决策方法是成本无差别点法。

## 四、特殊订单是否接受的决策

企业往往会面对一些特殊的订货合同，这些订货合同的价格有时会低于市场价格，甚至低于平均单位成本。在决定是否接受这些特殊订货时，决策分析的基本思路是比较该订单所

提供的边际贡献是否能够大于该订单所引起的相关成本。企业管理人员应针对各种不同情况，进行具体分析，并作出决策。

（1）如果特殊订单不影响正常销售的完成，即利用剩余生产能力就可以完成特殊订单，又不需要追加专属成本，而且剩余生产能力无法转移。这时，只要特殊订单的单价大于该产品的单位变动成本，就可以接受该特殊订单。

（2）如果特殊订单要求追加专属成本，其他条件同（1），则接受该特殊订单的前提条件就应该是：该方案的边际贡献大于追加的专属成本。

（3）如果相关的剩余生产能力可以转移，其余条件同（1），则应该将转移剩余生产能力的可能收益作为特殊订单的机会成本予以考虑，当特殊订单创造的边际贡献大于机会成本时，可以接受该订货。

（4）如果特殊订单影响正常销售，即剩余生产能力不够满足全部的特殊订单，从而减少正常销售，其余条件同（1），则由此而减少的正常边际贡献作为特殊订单的机会成本。当特殊订单的边际贡献足以补偿这部分机会成本时，可以接受订货。

【任务举例 5-3】

某企业 A 产品的生产能力为 10 000 件，目前的正常订货量为 8 000 件，销售单价 10 元，单位产品成本为 8 元，成本构成如表 5-5 所示。

表 5-5　成本构成资料　　单位：元

| 直接材料 | 3 |
|---|---|
| 直接人工 | 2 |
| 变动制造费用 | 1 |
| 固定制造费用 | 2 |
| 单位产品成本 | 8 |

现有客户向该企业追加订货，且客户只愿意出价每件 7 元，请分别针对下述不同情况，分析企业是否应该接受该订单：

（1）追加订货 2 000 件。若无该追加订单，剩余生产能力无法转移。若接受该订单，不需要追加专属成本。

（2）追加订货 2 000 件。若无该追加订单，剩余生产能力无法转移。若接受该订单，需要追加专属成本 1 000 元。

（3）追加订货 2 500 件。若无该追加订单，剩余生产能力无法转移。若接受该订单，不需要追加专属成本。

（4）追加订货 2 500 件。若无该追加订单，剩余生产能力可以对外出租，可获租金 3 000 元。若接受该订单需要追加专属成本 1 000 元。

下面我们分别分析如下。

（1）特殊订单的定价为每件 7 元，单位变动成本为 6 元（3+2+1），因此，接受该订单可以增加边际贡献 2 000 元，应该接受该订单。

（2）订货可增加边际贡献 2 000 元，扣除增加的专属成本 1 000 元，可以增加利润 1 000

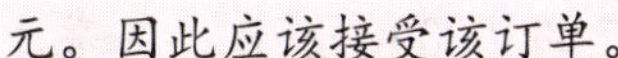

元。因此应该接受该订单。

(3) 接受订单会影响到正常销售，企业的剩余生产能力为 2 000 件。其余的 500 件要减少正常的订货量，因此 500 件正常销售所带来的边际贡献应该作为接受订单的机会成本。订单的 2 500 件会带来边际贡献额 2 500×（7−6）=2 500（元），扣除 500 件的机会成本 500×（10−6）=2 000（元），增加利润=2 500−2 000=500（元）。因此应该接受该订单。

(4) 剩余生产能力的年租金应该作为接受订单的机会成本，因此，接受订单的差额利润计算如表 5-6 所示。

表 5-6　差额利润计算表　　单位：元

| 项目 | 接受追加订货 |
| --- | --- |
| 增加的相关收入 | 7×2 500=17 500 |
| 增加的变动成本 | 6×2 500=15 000 |
| 增加的边际贡献 | 2 500 |
| 减：专属成本 | 1 000 |
| 机会成本（减少的正常销售） | 500×（10−6）=2 000 |
| 机会成本（租金收入） | 3 000 |
| 增量收益 | −3 500 |

接受订单带来的差额利润为−3 500 元，即减少利润 3 500 元，显然此时企业不应该接受该订单。

## 五、约束资源最优利用决策

约束资源是指企业实际拥有的资源能力小于需要的资源能力的资源，即制约企业实现生产经营目标的瓶颈资源，也称最紧缺资源，如流动资金、原材料、劳动力、生产设备、技术等要素及要素投入的时间安排等。

比如每个单位可能都有自己的紧缺资源，有的企业缺关键技术人才，有的企业缺关键设备，有的企业缺资金，有的企业缺水，有的企业缺电。约束资源满足不了企业的所有需要，因资源有限，就存在企业如何来安排生产的问题，即优先生产哪种产品，才能最大限度地利用好约束资源，让企业产生最大的经济效益。我们把这种决策叫约束资源最优利用决策。这类决策也是企业在日常生产经营活动中经常会遇到的决策问题。

在这类决策中，通常是短期的日常的生产经营安排，因此固定成本对决策没有影响，或者影响很小。决策原则主要是考虑如何安排生产才能最大化企业的总的边际效益。这里需要运用一个核心指标：单位约束资源边际贡献，它等于单位产品边际贡献除以该单位产品耗用的约束资源量。即：单位约束资源边际贡献=单位产品边际贡献/该单位产品耗用的约束资源量。

【任务举例 5-4】

海滨公司生产 A、B 两种产品，这两种产品的有关数据资料如表 5-7 所示。该企业生产这两种产品时都需用同一项机器设备进行加工，该机器设备属于该企业的约束资源。该设备每月能提供的最大加工时间是 12 000 分钟。根据目前市场情况，该企业每月销售 A 产品

4 000 件，A 产品每件需要该设备加工 2 分钟；该企业每月销售 B 产品 7 000 件，B 产品每件需要该设备加工 1 分钟。企业生产需要该设备加工时间是每月 15 000（7 000×1+4 000×2）分钟，而该设备能提供的加工时间是每月 12 000 分钟，无法完全满足生产需要。请问该企业如何安排生产，才能最有效地利用该项机器设备？

表 5-7　A、B 产品相关数据

| 项目 | A 产品 | B 产品 |
|---|---|---|
| 销售单价（元） | 25 | 30 |
| 单位变动成本（元） | 10 | 18 |
| 单位边际贡献（元） | 15 | 12 |
| 边际贡献率（%） | 60 | 40 |

从表 5-7 可以看出，生产产品 A 的单位边际贡献为 15 元，生产产品 B 的单位边际贡献是 12 元。是否应该先生产产品 A？

从最优利用约束资源角度，我们可以看出，机器 1 分钟可以生产一件产品 B，创造边际贡献是 12 元；同样一分钟，用来生产产品 A，只能生产半件，创造的边际贡献是 15/2=7.5（元）。如表 5-8 所示。

表 5-8　单位限制资源边际贡献计算

| 项目 | A 产品 | B 产品 |
|---|---|---|
| 单位产品边际贡献（元） | 15 | 12 |
| 每件产品需要加工时间（分钟） | 2 | 1 |
| 单位约束资源边际贡献（分钟） | 7.5 | 12 |

从最优利用约束资源角度看，同样的时间，优先用来生产产品 B 效益高。因此，该企业可以优先安排生产产品 B，剩余的机器加工资源再来安排生产产品 A。如此，应该能产生最大经济效益。如表 5-9 所示。

表 5-9　最有效利用紧缺机器的生产安排

| 项目 | 生产安排 |
|---|---|
| 产品 B 的产销量 | 7 000 件 |
| 产品 B 对紧缺机器加工时间需求 | 7 000×1=7 000（分钟） |
| 能提供的紧缺机器加工时间/月 | 1 200 分钟 |
| 安排产品 B 生产后剩余加工时间 | 12 000−7 000=5 000（分钟） |
| 可用于产品 A 的机器加工时间 | 5 000 分钟 |
| 可用于加工产品 A 的产量 | 5 000/2=2 500（件） |

如表 5-9 所示，现在最优的生产安排是优先安排生产产品 B，生产品 7 000 件，剩余生产能力安排生产产品 A，可生产产品 A 2 500 件。在这样的生产安排下，该企业能产生的最大总边际贡献为 7 000×12+2 500×15=84 000+37 500=121 500（元）。该类决策最关键的指标是“单位约束资源边际贡献”。

## 六、产品是否进一步深加工的决策

有些企业生产的产品，既可以直接对外销售，也可以进一步加工后再出售。例如，纺织厂生产的棉纱可以直接出售，也可以进一步加工成坯布出售。牛肉加工企业生产的牛肉可以直接对外销售，也可以进一步加工成火腿肠等产品后出售。此时企业需要对产品是直接出售还是进一步深加工两种方案进行选择。

在这种决策类型中，进一步深加工前的半成品所发生的成本，都是无关的沉没成本。因为无论是否深加工，这些成本都已经发生而不能改变。相关成本只应该包括进一步深加工所需的追加成本，相关收入则是加工后出售和直接出售的收入之差。对这类决策通常采用差量分析的方法。

【任务举例 5-5】

海滨公司生产 A 半成品 10 000 件，销售单价为 50 元，单位变动成本为 20 元，全年固定成本总额为 20 000 元，若把 A 半成品进一步加工为产品 B，则每件需要追加变动成本 20 元，产品的销售单价为 80 元。下列两种情况，应分别如何决策？

（1）企业已经具备进一步加工 10 000 件 A 半成品的能力，该生产能力无法转移。如果进一步加工 A 产品，则需要追加专属固定成本 50 000 元（见表 5-10）。

表 5-10　差额利润分析表　　单位：元

| 项目 | 进一步加工 | 直接出售 | 差额 |
|---|---|---|---|
| 相关收入 | 80×10 000=800 000 | 50×10 000=500 000 | 300 000 |
| 相关成本 | 250 000 | 0 | 250 000 |
| 其中：变动成本 | 20×10 000=200 000 | 0 | |
| 专属成本 | 50 000 | 0 | |
| 差额利润 | | | 50 000 |

可见，进一步加工方案会提高收益 50 000 元，因此企业应该进一步深加工该产品。

（2）企业只具备进一步加工 7 000 件 A 半成品的能力，该能力可用于对外承揽加工业务，加工业务一年可获得边际贡献 75 000 元（见表 5-11）。

表 5-11　差额利润分析表　　单位：元

| 项目 | 进一步加工 | 直接出售 | 差额 |
|---|---|---|---|
| 相关收入 | 80×7 000=560 000 | 50×7 000=350 000 | 210 000 |
| 相关成本 | 215 000 | 0 | 215 000 |
| 其中：变动成本 | 20×7 000=140 000 | 0 | |
| 机会成本 | 75 000 | 0 | |
| 差额利润 | | | -5 000 |

从表 5-11 可以看出，进一步加工会减少利润 5 000 元，因此企业应该直接出售该产品。

【知识辨析 5-2】

下列各种决策分析中，可按成本无差别点法作出决策结论的有（　　）。

A. 亏损产品的决策　　B. 是否增产的决策

C. 追加订货的决策　　D. 自制或外购的决策

答案：BD

# 任务三　定价决策

【任务描述】

产品销售定价决策是企业生产经营活动中一个极为重要的问题，关系到生产经营活动的全局。销售价格作为一种重要的竞争工具，在竞争激烈的市场上往往可以作为企业的制胜武器。

【知识点】

了解产品销售定价决策原理、掌握产品销售定价的方法。

【技能点】

学会产品销售定价。

【知识储备】

## 一、产品销售定价决策原理

在市场经济环境中，产品的销售价格是由供需双方的力量对比所决定的。根据微观经济学的分类，按照市场中供应方的力量大小可以将市场分为完全竞争、垄断竞争、寡头垄断和完全垄断四种不同的市场结构。而针对不同的市场类型，企业对销售价格的控制力是不同的。在完全竞争的市场中，市场价格是单个厂商所无法左右的，每个厂商只是均衡价格的被动接受者。在垄断竞争和寡头垄断市场中，厂商可以对价格有一定的影响力。而在完全垄断的市场中，企业可以自主决定产品的价格。因此，对于产品定价决策来说，通常是针对后三种市场类型的产品。

在企业的销售定价决策过程中，除了借助数学模型等工具外，还要根据企业的实践经验和自身的战略目标进行必要的定性分析，来选择合适的定价策略。严格地说，销售定价属于企业营销战略的重要组成部分，管理会计人员主要应从产品成本与销售价格之间的关系角度为管理者提供产品定价的有用信息。

## 二、产品销售定价目标

定价目标是指企业要达到的定价目的，是企业制定价格策略的依据和出发点。不同的企业有不同的目标，同一企业在不同时期也有不同的定价目标，企业的定价目标一般有以下几种。

## （一）以获取利润为定价目标

### 1. 以获取最大利润为定价目标

以获取最大利润为定价目标，是指企业在定价时以获得最大的长期、综合利润为目标。这里所说的最大利润不是单个产品的利润，而是利润总额。企业利润总额用公式表示为：

企业利润总额=单位产品利润×产品销量

可见，企业利润总额受单位产品利润和产品销量两个因素的制约，二者互相影响、互相制约。因此，争取最大利润并不等于追求最高价格。

以获取最大利润为目标，具体表现在以下三个方面。

（1）当企业的生产技术和产品质量在同行业竞争中居领先地位，消费者对该产品需求量大，处于供不应求状态时，企业可以追求短期最大利润目标。

（2）追求长期最大化目标。这是大多数有远见的企业一般都追求的目标。为了追求长期最大利润，可以在短期内采取低价策略甚至亏本的方法，先占领市场，提高市场占有率，再逐步提高价格，从而获取最大利润。

（3）追求企业整体经济效益最大化目标。当企业生产和销售多种产品时，为了招徕顾客，把某些产品价格定得较低，以此带动其他产品的销售，从而使企业整体利益最大。如美国的吉列剃刀公司曾以低价推销其刀架，目的是吸引更多的顾客购买其配套产品——剃须刀片，从大量销售刀片中获得更多的利润。

### 2. 以获取合理利润为定价目标

这是企业在激烈的市场竞争中，限于自身的力量不足，为了保全自己，只能在补偿正常情况下的社会平均成本的基础上，加上适度利润作为商品价格的一种定价目标。这一价格避免了不必要的竞争，消费者也愿意接受，对企业的长远发展比较有利。

## （二）以争取产品质量领先为定价目标

该产品目标在于树立企业在市场上的产品质量领先地位。企业决定生产质量优化的产品，就得确定一个高价，以弥补高质量产品研究开发的高成本，高质高价产品使企业在同行业中的报酬率较高，更能使企业有足够的资金来保持产品质量的领先地位。另外，高质高价也符合消费者的求名心理，有利于保持产品内在质量和外部形象的统一。

## （三）以提高市场占有率为定价目标

市场占有率目标又称市场份额目标，即把保持和提高企业的市场占有率（市场份额）作为一定时期的定价目标。企业的产品市场占有率的高低反映了这个企业的经营状况和竞争能力，甚至关系到企业在市场上的地位和兴衰。所以，保持或增加企业市场占有率对于任何企业都十分必要。美国的营销研究表明，市场占有率与利润率之间有很紧密的关系：市场占有率低于 10%时，投资收益大约为 8%；市场占有率在 10%～20%时，投资收益率约为 14%；市场占有率在 20%～30%时，投资收益率约为 22%；市场占有率在 30%～40%时，投资收益率约为 24%；市场占有率在 40%以上时，投资收益率约为 29%。可见，以市场占有率为定价目标，对获取长期利润有直接关系。

企业为了维护和提高市场占有率，往往制定对潜在顾客有吸引力的低价策略，实行薄利多销。但在实现这一定价目标时还应量力而行。当具备下述条件之一时，才可考虑通过低价来提高市场占有率：一是市场对价格高度敏感，因此低价能刺激需求的迅速增长；二是生产与分销的单位成本会随着生产经验的积累而下降；三是低价能吓退现有和潜在的竞争者。

### （四）以应对和防止竞争为定价目标

开放的市场环境下，市场竞争的重要表现之一就是价格竞争，以应对和防止竞争为定价目标，是指要根据市场领先者的价格制定本企业的产品价格，目的就是避免发生价格竞争，以使其在相对稳定的市场中求得企业的生存与发展。具体有以下两种情况：

一是竞争实力强大的企业，故意把价格定得很低，牢牢抓紧目标市场，防止竞争者进入；

二是一些中小企业，其资金、信誉、产品的竞争力都比不上实力雄厚的大企业，但为了避免竞争，保持一定的市场占有率，并在稳定的市场环境中求得生存和发展，从而在价格上比较谨慎，制定等同或低于竞争者的价格。

### （五）以维持企业生存为定价目标

以维持企业生存为定价目标也称为度过困难目标，是指当企业由于经营管理不善或市场竞争激烈，顾客需求、偏好突然变化等原因，造成产品积压、资金缺甚至濒临破产时，企业为度过困难，维持生存为积压品制定较低价格。此定价目标是临时性短期目标，是权宜之计。企业要想长远发展，还应制定更合理的长期目标。

## 三、产品销售定价的方法

从管理会计的角度，产品销售定价的基本规则是：从长期来看，销售收入必须足以弥补全部的生产、行政管理和营销成本，并为投资者提供合理的利润，以维持企业的生存和发展。因此，产品的价格应该是在成本的基础上进行一定的加成后得到的。

### （一）成本加成定价法

成本加成定价法的基本思路是先计算成本，然后在此基础上加上一定的“成数”，通过“成数”获得预期的利润，以此得到产品的目标价格。这里所说的成本基数，既可以是完全成本计算法下的产品成本，也可以是变动成本计算法下的变动成本。

#### 1. 完全成本加成法

在完全成本加成法下，成本基数为单位产品的制造成本。以这种制造成本进行加成，加成部分必须能弥补销售以及管理费用等非制造成本，并为企业提供满意的利润。也就是说，“加成”的内容应该包括非制造成本及合理利润。

【任务举例 5-6】

海滨公司正在研究某新产品的定价问题，该产品预计年产量为 10 000 件。公司的会计部门收集到有关该产品的预计成本资料如表 5-12 所示。

表 5-12　相关数据资料　　单位：元

| 成本项目 | 单位产品成本 | 总成本 |
|---|---|---|
| 直接材料 | 6 | 60 000 |
| 直接人工 | 4 | 40 000 |
| 变动制造费用 | 3 | 30 000 |
| 固定制造费用 | 7 | 70 000 |
| 变动销售及管理费用 | 2 | 20 000 |
| 固定销售及管理费用 | 1 | 10 000 |

假定该公司经过研究确定在制造成本的基础上，加成 50%作为这项产品的目标销售价格。则产品的目标销售价格计算过程如表 5-13 所示。

表 5-13　目标销售价格的计算　　单位：元

| 制造成本 | 价格 |
|---|---|
| 直接材料 | 6 |
| 直接人工 | 4 |
| 制造费用 | 10 |
| 单位产品制造成本 | 20 |
| 成本加成：制造成本的 50% | 10 |
| 目标销售价格 | 30 |

根据表 5-13 计算，按照制造成本进行加成定价，目标销售价格为 30 元。

### 2. 变动成本加成法

企业采用变动成本加成，成本基数为单位变动成本，加成的部分要求弥补全部的固定成本，并为企业提供满意的利润。此时，在确定“加成率”时，应该考虑是否涵盖了全部的固定成本和预期利润。

仍以【任务举例 5-6】中的公司为例，假设该公司经过研究决定采用变动成本加成法，在变动成本的基础上，加成 100%作为该项产品的目标销售价格。计算过程如表 5-14 所示。

表 5-14　目标价格的计算　　单位：元

| 成本项目 | 单位产品 |
|---|---|
| 直接材料 | 6 |
| 直接人工 | 4 |
| 变动制造费用 | 3 |
| 变动生产成本 | 13 |
| 变动销售和管理费用 | 2 |
| 单位变动成本 | 15 |
| 成本加成：变动成本的 100% | 15 |
| 目标销售价格 | 30 |

根据表 5-14 的计算。目标销售价格仍然为 30 元。由此可见，变动成本加成法与完全成本加成法虽然计算的成本基数有所不同，但在思路上是相似的，都认为企业的定价必须弥补全部成本，只是成本基数的不同会引起加成比例的差异。此例中完全成本加成法下的加成率为 50%，变动成本法下的加成率为 100%。

除了使用完全成本加成法和变动成本加成法外，企业还可以使用标准成本法，即以标准成本作为成本基数，在此基础上进行加成定价。

### （二）市场定价法

市场定价法，就是对于有活跃市场的产品，可以根据市场价格来定价，或者根据市场上同类或者相似产品的价格来定价。比如，广州首次发交通卡——羊城通卡的时候，对该卡的定价，就曾经参考过香港的八达通卡和上海的交通卡的价格来进行定价。邯钢经验中的“模报市场核算”，其核心要义就是对邯钢集团内部各种消耗和内部转让价格基本都根据同类产品的市场价格来进行定价。市场定价法有利于时刻保持对市场的敏感性、对同行的敏锐性。

### （三）新产品的销售定价策略

严格地讲，新产品销售定价方法是市场定价法中的特殊情景。只是因为情景特殊，故单独列示说明。

新产品的定价一般具有“不确定性”的特点。由于新产品还没有被消费者所了解，需求量难以确定。企业对新产品定价时，通常要选择几个地区分别采用不同价格进行试销。通过试销，企业可以收集到有关新产品的市场反应信息，以此确定产品的最终销售价格。新产品定价基本上存在撇脂性定价和渗透性定价两种策略。

#### 1. 撇脂性定价

撇脂性定价法在新产品试销初期先定出较高的价格，以后随着市场的逐步扩大，再逐步把价格降低。这种策略可以使产品销售初期获得较高的利润，但是销售初期的暴利往往会引来大量的竞争者，引起后期的竞争异常激烈，高价格很难维持。因此，这是一种短期性的策略，往往适用于产品的生命周期较短的产品。例如，苹果智能手机刚进入市场时就是撇脂性定价。

#### 2. 渗透性定价

渗透性定价法在新产品试销初期以较低的价格进入市场，以期迅速获得市场份额，等到市场地位已经较为稳固的时候，再逐步提高销售价格。比如小米手机的定价策略。这种策略在试销初期会减少一部分利润，但是它能有效排除其他企业的竞争，以便建立长期的市场地位，因此，这是一种长期的市场定价策略。

### （四）有闲置能力条件下的定价方法

有闲置能力条件下的定价方法是指在企业具有闲置生产能力时，面对市场需求的变化所采用的定价方法。当企业参加订货会，或者参加某项投标的情况下，往往会遇到较强的竞争对手，虽然每个厂家都希望以高价得标而获得高额利润，但是通常只有报价较低的厂商才能中标。这时管理者为了确保中标，往往以该投标产品的增量成本作为定价基础。当公司存在剩余生产能力时，增量成本即为该批产品的变动成本。这种定价方法虽然定价会较低，但是短期内可以维持企业的正常运营，并维持员工的稳定，还可以抵补一部分固定成本。在这种情况下，企业产品的价格应该在变动成本与目标价格之间进行选择。

变动成本=直接材料+直接人工+变动制造费用+变动销售和行政管理费用

目标价格=变动成本+成本加成

【任务举例 5-7】

某市政府按规划建造一座新的游船停泊港，拟向社会公开招标。某船舶运输公司主营各港口间的客运和货运服务，其下属的港口建设部准备参与该项目的竞标。经过会议讨论，公司管理层认为该港口工程项目对维持该部门的正常运转非常重要，因为港口建设部已经连续几个月处于施工能力以下，工程设备和人员大量闲置，并且该项目不会妨碍该部门承接其他工程项目。

根据公司会计部门提供的资料，港口建设工程成本估算如下：

| | |
|---|---|
| 直接材料成本（千元） | 18 000 |
| 直接人工成本（千元） | 30 000 |
| 变动建造费用（千元） | 7 500 |
| 变动成本合计（千元） | 55 500 |
| 固定成本估算（千元） | 12 000 |
| 工程总成本估算（千元） | 67 500 |

由于该港口建设部有剩余施工能力，因此只要价格超过该工程的变动成本 55 500 元，就能弥补一些固定制造费用，并提供边际贡献。可见，当企业有闲置施工能力时，企业的投标价格通常会更低一些，因为，只要中标价格高于工程变动成本，企业就可以接受。

# 项目六　长期投资决策

## 【学习目标】

◇知识目标

●了解企业投资的意义、企业投资管理的特点，掌握企业投资的分类、投资管理的原则；

●掌握项目现金流量的确定和计算，掌握投资项目财务评价指标的计算和评价；

●掌握独立投资方案的决策方法；互斥投资方案的决策方法和固定资产更新决策方法。

◇技能目标

●会进行投资的分类；

●会确定项目投资的现金流量，利用财务评价指标进行投资项目的可行性分析和评价；

●会进行独立投资方案的决策、互斥投资方案的决策和固定资产更新决策。

## 【知识导图】

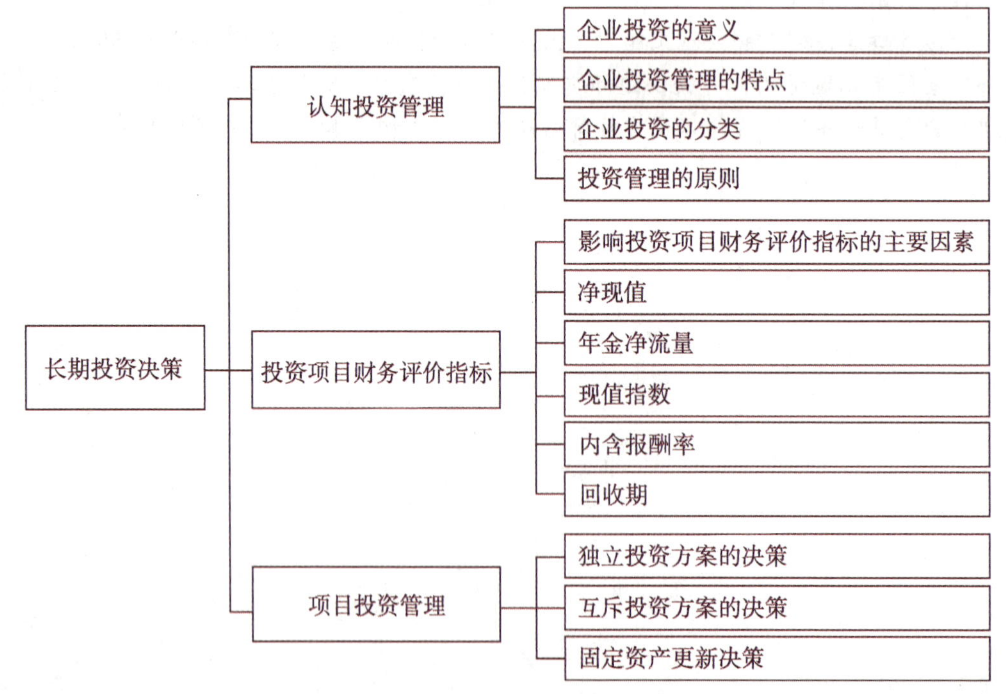

【引入案例】

海滨公司经过几年的打拼，市场占有率逐年提高，为了公司的可持续发展，决定引进一套生产线，需投资 1 500 万元，付款方式有两个方案：一是分 5 次付款，每次支付 300 万元；二是一次性支付 1 500 万元。投产后每年可回收资金 150 万元，该项目投资回收需要 8 年。两套设备的质量功效相同。

思考：海滨公司应如何进行付款方式的选择？假设海滨公司选择一次性付款，如何进行经济可行性分析？请同学们结合这些问题，开启本项目的学习之旅。

# 任务一　认知投资管理

【任务描述】

投资，广义地讲，是指特定经济主体（包括政府、企业和个人）以本金回收并以获利为基本目的，将货币、实物资产等作为资本投放于某一个具体对象，以期在未来较长期间内获取预期经济利益的经济行为。企业投资，简言之，是企业为获取未来长期收益而向一定对象投放资金的经济行为。例如，建厂房、购买设备、兴建电站、购买股票债券等经济行为，均属于投资行为。

【知识点】

了解企业投资的意义、企业投资管理的特点，掌握企业投资的分类、投资管理的原则。

【技能点】

学会进行投资的分类。

【知识储备】

## 一、企业投资的定义

企业需要通过投资配置资产，才能形成生产能力，取得未来的经济利益。

### （一）投资是企业生存与发展的基本前提

企业的生产经营，就是企业资产的运用和资产形态的转换过程。投资是一种资本性支出的行为，通过投资支出，企业购建流动资产和长期资产，形成生产条件和生产能力。实际上，不论是新建一个企业，还是建造一条生产流水线，都是一种投资行为。通过投资，确立企业的经营方向，配置企业的各类资产，并将它们有机地结合起来，形成企业的综合生产经营能力。如果企业想要进军一个新兴行业，或者开发一种新产品，都需要先行进行投资。因此，投资决策的正确与否，直接关系到企业的兴衰成败。

### （二）投资是获取利润的基本前提

企业投资的目的，是要通过预先垫付一定数量的货币或实物形态的资本，购建和配置形成企业的各类资产，从事某类经营活动，获取未来的经济利益。通过投资形成生产经营能力，企业才能开展具体的经营活动，获取经营利润。那些以购买股票、债券等有价证券方式对其他单位的投资，可以通过取得股利或债息来获取投资收益，也可以通过转让证券来获取资本利得。

### （三）投资是企业风险控制的重要手段

企业经营面临着各种风险，有来自市场竞争的风险，有资金周转的风险，还有原材料涨价、费用居高不下等成本风险。投资，是企业风险控制的重要手段。通过投资，可以将资金投向企业生产经营的薄弱环节，使企业的生产经营能力配套、平衡、协调。通过投资，可以实现多元化经营，将资金投放于经营相关程度较低的不同产品或不同行业，分散风险，稳定收益来源，降低资产的流动性风险、变现风险，增强资产的安全性。

## 二、企业投资管理的特点

企业的投资活动与经营活动是不相同的，投资活动对企业经济利益有长期影响。企业投资涉及的资金多、经历的时间长，对企业未来的财务状况和经营活动都有较大的影响。与日常经营活动相比，企业投资的主要特点表现在以下几个方面。

### （一）属于企业的战略性决策

企业的投资活动一般涉及企业未来的经营发展方向、生产能力规模等问题，如厂房设备的新建与更新、新产品的研制与开发、对其他企业的股权控制等。

劳动力、劳动资料和劳动对象，是企业的生产要素，是企业进行经营活动的前提条件。企业投资主要涉及劳动资料要素方面，包括生产经营所需的固定资产的购建、无形资产的获取等。企业投资的对象也可能是生产要素综合体，即对另一个企业股权的取得和控制。这些投资活动，直接影响本企业未来的经营发展规模和方向，是企业简单再生产得以顺利进行并实现扩大再生产的前提条件。企业的投资活动先于经营活动，这些投资活动往往需要一次性地投入大量的资金，并在一段较长的时期内发生作用，对企业经营活动的方向产生重大影响。

### （二）属于企业的非程序化管理

企业有些经济活动是日常重复性进行的，如原材料的购买、人工的雇用、产品的生产制造、产成品的销售等，称为日常例行性活动。这类活动经常性地重复发生，有一定规律，可以按既定程序和步骤进行。对这类重复性日常经营活动进行的管理，称为程序化管理。企业有些经济活动往往不会经常性地重复出现，如新产品开发、设备更新、企业兼并等，称为非例行性活动。非例行性活动只能针对具体问题，按特定的影响因素、相关条件和具体要求来进行审查和抉择。对这类非重复性特定经济活动进行的管理，称为非程序化管理。

企业的投资项目涉及资金数额较大。这些项目的管理，不仅是一个投资问题，也涉及资金筹集问题。特别是对于设备和生产能力的购建、对其他关联企业的并购等，需要大量资金。对于一个产品制造或商品流通的实体性企业来说，这种筹资和投资不会经常发生。

企业的投资项目影响的时间较长。这些投资项目实施后，将形成企业的生产条件和生产能力，这些生产条件和生产能力的使用期限长，将在企业多个经营周期内直接发挥作用，也将间接影响日常经营活动中流动资产的配置与分布。

企业的投资活动涉及企业的未来经营发展方向和规模等重大问题，是不经常发生的。投资经济活动具有一次性和独特性的特点，投资管理属于非程序化管理。每一次投资的背景、特点、要求等可能都不一样，无明显的规律可遵循，管理时更需要周密思考，慎重考虑。

### （三）投资价值的波动性大

投资项目的价值，是由投资标的物资产内在获利能力决定的。这些标的物资产的形态是不断转换的，未来收益的获得具有较强的不确定性，其价值也具有较强的波动性。同时，各种外部因素，如市场利率、物价等的变化，也时刻影响着投资标的物资产价值。因此，企业确定投资管理决策时，要充分考虑投资项目的时间价值和风险价值。

企业投资项目的变现能力是不强的，因为其投放的标的物大多是机器设备等变现能力较差的长期资产，持有这些资产的目的也不是为了变现，并不准备在一年或超过一年的一个营业周期内变现。因此，投资项目的价值也是不易确定的。

## 三、企业投资的分类

将企业投资的类型进行科学分类，有利于分清投资的性质，按不同的特点和要求进行投资决策，加强投资管理。

### （一）直接投资和间接投资

按投资活动与企业本身生产经营活动的关系，企业投资可以划分为直接投资和间接投资。

直接投资是指将资金直接投放于形成生产经营能力的实体性资产，直接谋取经营利润的企业投资。通过直接投资，购买并配置劳动力、劳动资料和劳动对象等具体生产要素，开展生产经营活动。

间接投资是指将资金投放于股票、债券等权益性资产上的企业投资。之所以称为间接投资，是因为股票、债券的发行方，在筹集到资金后，再把这些资金投放于形成生产经营能力的实体性资产，获取经营利润。而间接投资方不直接介入具体生产经营过程，通过股票、债券上所约定的收益分配权利，获取股利或利息收入，分享直接投资的经营利润。

### （二）项目投资与证券投资

按投资对象的存在形态和性质，企业投资可以划分为项目投资和证券投资。

企业可以通过投资，购买具有实质内涵的经营资产，包括有形资产和无形资产，形成具体的生产经营能力，开展实质性的生产经营活动，谋取经营利润。这类投资，称为项目投资。项目投资的目的在于改善生产条件、扩大生产能力，以获取更多的经营利润。项目投资属于直接投资。

企业可以通过投资，购买证券资产，通过证券资产上所赋予的权利，间接控制被投资企业的生产经营活动，获取投资收益。这类投资称为证券投资，即购买属于综合生产要素的权益性权利资产的企业投资。

证券是一种金融资产，即以经济合同契约为基本内容，以凭证票据等书面文件为存在形式的权利性资产。债券投资代表的是未来按契约规定收取债息和收回本金的权利，股票投资代表的是对发行股票企业的经营控制权、财务控制权、收益分配权、财产追索权等股东权利。证券投资的目的，在于通过持有权益性证券，获取投资收益，或控制其他企业的财务或经营政策，并不直接从事具体生产经营过程。因此，证券投资属于间接投资。

直接投资与间接投资、项目投资与证券投资，两种投资分类方式的内涵和范围是一致的，只是分类角度不同。直接投资与间接投资强调的是投资的方式性，项目投资与证券投资强调的是投资的对象性。

### （三）发展性投资与维持性投资

按投资活动是指对企业未来经营前景的影响，企业投资可以划分为发展性投资和维持性投资。

发展性投资是指对企业未来的生产经营发展全局有重大影响的企业投资。发展性投资也可以称为战略性投资，如企业间兼并合并的投资、转换新行业和开发新产品投资、大幅度扩大生产规模的投资等。发展性投资项目实施后，往往可以改变企业的经营方向和经营领域，或者明显地扩大企业的生产经营能力，或者实现企业的战略重组。

维持性投资是为了维持企业现有的生产经营正常顺利进行，不会改变企业未来生产经营发展全局的企业投资。维持性投资也可以称为战术性投资，如更新替换旧设备的投资配套流动资金投资、生产技术革新的投资等。维持性投资项目所需要的资金不多，对企业生产经营的前景影响不大，投资风险相对也较小。

### （四）对内投资与对外投资

按投资活动资金投出的方向，企业投资可以划分为对内投资和对外投资。

对内投资是指在本企业范围内部的资金投放，用于购买和配置各种生产经营所需的经营性资产。

对外投资是指向本企业范围以外的其他单位的资金投放。对外投资多以现金、有形资产、无形资产等资产形式，通过联合投资、合作经营、换取股权、购买证券资产等投资方式，向企业外部其他单位投放资金。

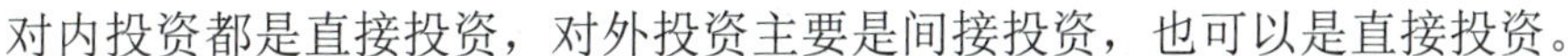

对内投资都是直接投资，对外投资主要是间接投资，也可以是直接投资。

### （五）独立投资与互斥投资

按投资项目之间的相互关联关系，企业投资可以划分为独立投资和互斥投资。

独立投资是相容性投资，各个投资项目之间互不关联、互不影响，可以同时并存。例如，建造一个饮料厂和建造一个纺织厂，它们之间并不冲突，可以同时进行。对于一个独立投资项目而言，其他投资项目是否被采纳，对本项目的决策并无显著影响。因此，独立投资项目决策考虑的是方案本身是否满足某种决策标准。例如，可以规定凡提交决策的投资方案，其预期投资报酬率都要求达到 20%才能被采纳。这里，预期投资报酬率达到 20%，就是一种预期的决策标准。

互斥投资是非相容性投资，各个投资项目之间相互关联、相互替代，不能同时并存。如对企业现有设备进行更新，购买新设备就必须处置旧设备，它们之间是互斥的。对于一个互斥投资项目而言，其他投资项目是否被采纳或放弃，直接影响本项目的决策，其他项目被采纳，本项目就不能被采纳。因此，互斥投资项目决策考虑的是各方案之间的排斥性，也许每个方案都是可行方案，但互斥决策需要从中选择最优方案。

## 四、投资管理的原则

投资管理程序包括投资计划制订、可行性分析、实施过程控制、投资后评价等。为了适应投资项目的特点和要求，实现投资管理的目标，作出合理的投资决策，需要制定投资管理的基本原则，据以保证投资活动的顺利进行。

### （一）可行性分析原则

投资项目的金额大，资金占用时间长，一旦投资后具有不可逆转性，对企业的财务状况和经营前景影响重大。因此，在投资决策之时，必须建立严密的投资决策程序，进行科学的可行性分析。

投资项目可行性分析是投资管理的重要组成部分，其主要任务是对投资项目实施的可行性进行科学的论证，主要包括环境可行性、技术可行性、市场可行性、财务可行性等方面。项目可行性分析将对项目实施后未来的运行和发展前景进行预测，通过定性分析和定量分析比较项目的优劣，为投资决策提供参考。

#### 1. 环境可行性

要求投资项目对环境的不利影响最小，并能带来有利影响，包括对自然环境、社会环境和生态环境的影响。技术可行性，要求投资项目形成的生产经营能力，具有技术上的适应性和先进性，包括工艺、装备、地址等。市场可行性，要求投资项目形成的产品能够被市场所接受，具有市场占有率，进而才能带来财务上的可行性。

#### 2. 财务可行性

要求投资项目在经济上具有效益性，这种效益性是明显的和长期的。财务可行性是在相关的环境、技术、市场可行性完成的前提下，着重围绕技术可行性和市场可行性而开展的专门经济性评价。同时，一般也包含资金筹集的可行性。

财务可行性分析是投资项目可行性分析的主要内容，因为投资项目的根本目的是经济效益，市场和技术上可行性的落脚点也是经济上的效益性，项目实施后的业绩绝大部分表现在价值化的财务指标上。财务可行性分析的主要内容包括：收入、费用和利润等经营成果指标的分析；资产、负债、所有者权益等财务状况指标的分析；资金筹集和配置的分析；资金流转和回收等资金运行过程的分析；项目现金流量、净现值、内含报酬率等项目经济性效益指标的分析；项目收益与风险关系的分析等。

### （二）结构平衡原则

由于投资往往是一个综合性的项目，不仅涉及固定资产等生产能力和生产条件的构建，还涉及使生产能力和生产条件正常发挥作用所需要的流动资产的配置。同时，由于受资金来源的限制，投资也常常会遇到资金需求超过资金供应的矛盾。如何合理配置资源，使有限的资金发挥最大的效用，是投资管理中资金投放所面临的重要问题。

可以说，一个投资项目的管理就是综合管理。资金既要投放于主要生产设备，又要投放于辅助设备；既要满足长期资产的需要，又要满足流动资产的需要。投资项目在资金投放时，要遵循结构平衡原则，合理分布资金，具体包括固定资金与流动资金的配套关系、生产能力与经营规模的平衡关系，资金来源与资金运用的匹配关系、投资进度和资金供应的协调关系、流动资产内部的资产结构关系、发展性投资与维持性投资的配合关系、对内投资与对外投资的顺序关系、直接投资与间接投资的分布关系等。

投资项目在实施后，资金就较长期地固化在具体项目上，退出和转向都不太容易。只有遵循结构平衡原则，投资项目实施后才能正常顺利地运行，才能避免资源的闲置和浪费。

### （三）动态监控原则

投资的动态监控，是指对投资项目实施过程中的过程进行控制。特别是对于那些工程量大、工期长的建造项目来说，有一个具体的投资过程，需要按工程预算实施有效的动态投资控制。

投资项目的工程预算，是对总投资中各工程项目以及所包含的分步工程和单位工程造价规划的财务计划。建设性投资项目应当按工程进度，对分项工程、分步工程、单位工程的完成情况，逐步进行资金拨付和资金结算，控制工程的资金耗费，防止资金浪费。在项目建设完工后，通过工程决算，全面清点所建造的资产数额和种类，分析工程造价的合理性，合理确定工程资产的账面价值。

对于间接投资而言，投资前首先要认真分析投资对象的投资价值，根据风险与收益均衡原则合理选择投资对象。在持有金融资产过程中，要广泛收集投资对象和资本市场的相关信息，全面了解被投资单位的财务状况和经营成果，保护自身的投资权益。有价证券类金融资产投资，其投资价值不仅由被投资对象的经营业绩决定，还受资本市场制约。这就需要分析资本市场上资本的供求关系状况，预计市场利率的波动和变化趋势，动态地估算投资价值，寻找转让证券资产和收回投资的最佳时机。

# 任务二　投资项目财务评价指标

【任务描述】

投资决策，是对各个可行方案进行分析和评价，并从中选择最优方案的过程。投资项目决策的分析评价，需要采用一些专门的评价指标和方法。常用的财务可行性评价指标有净现值、年金净流量、现值指数、内含报酬率和回收期等，围绕这些指标进行投资项目财务评价就产生了净现值法、内含报酬率法、回收期法等评价方法。同时，按照是否考虑了货币时间价值来分类，这些评价指标可以分为静态评价指标和动态评价指标。考虑了货币时间价值因素的称为动态评价指标，没有考虑货币时间价值因素的称为静态评价指标。

【知识点】

掌握项目现金流量确定和计算，掌握投资项目财务评价指标的计算和评价。

【技能点】

学会确定项目投资现金流量，会利用财务评价指标进行投资项目的可行性分析和评价。

【知识储备】

## 一、影响投资项目财务评价指标的主要因素

### （一）货币时间价值

#### 1. 货币时间价值的概念

货币时间价值是指货币经历一定时间的投资和再投资所增加的价值。

货币投入生产经营后，其金额随时间会持续不断增长。这是一种客观的经济现象。企业资金循环的起点是投入货币资金，企业用它来购买所需的资源，然后生产出新的产品，产品出售时得到的货币量大于最初投入的货币量。资金的循环以及因此实现的货币增值，需要或多或少的时间，每完成一次循环，货币就增加一定金额，周转的次数越多，增值额也越大。因此，随着时间的延续，货币总量在循环中按几何级数增长，形成了货币的时间价值。

由于货币的时间价值，今天的 100 元和一年后的 100 元是不等值的。今天将 100 元存入银行，在银行利息率 10%的情况下，一年以后会得到 110 元，多出的 10 元利息就是 100 元经过一年时间的投资所增加了的价值，即货币的时间价值。显然，今天的 100 元与一年后的 110 元相等。由于不同时间的资金价值不同，因此，在进行价值大小对比时，必须将不同时

间的资金折算为同一时间后才能进行大小的比较。

理论上，货币时间价值是指没有风险和通货膨胀下的社会平均利润率。货币时间价值额是货币在生产经营过程中带来的真实增值额，即一定数额的货币与时间价值率的乘积。实务中，通常以利率、报酬率等来代替货币的时间价值率。

【知识提示】

货币随时间的推移而增值，但货币时间价值并不是时间产生的，时间不能创造价值。按照马克思价值理论学说，劳动创造价值。

【课程案例】

**托举起高铁“跳板”的人——记“大国工匠”翟长青**

今年 56 岁的翟长青在机械维护的岗位上奋斗了 30 多年，他是我国第一台电传动轨道车安装调试负责人、参与研制出我国第一台 450T 及 900T 运架桥机和 CPG500 铺轨机……他领头创新开发了多项高端铁路铺架技术，被同事们亲切地称为“铁路铺架设备的守护神”，先后获得中华全国铁路总工会“火车头”奖章、全国劳动模范等荣誉。

4 月 26 日，合肥阴雨绵绵，在位于肥东县商合杭铁路建设工地上，翟长青正带领电工对 900T 运桥机进行故障检修。维修人员需要通过“工”字形扶梯爬到 14 米高的平台进行电箱及电路检查。“爬上爬下那是家常便饭，刚开始也害怕，下来的时候不敢往下看。”对很多年轻电工来说都恐惧的高度，翟长清早就习以为常。

通过翟长青的故事，你们学到什么？习近平总书记在 2018 年全国教育大会上的讲话中说过要“培养德智体美劳全面发展的社会主义建设者和接班人”。所以同学们要深刻理解马克思主义的劳动价值学说，增强劳动光荣、劳动宝贵、尊崇劳动的观念，增强热爱劳动、投身劳动的主动性和能动性。“幸福是奋斗出来的”，“撸起袖子加油干”。

（资料来源：郭洁宇．托举起高铁“跳板”的人——记“大国工匠”翟长青．新华网，2017 年 5 月 1 日）

### 2．货币时间价值的计算

（1）复利终值与现值

复利是计算利息的一种方法。按照这种方法，每经过一个计息期，要将所生利息加入本金再计利息，逐期滚算，俗称利滚利。与复利相对的是单利。单利是指只对本金计算利息，即利息不再生息。

①复利终值。复利终值是指一定量的货币，按复利计算的若干期后的本利和。计算公式为 $F=P\times(F/P, i, n)$。

【任务举例 6-1】

某人将 10 000 元投资于一项事业，年报酬率为 6%，经过两年时间的期末金额为多少？

$F=10\,000\times(F/P, 6\%, 2)=10\,000\times1.123\,6=11\,236$（元）

两年时间的期末金额为 11 236 元。

②复利现值。复利现值是复利终值的对称概念，是指未来一定时间的特定资金按复利计

算的现在价值，或者说是为取得将来一定本利和现在所需要的本金，是将来面值的实际支付能力（不考虑通货膨胀因素）。计算公式为：

$$P=F\times(P/F, i, n)$$

【任务举例 6-2】

某人经过两年后得到 11 236 元，年利率为 6%，现在应存入银行多少钱？

$P=11\,236\times(P/F, 6\%, 2)=11\,236\times0.890\,0=10\,000$（元）

现在应存入银行 10 000 元。

（2）年金终值与现值的计算

①年金的含义：一定时期内，每隔相同时间，收付或支出相同金额的系列款项。按照收付时点和方式的不同可以将年金分为普通年金、预付年金、递延年金、永续年金等四种。实际工作中最常见的是普通年金。

普通年金（Ordinary Annuity）是指每期期末收付款项的年金，例如采用直线法计提的单项固定资产的折旧（折旧总额会随着固定资产数量的变化而变化，不是年金，但就单项固定资产而言，其使用期内按直线法计提的折旧额是一定的）、一定期间的租金（租金不变期间）、每年员工的社会保险金（按月计算，每年 7 月 1 日到次年 6 月 30 日不变）、一定期间的贷款利息（银行存贷款利率不变且存贷金额不变期间，如贷款金额在银行贷款利率不变期间有变化可以视为多笔年金）等。

先付年金（Annuity Due）是指每期期初收付款项的年金，例如先付钱后用餐的餐厅，每一道菜（包括米饭、面、饺子和馄饨等）分别出来之后都是先付年金。

递延年金（Deferred Annuity）是指在预备计算时尚未发生收付，但未来一定会发生若干期等额收付的年金，一般是在金融理财和社保回馈方面会产生递延年金。递延年金在做投资或其他资本预算时具有相当可观的作用。

永续年金（Perpetual Annuity）即无限期连续收付款的年金，最典型的就是诺贝尔奖。

②普通年金终值是指一定时期内，每期期末等额收入或支出的本利和，也就是将每一期的金额，按复利换算到最后一期期末的终值，然后加总，就是该年金终值。其计算公式为：

$$F=A(F/A, i, n)$$

【任务举例 6-3】

某人每年存款 10 000 元，年利率为 10%，经过 5 年，年金终值为多少？

$F=10\,000\times(F/A, i, n)=10\,000\times(F/A, 10\%, 5)=10\,000\times6.105\,1=61\,051$（元）

③普通年金现值是指以计算期期末为基准，在给定投资报酬率下按照货币时间价值计算出的未来一段期间内每年或每月收取或给付的年金现金流的折现值之和。其计算公式为：

$$P=A(P/A, i, n)$$

【任务举例 6-4】

某公司租用某设备，每年年末需要支付租金 100 元，年利率为 10%，问 5 年内应支付的租金总额的现值是多少？

$P=100\times(P/A, 10\%, 5)=100\times3.790\,8=379.08$（元）

5 年内应支付的租金总额的现值是 379.08 元。

## （二）项目现金流量

现金流量是投资项目财务可行性分析的主要分析对象，净现值、内含报酬率、回收期等财务评价指标，均是以现金流量为对象进行可行性评价的。利润只是期间财务报告的结果，对于投资方案财务可行性来说，项目的现金流量状况比会计期间盈亏状况更为重要。一个投资项目能否顺利进行，有无经济上的效益，不一定取决于有无会计期间利润，而在于能否带来正现金流量，即整个项目能否获得超过项目投资的现金回收。

由一项长期投资方案所引起的在未来一定期间所发生的现金收支，叫作现金流量（Cash Flow）其中现金收入称为现金流入量，现金支出称为现金流出量，现金流入量与现金流出量相抵后的余额，称为现金净流量（Net Cash Flow，NCF）。

在一般情况下，投资决策中的现金流量通常指现金净流量（NCF）。这里，所谓的现金既指库存现金、银行存款等货币性资产，也可以指相关非货币性资产（如原材料、设备等）的变现价值。

投资项目从整个经济寿命周期来看，大致可以分为三个阶段：投资期、营业期、终结期，现金流量的各个项目也可归属于各个阶段之中。

### 1. 投资期

投资阶段的现金流量主要是现金流出量，即在该投资项目上的原始投资，包括在长期资产上的投资和垫支的营运资金。如果该项目的筹建费较高，也可作为初始阶段的现金流出量计入递延资产。在一般情况下，初始阶段中固定资产的原始投资通常在年内一次性投入（如购买设备），如果原始投资不是一次性投入（如工程建造），则应把投资归属于不同投入年份之中。

（1）长期资产投资

长期资产投资包括在固定资产、无形资产、递延资产等长期资产上的购入、建造、运输、安装、试运行等方面所需的现金支出，如购置成本、运输费、安装费等。对于投资实施后导致固定资产性能改进而发生的改良支出，属于固定资产的后期投资。

（2）营运资金垫支

营运资金垫支是指投资项目形成了生产能力，需要在流动资产上追加的投资。由于扩大了企业生产能力，原材料、在产品、产成品等流动资产规模也随之扩大，需要追加投入日常营运资金。同时，企业营业规模扩充后，应付账款等结算性流动负债也随之增加，自动补充了一部分日常营运资金的需要。因此，为该投资垫支的营运资金是追加的流动资产扩大量与结算性流动负债扩大量的净差额。为简化计算，垫支的营运资金在营业期的流入流出过程可忽略不计，只考虑投资期投入与终结期收回对现金流量的影响。

### 2. 营业期

营业阶段是投资项目的主要阶段，该阶段既有现金流入量，也有现金流出量。现金流入量主要是营运各年的营业收入，现金流出量主要是营运各年的付现营运成本。

另外，营业期内某一年发生的大修理支出，如果会计处理在本年内一次性作为收益性支出，则直接作为该年付现成本；如果跨年摊销处理，则本年作为投资性的现金流出量，摊销年份以非付现成本形式处理。营业期内某一年发生的改良支出是一种投资，应作为该年的现金流出量，以后年份通过折旧收回。

在正常营业阶段，由于营运各年的营业收入和付现营运成本数额比较稳定，如不考虑所得税因素，营业阶段各年现金流量一般为：

营业现金净流量（NCF）=营业收入-付现成本=营业利润+非付现成本

式中，非付现成本主要是固定资产年折旧费用、长期资产摊销费用、资产减值准备等。其中，长期资产摊销费用主要有跨年的大修理摊销费用、改良工程折旧摊销费用、筹建费摊销费用等。

所得税是投资项目的现金支出，即现金流出量。考虑所得税对投资项目现金流量的影响，投资项目正常营运阶段所获得的营业现金流量，可按下列公式进行测算：

营业现金净流量（NCF）=营业收入-付现成本-所得税
=税后营业利润+非付现成本
=收入×（1-所得税税率）-付现成本×（1-所得税税率）+非付现成本×所得税税率

### 3．终结期

终结阶段的现金流量主要是现金流入量，包括固定资产变价净收入、固定资产变现净损益的影响和垫支营运资金的收回。

（1）固定资产变价净收入

投资项目在终结阶段，原有固定资产将退出生产经营，企业对固定资产进行清理处置。固定资产变价净收入，是指固定资产出售或报废时的出售价款或残值收入扣除清理费用后的净额。

（2）固定资产变现净损益对现金净流量的影响

固定资产变现净损益对现金净流量的影响用公式表示如下：

固定资产变现净损益对现金净流量的影响=（账面价值-变价净收入）×所得税税率

如果（账面价值-变价净收入）＞0，则意味着发生了变现净损失，可以抵税，减少现金流出，增加现金净流量。如果（账面价值-变价净收入）＜0，则意味着实现了变现净收益，应该纳税，增加现金流出，减少现金净流量。

**【知识拓展】**

变现时固定资产账面价值指的是固定资产账面原值与变现时按照税法规定计提的累计折旧的差额。如果变现时，按照税法的规定，折旧已经全部计提，则变现时固定资产账面价值等于税法规定的净残值；如果变现时，按照税法的规定，折旧没有全部计提，则变现时固定资产账面价值等于税法规定的净残值与剩余的未计提折旧之和。

（3）垫支营运资金的收回

伴随着固定资产的出售或报废，投资项目的经济寿命结束，企业将与该项目相关的存货出售，应收账款收回，应付账款也随之偿付。营运资金恢复到原有水平，项目开始垫支的营运资金在项目结束时得到回收。

在实务中，对某一投资项目在不同时点上现金流量数额的测算，通常通过编制“投资项目现金流量表”进行。通过该表，能测算出投资项目相关现金流量的时间和数额，以便进一步进行投资项目可行性分析。

【知识辨析 6-1】

以下各项中，属于现金流入量的是（　　）。

A. 折旧　　　　B. 递延资产摊销额

C. 回收的流动资金　　　　D. 固定资产残值收入

答案：CD

【任务举例 6-5】

海滨公司投资项目需要 3 年建成，每年年初投入建设资金 90 万元，共投入 270 万元。建成投产之时，需投入营运资金 140 万元，以满足日常经营活动需要。项目投产后，估计每年可获税后营业利润 60 万元。固定资产使用年限为 7 年，使用后第 5 年预计进行一次改良，估计改良支出 80 万元，分两年平均摊销。资产使用期满后，估计有残净收入 11 万元，采用使用年限法折旧。项目期满时，垫支营运资金全额收回。

根据以上资料，编制成“投资项目现金流量表”如表 6-1 所示。

表 6-1　投资项目现金流量表[①]　　　　单位：万元

| 项目 | 0 年 | 1 年 | 2 年 | 3 年 | 4 年 | 5 年 | 6 年 | 7 年 | 8 年 | 9 年 | 10 年 | 总计 |
|---|---|---|---|---|---|---|---|---|---|---|---|---|
| 固定资产价值 | (90) | (90) | (90) | | | | | | | | | (270) |
| 固定资产折旧 | | | | | 37 | 37 | 37 | 37 | 37 | 37 | 37 | 259 |
| 改良支出 | | | | | | | | | (80) | | | (80) |
| 改良支出摊销 | | | | | | | | | | 40 | 40 | 80 |
| 税后营业利润 | | | | | 60 | 60 | 60 | 60 | 60 | 60 | 60 | 420 |
| 残值净收入 | | | | | | | | | | | 11 | 11 |
| 营运资金 | | | | (140) | | | | | | | 140 | 0 |
| 总计 | (90) | (90) | (90) | (140) | 97 | 97 | 97 | 97 | 17 | 137 | 288 | 420 |

注：①表 6-1 中的数字，带有括号的为现金流出量，表示负值；没有带括号的为现金流入量，表示正值。全项目同。

在投资项目管理的实践中，由于所得税的影响，营业阶段现金流量的测算比较复杂，需要在所得税基础上考虑税后收入、税后付现成本，以及非付现成本抵税对营业现金流量的影响。

【任务举例 6-6】

海滨公司计划增添一条生产流水线，以扩充生产能力。现有甲、乙两个方案可供选择。甲方案需要投资 50 000 元，乙方案需要投资 750 000 元。两方案的预计使用寿命均为 5 年，折旧均采用直线法，甲方案预计残值为 20 000 元，乙方案预计残值为 30 000 元。甲方案预计年销售收入为 1 000 000 元，第一年付现成本为 660 000 元，以后在此基础上每年增加维修费 10 000

元。乙方案预计年销售收入为 1 400 000 元，年付现成本为 1 050 000 元。项目投入营运时，甲方案需垫支营运资金 20 000 元，乙方案需垫支营运资金 250 000 元。公司所得税税率为 20%。

根据上述资料，两方案的现金流量计算如表 6-2 和表 6-3 所示。表 6-2 列示的是甲方案营业期间现金流量的具体测算过程，乙方案是营业期间的现金流量测算过程，其现金流量的测算可以用公式直接计算。

表 6-2　营业期现金流量计算表　　单位：元

| 项目 | 第 1 年 | 第 2 年 | 第 3 年 | 第 4 年 | 第 5 年 |
|---|---|---|---|---|---|
| 甲方案 | | | | | |
| 销售收入（1） | 1 000 000 | 1 000 000 | 1 000 000 | 1 000 000 | 1 000 000 |
| 付现成本（2） | 660 000 | 670 000 | 680 000 | 690 000 | 700 000 |
| 折旧（3） | 96 000 | 96 000 | 96 000 | 96 000 | 96 000 |
| 营业利润（4）=（1）-（2）-（3） | 244 000 | 234 000 | 224 000 | 214 000 | 204 000 |
| 所得税（5）=（4）×20% | 48 800 | 46 800 | 44 800 | 42 800 | 40 800 |
| 税后营业利润（6）=（4）-（5） | 195 200 | 187 200 | 179 200 | 171 200 | 163 200 |
| 营业现金净流量（7）=（3）+（6） | 291 200 | 283 200 | 275 200 | 267 200 | 259 200 |

表 6-3　投资项目现金流量计算表　　单位：元

| 项目 | 第 0 年 | 第 1 年 | 第 2 年 | 第 3 年 | 第 4 年 | 第 5 年 |
|---|---|---|---|---|---|---|
| 甲方案： | | | | | | |
| 固定资产投资 | -500 000 | | | | | |
| 营运资金垫支 | -200 000 | | | | | |
| 营业现金流量 | | 291 200 | 283 200 | 275 200 | 267 200 | 259 200 |
| 固定资产残值 | | | | | | 20 000 |
| 营运资金收回 | | | | | | 200 000 |
| 现金流量合计 | -700 000 | 291 200 | 283 200 | 275 200 | 267 200 | 479 200 |
| 乙方案： | | | | | | |
| 固定资产投资 | -750 000 | | | | | |
| 营运资金垫支 | -250 000 | | | | | |
| 营业现金流量 | | 308 800 | 308 800 | 308 800 | 308 800 | 308 800 |
| 固定资产残值 | | | | | | 30 000 |
| 营运资金收回 | | | | | | 250 000 |
| 现金流量合计 | -1 000 000 | 308 800 | 308 800 | 308 800 | 308 800 | 588 800 |

乙方案营业现金净流量=税后营业利润+非付现成本

=（1 400 000-1 050 000-144 000）×（1-20%）+144 000

=308 800（元）

或：=收入（1-所得税税率）-付现成本（1-所得税税率）+非付现成本×所得税税率

=1 400 000×80%-1 050 000×80%+144 000×20%

=308 800（元）

【知识辨析 6-2】

长期投资以（ ）作为项目投资的重要价值信息。

A. 税后利润　　B. 营业利润　　C. 资金成本　　D. 现金流量

答案：D

### （三）资本成本

（1）资金成本的概念

资金成本又称资本成本，是指企业为筹集和使用长期资金而付出的代价。包括筹集费用和占用费用。

（2）个别资金成本的计算

资金成本率=每年的用资费用/（筹资总额-筹资费用）

其计算公式分别如下。

①银行借款

银行借款资金成本=借款利率（1-所得税税率）/（1-债券筹资费用率）

②债券资金成本

债券资金成本=债券年利率（1-所得税税率）/（1-债券筹资费用率）

③普通股资金成本

普通股的资金成本=第一年预期股利/［普通股筹资金额×（1-普通股的筹资费率）］×100%+股利固定增长率

④优先股资金成本

优先股资本成本=优先股年利息/［优先股发行收入×（1-发行费用）］

⑤留存收益资金成本

留存收益的资金成本=第一年预期股利/普通股筹资金额×100%+股利固定增长率

（3）加权平均资本成本计算

加权平均资本成本又叫综合资金成本，是以资金比重为权数，以个别资金成本为变量的加权平均数。计算公式如下：

加权平均资本成本=Σ（某项资金来源的比重×某项资金来源的成本）

【任务举例 6-7】

海滨公司一次筹资，分别采用债券、普通股、借款三种方式，三者比重分别为 50%、30%、20%，资金成本分别为 10%、15%、8%，求综合资金成本。

答：综合资金成本=50%×10%+30%×15%+20%×8%=11.10%

## 二、净现值

### （一）基本原理

一个投资项目，其未来现金净流量现值与原始投资额现值之间的差额，称为净现值（Net Present Value，NPV）。计算公式为：

净现值（NPV）=未来现金净流量现值-原始投资额现值

计算净现值时，要按预定的贴现率对投资项目的未来现金流量和原始投资额进行贴现。预定贴现率是投资者所期望的最低投资报酬率。净现值为正，方案可行，说明方案的实际报酬率高于所要求的报酬率；净现值为负，方案不可取，说明方案的实际投资报酬率低于所要求的报酬率。

当净现值为零时，说明方案的投资报酬刚好达到所要求的投资报酬，方案也可行。所以，净现值的经济含义是投资方案报酬超过基本报酬后的剩余收益。其他条件相同时，净现值越大，方案越好。采用净现值法来评价投资方案，一般有以下几个步骤。

### 1．测定现金流量

测定投资方案各年的现金流量，包括现金流出量和现金流入量。

### 2．设定投资方案采用的贴现率

确定贴现率的参考标准可以是：

（1）以市场利率为标准。资本市场的市场利率是整个社会投资报酬率的最低水平，可以视为一般最低报酬率要求。

（2）以投资者希望获得的预期最低投资报酬率为标准。这就考虑了投资项目的风险补偿因素以及通货膨胀因素。

（3）以企业平均资本成本率为标准。企业投资所需要的资金，都或多或少地具有资本成本，企业筹资承担的资本成本率水平，给投资项目提出了最低报酬率要求。

### 3．折算现值

按设定的贴现率，分别将各年的现金流出量和现金流入量折算成现值。

### 4．将未来的现金净流量现值与投资额现值进行比较

若前者大于或等于后者，方案可行；若前者小于后者，方案不可行，说明方案的实际报酬率达不到投资者所要求的报酬率。

【任务举例 6-8】

沿用任务举例 6-2 的资料，假设折现率为 10%，则：

甲方案的净现值=479 200×（$P/F$，10%，5）+267 200×（$P/F$，10%，4）+275 200×（$P/F$，10%，3）+283 200×（$P/F$，10，2）+291 200×（$P/F$，10%，1）−700 000
=479 200×0.620 9+267 200×0.683 0+275 200×0.751 3+283 200×0.826 4+291 200×0.909 1−700 000
=485 557.04（元）

由于甲方案的净现值大于 0，所以，甲方案可行。

乙方案的净现=588 800×（$P/F$，10%，5）+308 800×（$P/A$，10%，4）−1 000 000
=588 800×0.620 9+308 800×3.169 9−1 000 000
=344 451.04（元）

由于乙方案的净现值大于 0，所以，乙方案也可行。

### （二）对净现值法的评价

#### 1. 净现值法的优点

（1）适用性强，能基本满足项目年限相同的互斥投资方案决策

如有 A、B 两小项目，资本成本率为 10%，A 项目投资 50 000 元可获净现值 10 000 元，B 项目投资 20 000 元可获得净现值 8 000 元。尽管 A 项目投资额大，但在计算净现值时已经考虑了实施该项目所承担的还本付息负担，因此净现值大的 A 项目优于 B 项目。

（2）能灵活地考虑投资风险

净现值法在所设定的贴现率中包含投资风险报酬率要求，就能有效地考虑投资风险。例如，某投资项目期限 15 年，资本成本率 18%，由于投资项目时间长，风险也较大，所以投资者认定，在投资项目的有效使用期限 15 年中第一个五年期内以 18%折现，第二个五年期内以 20%折现，第三个五年期内以 25%折现，以此来体现投资风险。

#### 2. 净现值法的缺陷

（1）所采用的贴现率不易确定

如果两方案采用不同的贴现率贴现，采用净现值法不能够得出正确结论。同一方案中，如果要考虑投资风险，要求的风险报酬率不易确定。

（2）不适用于独立投资方案的比较决策

如果各方案的原始投资额现值不相等，有时无法作出正确决策。独立投资方案，是指两个以上投资项目互不依赖，可以同时并存。如对外投资购买甲股票或购买乙股票，它们之间并不冲突。在独立投资方案比较中，尽管某项目净现值大于其他项目，但所需投资额大，获利能力可能低于其他项目，而该项目与其他项目又是非互斥的，因此只凭净现值大小无法决策。

（3）净现值法不能直接用于对寿命期不同的互斥投资方案进行决策

某项目尽管净现值小，但其寿命期短；另一项目尽管净现值大，但它是在较长的寿命期内取得的。两项目由于寿命期不同，因而净现值是不可比的。要采用净现值法对寿命期不同的投资方案进行决策，需要将各方案均转化为相等寿命期进行比较。

## 三、年金净流量

投资项目的未来现金净流量与原始投资额的差额，构成该项目的现金净流量总额，项目期间内全部现金净流量总额的总现值或总终值折算为等额年金的平均现金净流量，称为年金净流量（ANCF）。年金净流量的计算公式为：

年金净流量=现金净流量总现值÷年金现值系数=现金净流量总终值÷年金终值系数

式中，现金净流量总现值即为 NPV。与净现值指标一样，年金净流量指标大于零，说明每年平均的现金流入能抵补现金流出，投资项目的净现值（或净终值）大于零，方案的报酬率大于所要求的报酬率，方案可行。在两个以上寿命期不同的投资方案比较时，年金净流量越大，方案越好。

【任务举例 6-9】

海滨公司甲、乙两个投资方案，甲方案需一次性投资 10 000 元，可用 8 年，残值 2 000

元，每年取得税后营业利润 3 500 元；乙方案需一次性投资 10 000 元，可用 5 年，无残值，第 1 年获利 3 000 元，以后每年递增 10%。如果资本成本率 10%，应采用哪种方案？

两项目使用年限不同，净现值是不可比的，应考虑它们的年金净流量。由于：

甲方案营业期每年 NCF=3 500+（10 000−2 000）/8=4 500（元）

乙方案营业期各年 NCF：

第 1 年=3 000+10 000/5=5 000（元）

第 2 年=3 000×（1+10%）+10 000/5=5 300（元）

第 3 年=3 000×（1+10%）$^2$+10 000/5=5 630（元）

第 4 年=3 000×（1+10%）$^3$+10 000/5=5 993（元）

第 5 年=3 000×（1+10%）$^4$+10 000/5=6 392.30（元）

甲方案净现值=4 500×5.335+2 000×0.467−10 000=14 941.50（元）

乙方案净现值=5 000×0.909+5 300×0.826+5 630×0.751+5 993×0.683+6 392.30×0.621−10 000
=11 213.77（元）

甲方案年金净流量=14 941.50÷（*P*/*A*，10%，8）=2 801（元）

乙方案年金净流量=11 213.77÷（*P*/*A*，10%，5）=2 958（元）

尽管甲方案净现值大于乙方案，但它是在 8 年内取得的。而乙方案年金净流量高于甲方案，如果按 8 年计算可取得 15 780.93 元（2 958×5.335）的净现值，高于甲方案。因此，乙方案优于甲方案。本例中，用终值进行计算也可得出同样的结果。

从投资报酬的角度来看，甲方案投资额为 10 000 元，扣除残值现值 934 元（2 000×0.467），按 8 年年金现值系数 5.335 计算，每年应回收 1 699 元（9 066/5.335）。这样，每年现金流量 4 500 元中，扣除投资回收 1 699 元，投资报酬为 2 801 元。按同样方法计算，乙方案年投资报酬为 2 958 元。所以，年金净流量的本质是各年现金流量中的超额投资报酬额。

年金净流量法是净现值法的辅助方法，在各方案寿命期相同时，实质上就是净现值法。因此它适用于期限不同的投资方案决策。但同时，它也具有与净现值法同样的缺点，不便于对原始投资额不相等的独立投资方案进行决策。

## 四、现值指数

现值指数（Present Valule Index，PVI）是指投资项目的未来现金净流量现值与原始投资额现值之比。计算公式为：

现值指数=未来现金净流量现值÷原始投资额现值

从现值指数的计算公式可见，现值指数的计算结果有两种：大于等于 1，方案可行，说明方案实施后的投资报酬率高于或等于必要报酬；小于 1，方案不可行，说明方案实施后的投资报酬低于必要报酬。现值指数越大，方案越好。

【任务举例 6-10】

海滨公司有两个独立投资方案，有关资料如表 6-4 所示。

表 6-4　净现值计算表　　单位：元

| 项目 | 方案 A | 方案 B |
| --- | --- | --- |
| 原始投资额现值 | 30 000 | 3 000 |
| 未来现金净流量现值 | 31 500 | 4 200 |
| 净现值 | 1 500 | 1 200 |

从净现值的绝对数来看，方案 A 大于方案 B，似乎应采用方案 A；但从投资额来看，方案 A 的原始投资额现值大大超过了方案 B。所以，在这种情况下，如果仅用净现值来判断方案的优劣，就难以作出正确的比较和评价。按现值指数法计算：

A 方案现值指数=31 500/30 000=1.05

B 方案现值指数=4 200/3 000=1.40

计算结果表明，方案 B 的现值指数大于方案 A，应当选择方案 B。

现值指数法也是净现值法的辅助方法，在各方案原始投资额现值相同时，实质上就是净现值法。由于现值指数是未来现金净流量现值与所需投资额现值之比，是一个相对数指标，反映了投资效率，所以，用现值指数指标来评价独立投资方案，可以克服净现值指标不便于对原始投资额现值不同的独立投资方案进行比较和评价的缺点，从而使对方案的分析评价更加合理、客观。

## 五、内涵报酬率

### （一）基本原理

内涵报酬率（Internal Rate of Return，IRR）是指对投资方案未来的每年现金净流量进行贴现，使所得的现值恰好与原始投资额现值相等，从而使净现值等于零时的贴现率。

内涵报酬率法的基本原理是：在计算方案的净现值时，以必要投资报酬率作为贴现率计算，净现值的结果往往是大于零或小于零，这就说明方案实际可能达到的投资报酬率，而当净现值为零时，说明两种报酬率相等。根据这个原理，内涵报酬率法就是要计算出使净现值等于零时的贴现率，这个贴现率就是投资方案的实际可能达到的投资报酬率。

#### 1．未来每年现金净流量相等时

每年现金净流量相等是一种年金形式，通过查年金现值系数表。可计算出未来现金净流量现值，并令其净现值为零，有：

未来每年现金净流量×年金现值系数−原始投资额现值=0

计算出净现值为零时的年金现值系数后，通过查年金现值系数表，即可找出相应的贴现率 $i$，该贴现率就是方案的内涵报酬率。

【任务举例 6-11】

海滨公司拟购入一台新型设备，购价为 160 万元，使用年限 10 年，无残值。该方案的最低投资报酬率要求为 12%（以此作为贴现率）。使用新设备后，估计每年产生现金净流量 30 万元。

要求：用内涵报酬率指标评价该方案是否可行？

令：300 000×年金现值系数-1 600 000=0

得：年金现值系数=5.333 3

现已知方案的使用年限为 10 年，查年金现值系数表，可查得：时期 10，5.333 3 所对应的贴现率在 12%～14%。采用插值法求得，该方案的内涵报酬率为 13.46%，高于最低投资报酬率 12%，方案可行。

### 2. 未来每年现金净流量不相等时

如果投资方案的未来每年现金净流量不相等，各年现金净流量的分布就不是年金形式，不能采用直接查年金现值系数表的方法来计算内涵报酬率，而需采用逐次测试法。逐次测试法的具体做法是：根据已知的有关资料，先估计一次贴现率，来试算未来现金净流量的现值，并将这个现值与原始投资额现值相比较，如净现值大于零，为正数，表示估计的贴现率低于方案实际可能达到的投资报酬率，需要重估一个较高的贴现率进行试算；如果净现值小于零，为负数，表示估计的贴现率高于方案实际可能达到的投资报酬率，需要重估一个较低的贴现率进行试算。如此反复试算，直到净现值等于零或基本接近于零，这时所估计的贴现率就是希望求得的内涵报酬率。

【任务举例 6-12】

海滨公司有一投资方案，需一次性投资 120 000 元，使用年限为 4 年，每年现金净流量分别为 30 000 元、40 000 元、50 000 元、35 000 元。

要求：计算该投资方案的内涵报酬率，并据以评价该方案是否可行。

由于该方案每年的现金净流量不相同，需逐次测试计算方案的内涵报酬率。测算过程如表 6-5 所示。

表 6-5　净现值的逐次测试　　单位：元

| 年数 | 每年现金净流量 | 第一次测算 8% | | 第二次测算 12% | | 第三次测算 10% | |
|---|---|---|---|---|---|---|---|
| 1 | 30 000 | 0.926 | 27 780 | 0.893 | 26 790 | 0.909 | 27 270 |
| 2 | 40 000 | 0.857 | 34 280 | 0.797 | 31 880 | 0.826 | 33 040 |
| 3 | 50 000 | 0.794 | 39 700 | 0.712 | 35 600 | 0.751 | 37 550 |
| 4 | 60 000 | 0.735 | 25 725 | 0.636 | 22 260 | 0.683 | 23 905 |
| 未来现金净流量现值合计 | | | 127 485 | | 116 530 | | 121 765 |
| 减：原始投资额现值 | | | 120 000 | | 120 000 | | 120 000 |
| 净现值 | | | 7 485 | | （3 470） | | 1 765 |

第一次测算，采用折现率 8%，净现值为正数，说明方案的内涵报酬率高于 8%。第二次测算，采用折现率 12%，净现值为负数，说明方案的内涵报酬率低于 12%。第三次测算，采用折现率 10%，净现值仍为正数，但已较接近于零。因而可以估算，方案的内涵报酬率在 10%～12%。进一步运用插值法，得出方案的内涵报酬率为 10.67%。

### （二）对内涵报酬率法的评价

#### 1. 内涵报酬率法的主要优点

（1）内涵报酬率反映了投资项目可能达到的报酬率，易于被高层决策人员所理解。

（2）对于独立投资方案的比较决策，如果各方案原始投资额现值不同，可以通过计算各方案的内涵报酬率，反映各独立投资方案的获利水平。

#### 2. 内涵报酬率法的主要缺点

计算复杂，不易直接考虑投资风险大小。

在互斥投资方案决策时，如果各方案的原始投资额现值不相等，有时无法作出正确的决策。某一方案原始投资额低，净现值小，但内涵报酬率可能较高；而另一方案原始投资额高，净现值大，但内涵报酬率可能较低。

【知识辨析 6-3】

内部收益率是指（　　）时的收益率。

A. 获利指数=0　　B. 净现值率=1　　C. 净现值=0　　D. 净利润=0

答案：C

## 六、回收期

回收期（Payback Period，PP）是指投资项目的未来现金净流量与原始投资额相等时所经历的时间，即原始投资额通过未来现金流量回收所需要的时间。

投资者希望投入的资本能以某种方式尽快地收回来，收回的时间越长，所担风险就越大。因此，投资方案回收期的长短是投资者十分关心的问题，也是评价方案优劣的标准之一。用回收期指标评价方案时，回收期越短越好。

### （一）静态回收期

静态回收期没有考虑货币时间价值，直接用未来现金净流量累计到原始投资数额时所经历的时间作为静态回收期。

未来每年现金净流量相等时，这种情况是一种年金形式，公示表示为：

静态回收期=原始投资额/每年现金净流量

【任务举例 6-13】

海滨公司准备从甲、乙两种机床中选购一种。甲机床购价为 35 000 元，投入使用后，每年现金净流量为 7 000 元；乙机床购价为 36 000 元，投入使用后，每年现金流量为 8 000 元。

要求：用回收期指标决策该厂应选购哪种机床？

甲机床回收期=35 000/7 000=5（年）

乙机床回收期=36 000/8 000=4.5（年）

计算结果表明，乙机床的回收期比甲机床短，该工厂应选择乙机床。

未来每年现金净流量不相等时。

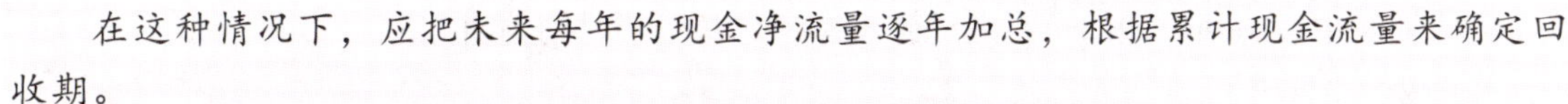

在这种情况下，应把未来每年的现金净流量逐年加总，根据累计现金流量来确定回收期。

【任务举例 6-14】

海滨公司有一投资项目，需投资 150 000 元使用年限为 5 年，每年的现金流量不相等，资本成本率为 5%，有关资料如表 6-6 所示。

要求：计算该投资项目的回收期。

表 6-6　项目现金流量　　单位：元

| 年数 | 现金净流量 | 累计净流量 | 净流量现值 | 累计现值 |
|---|---|---|---|---|
| 1 | 30 000 | 30 000 | 28 560 | 28 560 |
| 2 | 35 000 | 65 000 | 31 745 | 60 305 |
| 3 | 60 000 | 125 000 | 51 840 | 112 145 |
| 4 | 50 000 | 175 000 | 41 150 | 153 295 |
| 5 | 40 000 | 215 000 | 31 360 | 184 655 |

从表 6-6 的累计现金净流量栏中可见，该投资项目的回收期在第 3 年与第 4 年之间。为了计算较为准确的回收期，采用以下方法计算：

项目回收期=3+（150 000−125 000）/50 000=3.5（年）

【知识提示】

包括建设期的静态投资回收期是累计净现金流量为零的年限。

## （二）动态回收期

回收期需要将投资引起的未来现金净流量进行贴现，以未来现金净流量的现值等于原始投资额现值时所经历的时间为动态回收期。

### 1. 未来每年现金净流量相等时

在这种年金形式下，假定动态回收期为 $n$ 年，则：

$$(P/A,\ i,\ n)=\text{原始投资额现值}/\text{每年现金净流量}$$

计算出年金现值系数后，通过查年金现值系数表，利用插值法，即可推算出动态回收期 $n$。

前述【任务举例 6-13】中，假定资本成本率为 9%，查表得知当 $i$=9%时，第 6 年年金现值系数为 4.486，第 7 年年金现值系数为 5.033。这样，由于甲机床的年金现值系数为 5，乙机床的年金现值系数为 4.5，相应的回收期运用插值法计算，得出甲机床动态回收期 $n$=6.94 年，乙机床动态回收期 $n$=6.03 年。

### 2. 未来每年现金净流量不相等时

在这种情况下，应把每年的现金净流量逐一贴现并加总，根据累计现金流量现值来确定回收期。前述【任务举例 6-14】中，迪力公司投资项目的动态回收期为：

项目回收期=3+（150 000−112 145）÷41 150=3.92（年）

回收期法的优点是计算简便，易于理解。这种方法是以回收期的长短来衡量方案够优劣，收回投资所需的时间越短，所冒的风险就越小。可见，回收期法是一种较为保守的方法。

回收期法中静态回收期的不足之处是没有考虑货币的时间价值。

【任务举例 6-15】

海滨公司 A、B 两个投资方案的相关资料如表 6-7 所示。

表 6-7　项目现金流量　　单位：元

| 项目 | 年数 | A 方案 | B 方案 |
|---|---|---|---|
| 原始投资额 | 0 | （1 000） | （1 000） |
| 现金净流量 | 1 | 100 | 600 |
| | 2 | 300 | 300 |
| | 3 | 600 | 100 |
| 静态回收额 | – | 3 年 | 3 年 |

从表 6-7 中的资料看，A、B 两个投资方案的原始投资额相同，回收期也相同，以静态回收期来评价两个方案，似乎并无优劣之分。但如果考虑货币的时间价值，用动态回收期分析，则 B 方案显然要好得多。

静态回收期和动态回收期还有一个共同的局限，是它们计算回收期时只考虑了未来现金净流量（或现值）总和中等于原始投资额（或现值）的部分，没有考虑超过原始投资额（或现值）的部分。显然，回收期长的项目其超过原始投资额（或现值）的现金流量并不一定比回收期短的项目少。

【知识辨析 6-4】

在长期投资决策中，越小越好的指标是（　　）。

A. 净现值　　B. 获利指数　　C. 内涵报酬率　　D. 静态投资回收期

答案：D

# 任务三　项目投资管理

## 【任务描述】

项目投资是指将资金直接投放于生产经营实体性资产，以形成生产能力，如购置设备、建造工厂、修建设施等。项目投资一般是企业的对内投资，也包括以实物性资产投资于其他企业的对外投资。

## 【知识点】

掌握独立投资方案的决策方法、互斥投资方案的决策方法和固定资产更新决策方法。

## 【技能点】

学会进行独立投资方案的决策、互斥投资方案的决策和固定资产更新决策。

【知识储备】

## 一、独立投资方案的决策

独立投资方案是指两个或两个以上项目互不依赖，可以同时并存，各方案的决策也是独立的。独立投资方案的决策属于筛分决策，评价各方案本身是否可行，即方案本身是否达到某种要求的可行性标准。独立投资方案之间比较时，决策要解决的问题是如何确定各种可行方案的投资顺序，即各独立方案之间的优先次序。排序分析时，以各独立方案的获利程度作为评价标准，一般采用内涵报酬率法进行比较决策。

【任务举例 6-16】

海滨公司有足够的资金准备投资于三个独立投资项目。A 项目投资额 10 000 元，期限 5 年；B 项目原始投资额 18 000 元，期限 5 年；C 项目原始投资额 18 000 元，期限 8 年。贴现率为 10%。其他有关资料如表 6-8 所示。问：如何安排投资顺序？

表 6-8　独立投资方案的可行性指标

| 项目 | A 项目 | B 项目 | C 项目 |
|---|---|---|---|
| 原始投资额（元） | （10 000） | （18 000） | （18 000） |
| 每年 NCF（元） | 4 000 | 6 500 | 5 000 |
| 期限（年） | 5 | 5 | 8 |
| 净现值（NPV）（元） | +5 164 | +6 642 | +8 675 |
| 现金指数（PVI） | 1.52 | 1.37 | 1.48 |
| 内涵报酬率（IRR）（%） | 28.68 | 23.61 | 22.28 |
| 年金净流量（ANCF）（元） | +1 362 | +1 752 | +1 626 |

将上述三个方案的各种决策指标加以对比，见表 6-9。从两表数据可以看出：

（1）A 项目与 B 项目比较：两项目原始投资额不同但期限相同，尽管 B 项目净现值和年金净流量均大于 A 项目，但 B 项目原始投资额高，获利程度低。因此，应优先安排内涵报酬率和现值指数较高的 A 项目。

（2）B 项目与 C 项目比较：两项目原始投资额相等但期限不同，尽管 C 项目净现值和现值指数高，但它需要经历 8 年才能获得。B 项目 5 年项目结束后，所收回的投资可以进一步投资于其他后续项目。因此，应该优先安排内涵报酬率和年金净流量较高的 B 项目。

（3）A 项目与 C 项目比较：两项目的原始投资额和期限都不相同，A 项目内涵报酬率较高，但净现值和年金净流量都较低。C 项目净现值高，但期限长；C 项目年金净流量也较高，但它是依靠较大的投资额取得的。因此，从获利程度的角度来看，A 项目是优先方案。

表 6-9　独立投资方案的比较决策

| 净现值（NPV） | C>B>A |
|---|---|
| 现金指数（PVI） | A>C>B |
| 内涵报酬率（IRR） | A>B>C |
| 年金净流量（ANCF） | B>C>A |

综上所述，在独立投资方案比较性决策时，内涵报酬率指标综合反映了各方案的获利程度，在各种情况下的决策结论都是正确的。本例中，投资顺序应该按 A、B、C 顺序实施投资。现值指数指标也反映了方案的获利程度，除了期限不同的情况外，其结论是正确的。但在项目的原始投资额相同而期限不同的情况下（如 B 项目和 C 项目的比较），现值指数实质上就是净现值的表达形式。至于净现值指标和年金净流量指标，它们反映的是各方案的获利数额，要结合内涵报酬率指标进行决策。

## 二、互斥投资方案的决策

互斥投资方案，方案之间互相排斥，不能并存，因此决策的实质在于选择最优方案，属于选择决策。选择决策要解决的问题是应该淘汰哪个方案，即选择最优方案。从选定经济效益最大的要求出发，互斥决策以方案的获利数额作为评价标准。因此，一般采用净现值法和年金净流量法进行选优决策。但由于净现值指标受投资项目寿命期的影响，因而年净流量法是互斥最恰当的决策方法。

从【任务举例 6-16】可知，A、B 两项目寿命期相同，而原始投资额不等；B、C 两项目原始投资额相等而寿命期不同。如果【任务举例 6-16】这三个项目是互斥投资方案，三个项目只能采纳一个，不能同时并存。

A 项目与 B 项目比较，两项目原始投资额不等。尽管 A 项目的内涵报酬率和现值指数都较高，但互斥方案应考虑获利数额，因此净现值高的 B 项目是最优方案，两项目的期限是相同的，年金净流量指标的决策结论与净现值指标的决策结论是一致的，B 项目比 A 项目投资额多 8 000 元，按 10%的贴现率水平要求，分 5 年按年金形式回收，每年应回收 2 110 元（8 000/3.790 8）。但 B 项目每年现金净流量比 A 项目也多取得 2 500 元，扣除增加的回收额 2 110 元后，每年还可以多获得投资报酬 390 元。这个差额，正是两项目年金净流量指标值的差额（1 752 元-1 362 元）。所以，在原始投资额不等、寿命期相同的情况下，净现值与年金净流量指标的决策结论一致，应采用年金净流量较大的 B 项目。

事实上，互斥方案的选优决策，各方案本身都是可行的，均有正的净现值，表明各方案均收回了原始投资，并有超额报酬。进一步在互斥方案中选优，方案的获利数额作为选优的评价标准。在项目的寿命期相等时，不论方案的原始投资额大小如何，能够获得更大的获利数额即净现值的，即为最优方案。所以，互斥投资方案的选优决策中，原始投资额的大小并不影响决策的结论，无须考虑原始投资额的大小。

B 项目与 C 项目比较，寿命期不等。尽管 C 项目净现值较大，但它是 8 年内取得的。按每年平均的获利数额来看，B 项目的年金净流量（1 752 元）高于 C 项目（1 626 元），如果 B 项目 5 年寿命期届满后，所收回的投资重新投入原有方案，达到与 C 项目同样的投资年限，取得的经济效益也高于 C 项目。

实际上，在两个寿命期不等的互斥投资项目比较时，需要将两项目转化成同样的投资期限，才具有可比性。因为按照持续经营假设，寿命期短的项目，收回的投资将重新进行投资。针对各项目寿命期不等的情况，可以找出各项目寿命期的最小公倍期数，作为共同的有效寿命期。

【任务举例 6-17】

海滨公司现有甲、乙两个机床购置方案，所要求的最低投资报酬率为 10%。甲机床投资额 10 000 元，可用 2 年，无残值，每年产生 8 000 元现金净流量。乙机床投资额 20 000 元，无残值，每年产生 10 000 元现金净流量。问：两方案如何选优？

将两方案的期限调整为最小公倍数 6 年，即甲机床 6 年内周转 3 次。乙机床 6 年内周转 2 次。未调整之前，两方案的相关评价指标如表 6-10 所示。

表 6-10　互斥投资方案的选优决策

| 项目 | 甲机床 | 乙机床 |
|---|---|---|
| 净现值（NPV）（元） | 3 888 | 4 870 |
| 年金净流量（ANCF）（元） | 2 238 | 1 958 |
| 内涵报酬率（IRR）（%） | 38 | 23.39 |

尽管甲方案净现值低于乙方案，但年金净流量和内涵报酬率均高于乙方案。按两方案期限的最小公倍数测算，甲方案经历了 3 次投资循环，乙方案经历了 2 次投资循环。各方案的相关评价指标为：

（1）甲方案

净现值=8 000×4.355 3−10 000×0.683 0−10 000×0.826 4−10 000=9 748（元）

年金净流量=9 748/4.355 3=2 238（元）

（2）乙方案

净现值=10 000×4.355 3−2 000×0.751 3−20 000=8 527（元）

年金净流量=8 527/4.355 3=1 958（元）

上述计算说明，延长寿命期后，两方案投资期限相等，甲方案的净现值 9 748 元高于乙方案的净现值 8 527 元，故甲方案优于乙方案。

至于内涵报酬率指标，可以测算出：当 $i$=38%时，甲方案净现值=0；当 $i$=23.39%时，乙方案净现值=0。这说明，只要方案的现金流量状态不变，按公倍数年限延长寿命后，方案的内涵报酬率并不会变化。

同样，只要方案的现金流量状态不变，按公倍数年限延长寿命后，方案的年金净流量指标也不会改变。甲方案仍为 2 238 元，乙方案仍为 1 958 元。由于寿命期不同的项目，换算为最小公倍数年限比较麻烦，而按各方案本身期限计算的年金净流量与换算公倍数期限后的结果一致。因此，实务中对于期限不等的互斥方案比较，无须换算寿命期限，直接按原始期限的年金净流量指标决策。

综上所述，互斥投资方案的选优决策中，年金净流量全面反映了各方案的获利数额，是最佳的决策指标。净现值指标在寿命期不同的情况下，需要按各方案最小公倍期限调整计算，在其余情况下的决策结论也是正确的。

## 三、固定资产更新决策

固定资产反映了企业的生产经营能力，固定资产更新决策是项目投资决策的重要组成部分。从决策性质上看，固定资产更新决策属于互斥投资方案的决策类型。因此，固定资产更新决策所采用的决策方法是净现值法和年金净流量法，一般不采用内涵报酬率法。

### （一）寿命期相同的设备重置决策

一般来说，用新设备来替换旧设备如果不改变企业的生产能力，就不会增加企业的营业收入，即使有少量的残值变价收入，也不是实质性收入增加。因此，大部分以旧换新，进行的设备重置都属于替换重置。在替换重置方案中，所发生的现金流量主要是现金流出量。如果购入的新设备性能提高，扩大了企业的生产能力，这种设备重置属于扩建重置。

【任务举例 6-18】

海滨公司现有一台旧机床是 3 年前购进的，目前准备用一新机床替换。该公司所得税税率为 40%，资本成本率为 10%，其余资料如表 6-11 所示。

表 6-11　新旧设备资料

| 项目 | 旧设备 | 新设备 |
| --- | --- | --- |
| 原价（元） | 84 000 | 76 500 |
| 税法残值（元） | 4 000 | 4 500 |
| 税法使用年限（年） | 8 | 6 |
| 已使用年限（年） | 3 | 0 |
| 尚可使用年限（年） | 6 | 6 |
| 垫支营运资金（元） | 10 000 | 11 000 |
| 大修理支出（元） | 18 000（第二年年末） | 9 000（第四年年末） |
| 每年折旧费（直线法）（元） | 10 000 | 12 000 |
| 每年营运成本（元） | 13 000 | 7 000 |
| 目前变现价值（元） | 40 000 | 76 500 |
| 最终报废残值（元） | 5 500 | 6 000 |

本例中，两机床的使用年限均为 6 年，可采用净现值法决策。将两个方案的有关现金流量资料整理后，列出分析表见表 6-12 和表 6-13。

表 6-12 和表 6-13 结果说明：在两方案营业收入相同的情况下，新设备现金流出总现值为 79 309.2 元，旧设备现金流出总现值为 74 907.3 元，因此，继续使用旧设备比较经济。本例中有几个特殊问题应注意：

两机床使用年限相等，均为 6 年。如果年限不等时，不能用净现值法决策。另外，新机床购入后，并未扩大企业营业收入。

表 6-12　保留旧机床方案

| 项目 | 现金流量（元） | 年数 | 现值系数 | 现值（元） |
| --- | --- | --- | --- | --- |
| ①每年营运成本 | 13 000×（1−40%）=（7 800） | 1~6 | 4.335 | （33 969） |
| ②每年折旧抵税 | 1 000×40%=4 000 | 1~5 | 3.791 | 15 164 |
| ③大修理费 | 18 000×（1−40%）=（10 800） | 2 | 0.862 | （8 920.8） |

续表

| 项目 | 现金流量（元） | 年数 | 现值系数 | 现值（元） |
|---|---|---|---|---|
| ④残值变价收入 | 5 500 | 6 | 0.565 | 3 107.5 |
| ⑤残值净收益纳税 | （5 500-4 000）×40%=（600） | 6 | 0.565 | （339） |
| ⑥营运资金收回 | 10 000 | 6 | 0.565 | 5 650 |
| ⑦目前变价收入 | （40 000） | 0 | 1 | （40 000） |
| ⑧变现净损失减税 | （40 000-54 000）×40%=（5 600） | 0 | 1 | （5 600） |
| ⑨垫支营运资金 | （10 000） | 0 | 1 | （10 000） |
| 净现值 | - | - | - | （74 907.3） |

表 6-13　购买新机床方案

| 项目 | 现金流量（元） | 年数 | 现值系数 | 现值（元） |
|---|---|---|---|---|
| ①设备投资 | （76 500） | 0 | 1 | （76 500） |
| ②垫支营运资金 | （11 000） | 0 | 1 | （11 000） |
| ③每年营运成本 | 7 000×（1-40%）=（4 200） | 1~6 | 4.355 | （18 291） |
| ④每年折旧抵税 | 12 000×40%=4 800 | 1~6 | 4.355 | 20 904 |
| ⑤大修理费 | 9 000×（1 40%）－（5 400） | 4 | 0.683 | （3 688.2） |
| ⑥残值变价收入 | 6 000 | 6 | 0.565 | 3 390 |
| ⑦残值净收益纳税 | （6 000-4 500）×40%=（600） | 6 | 0.565 | （339） |
| ⑧营运资金收回 | 11 000 | 6 | 0.565 | 6 215 |
| 净现值 | - | - | - | （79 309.2） |

垫支营运资金时，尽管是现金流出，但不是本期成本费用，不存在纳税调整问题。营运资金收回时，按存货等资产账面价值出售，无出售净收益，也不存在纳税调整。

## （二）寿命期不同的设备重置决策

寿命期不同的设备重置方案，用净现值指标可能无法得出正确决策结果，应当采用年金净流量法决策。寿命期不同的设备重置方案，在决策时有如下特点。

第一，扩建重置的设备更新后会引起营业现金流入与流出的变动，应考虑年金净流量最大的方案。替换重置的设备更新一般不改变生产能力，营业现金流入不会增加，只需比较各方案的年金流出量即可，年金流出量最小的方案最优。

第二，如果不考虑各方案的营业现金流入量变动，只比较各方案的现金流出量，我们把按年金净流量原理计算的等额年金流出量称为年金成本。替换重置方案的决策标准，是要求年金成本最低。扩建重置方案所增加或减少的营业现金流入也可以作为现金流出量的抵减，并据此比较各方案的年金成本。

第三，设备重置方案运用年金成本方式决策时，应考虑的现金流量主要有：

（1）新旧设备目前市场价值。对于新设备而言，目前市场价值就是新设备的购价，即原始投资额；对于旧设备而言，目前市场价值就是旧设备的重置成本或变现价值。

（2）新旧设备残值变价收入。残值变价收入应作为现金流出的抵减。残值变价收入现值与原始投资额的差额，称为投资净额。

（3）新旧设备的年营运成本，即年付现成本。如果考虑每年的营业现金流入，应作为每年营运成本的抵减。

第四，年金成本可在特定条件下（无所得税因素、每年营运成本相等），公式计算如下：

年金成本=Σ（各项目现金净流出现值）/年金现值系数=

[原始投资额-残值收入×一般现值系数+Σ（年营运成本现值）]/年金现值系数

【任务举例 6-19】

海滨公司现有旧设备一台，由于节能减排的需要，准备予以更新。当期贴现率为 15%，假设不考虑所得税因素的影响，其他有关资料如表 6-14 所示。

表 6-14 海滨公司新旧设备资料

| 项目 | 旧设备 | 新设备 |
|---|---|---|
| 原价（元） | 3 500 | 36 000 |
| 预计使用年限（年） | 10 | 10 |
| 已经使用年限（年） | 4 | 0 |
| 税法残值（元） | 5 000 | 4 000 |
| 最终报废残值（元） | 3 500 | 4 200 |
| 目前变现价值（元） | 10 000 | 36 000 |
| 每年折旧费（直线法）（元） | 3 000 | 3 200 |
| 每年营运成本（元） | 10 500 | 8 000 |

由于两设备的尚可使用年限不同，因此比较各方案的年金成本。按不同方式计算如下：

旧设备年金成本=[10 000-3 500×（*P*/*F*，15%，6）+10 500]/（*P*/*A*，15%，6）=12 742.76（元）

新设备年金成本=[36 000-4 200×（*P*/*F*，15%，10）+8 000]/（*P*/*A*，15%，10）=14 965.92（元）

上述计算表明，继续使用旧设备的年金成本为 12 742.76 元，低于购买新设备的年金成本 14 965.92 元，每年可以节约 2 223.16 元，应当继续使用旧设备。

# 项目七　预算管理

## 【学习目标】

### ◇知识目标

- 了解预算的特征和作用，熟悉全面预算的分类和预算体系，掌握预算工作组织；
- 掌握预算的编制方法，熟悉预算编制程序，明晰各个预算编制方法的区别；
- 掌握业务预算，专项预算和财务预算的编制程序和方法；
- 熟悉预算的执行及预算的调整，掌握预算的分析与考核。

### ◇技能目标

- 会预算工作组织；
- 会运用预算编制方法；
- 会全面预算编制；
- 会处理预算执行过程中的问题，会预算的分析与考核。

## 【知识导图】

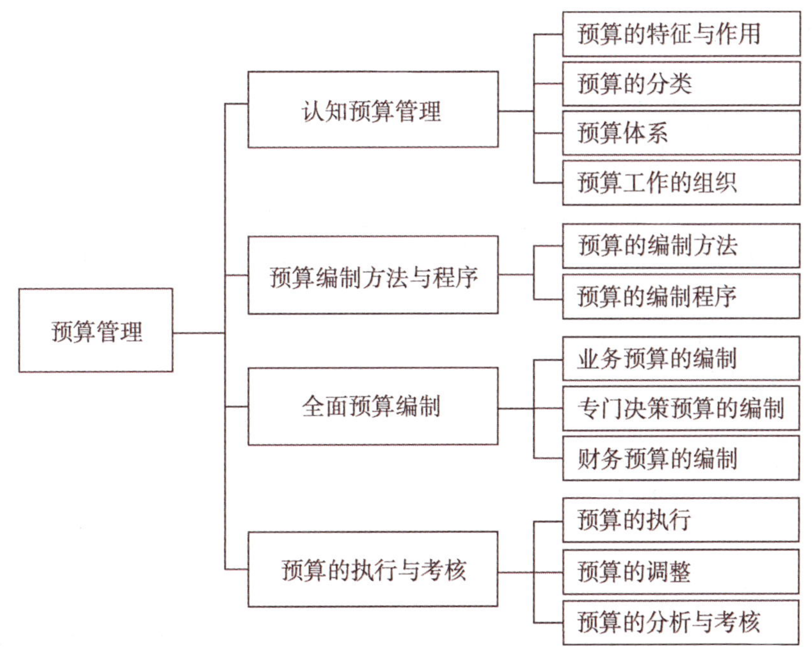

【引入案例】

海滨公司一直坚持产品多元化战略，为提升企业市场竞争能力，迫切需要建立与市场经济相适应的经营管理体制，于是开始实行全面预算管理。公司设置了经营预算管理部门，制定了相关预算管理制度和预算管理技术，推出了月度执行预算，形成了规范的预算管理模式，强调资本预算管理，逐步完善预算信息化平台，并且以战略目标、经营规划为导向，以年度预算为控制目标，以月度执行预算为手段，覆盖采购、生产、销售、投资、研发的全面预算管理体系。通过全面预算管理，公司发生了蜕变，大大提高了企业的内部挖掘潜力，达到了节约增效的目的，利润明显增长。

思考：什么是预算？预算的作用是什么？究竟如何对企业进行全面预算？如何通过预算提高企业效益？请同学们结合这些问题，开启本项目的学习之旅。

# 任务一　认知预算管理

【任务描述】

预算管理是指企业以战略管理为导向，通过对未来一定期间内的经营活动和相应的财务结果进行全面预测和筹划，科学、合理地配置企业各项财务和非财务资源，并对执行过程进行监督和分析，对执行结果进行评价和反馈，指导经营活动的改善和调整，进而推动企业战略目标实现的管理活动。

【知识点】

了解预算的特征和作用，熟悉全面预算的分类和预算体系，掌握预算工作组织。

【技能点】

学会预算工作组织。

【知识储备】

## 一、预算的特征与作用

### （一）预算的特征

预算是指企业在预测、决策的基础上，用数量和金额以表格的形式反映企业未来一定时期内经营、投资、筹资等活动的具体计划，是为实现企业目标而对各种资源和企业活动所做的详细安排。预算是一种可据以执行和控制经济活动的、最为具体的计划，是对目标的具体化，是企业战略导向预定目标的有力工具。

预算具有两个特征：首先，预算与企业的战略目标保持一致，因为预算是为实现企业目标而对各种资源和企业活动所做的详细安排；其次，预算是数量化的并具有可执行性，因为预算作为一种数量化的详细计划，它是对未来活动的细致、周密安排，是未来经营活动的依据。数量化和可执行性是预算最主要的特征。

### （二）预算的作用

预算的作用主要表现在以下三个方面。

#### 1. 预算通过规划、控制和引导经济活动，使企业经营达到预期目标

通过预算指标可以控制实际活动过程，随时发现问题，采取必要的措施，纠正不良偏差，避免经营活动漫无目的、随心所欲，通过有效的方式实现预期目标。因此，预算具有规划、控制、引导企业经济活动有序进行、以最经济有效的方式实现预期目标的功能。

#### 2. 预算可以实现企业内部各个部门之间的协调

从系统论的观点来看，局部计划的最优化，对全局来说不一定是最合理的。为了使各个职能部门向着共同的战略目标前进，它们的经济活动必须密切配合，相互协调，统筹兼顾，全面安排，搞好综合平衡。各部门预算的综合平衡，能促使各部门管理人员清楚地了解本部门在全局中的地位和作用，尽可能地做好部门之间的协调工作。各级各部门因其职责不同，往往会出现相互冲突的现象。各部门之间只有协调一致，才能最大限度地实现企业整体目标。例如，企业的销售、生产、财务等各部门可以分别编制出对自己来说是最好的计划，但该计划在其他部门却不一定能行得通。销售部门根据市场预测提出了一个庞大的销售计划，生产部门可能没有那么大的生产能力，生产部门可能编制一个充分利用现有生产能力的计划，但销售部门可能无力将这些产品销售出去；销售部门和生产部门都认为应该扩大生产能力，财务部门却认为无法筹到必要的资金。全面预算经过综合平衡后可以提供解决各级各部门冲突的最佳办法，代表企业的最优方案，可以使各级各部门的工作在此基础上协调地进行。

#### 3. 预算是业绩考核的重要依据

预算作为企业财务活动的行为标准，使各项活动的实际执行有章可循。各部门责任考核必须以预算标准为基础。经过分解落实的预算规划目标能与部门、责任人的业绩考评结合起来，成为奖勤罚懒、评估优劣的重要依据。

## 二、预算的分类

#### 1. 根据内容不同，企业预算可以分为业务预算、专门决策预算和财务预算

业务预算（经营预算）是指与企业日常经营活动直接相关的经营业务的各种预算。它主

要包括销售预算、生产预算、直接材料预算、直接人工预算、制造费用预算、产品成本预算、销售费用预算和管理费用预算等。

专门决策预算是指企业不经常发生的、一次性的重要决策预算。专门决策预算直接反映相关决策的结果，是实际中选方案的进一步规划。如资本支出预算，其编制依据可以追溯到决策之前收集到的有关资料，只不过预算比决策估算更细致、更精确一些。例如，企业对一切固定资产购置都必须在事先做好可行性分析的基础上来编制预算，具体反映投资额需要多少、何时进行投资、资金从何筹得、投资期限多长、何时可以投产、未来每年的现金流量是多少。

财务预算是指企业在计划期内反映有关预计现金收支、财务状况和经营成果的预算，主要包括现金预算和预计财务报表。财务预算作为全面预算体系的最后环节，它是从价值方面总括地反映企业业务预算与专门决策预算的结果，故亦称为总预算，其他预算则相应称为辅助预算或分预算。显然，财务预算在全面预算中占有举足轻重的地位。

2. 按预算指标覆盖的时间长短，企业预算可分为短期预算和长期预算

通常将预算期在 1 年以内（含 1 年）的预算称为短期预算，预算期在 1 年以上的预算称为长期预算。预算的编制时间可以视预算的内容和实际需要而定，可以是 1 周、1 月、1 季、1 年或若干年等。在预算编制过程中，往往应结合各项预算的特点，将长期预算和短期预算结合使用。一般情况下，企业的业务预算和财务预算多为 1 年期的短期预算，年内再按季或月细分，而且预算期间往往与会计期间保持一致。

## 三、预算体系

各种预算是一个有机联系的整体。一般将由业务预算、专门决策预算和财务预算组成的预算体系，称为全面预算体系。其结构如图 7-1 所示。

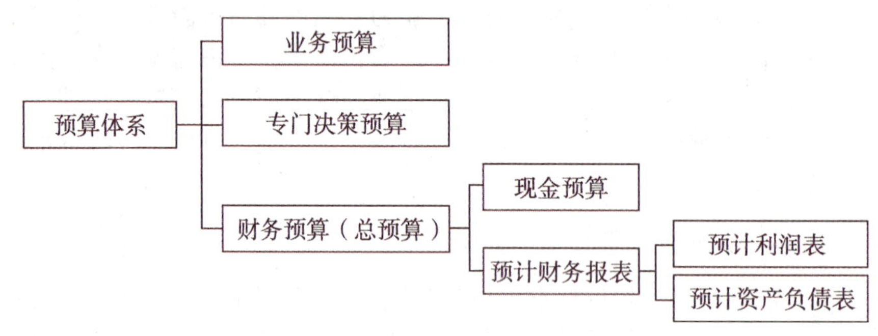


图 7-1 全面预算体系

## 四、预算工作的组织

我国公司法规定：公司的年度财务预算方案、决算方案由公司董事会制订，经股东会审议批准后方可执行。预算工作的组织包括决策层、管理层、执行层和基础层，具体如下。

### （一）决策层

企业董事会或类似机构应当对企业预算的管理工作负总责。企业董事会或者经理办公会可以根据情况设立预算管理委员会或指定财务管理部门负责预算管理事宜，并对企业法定代表人负责。

### （二）管理层

预算管理委员会或财务管理部门主要拟订预算的目标、政策，制定预算管理的具体措施和办法，审议、平衡预算方案，组织下达预算，协调解决预算编制和执行中的问题，组织审计、考核预算的执行情况，督促企业完成预算目标。

### （三）执行层

企业财务管理部门具体负责企业预算的跟踪管理，监督预算的执行情况，分析预算与实际执行的差异及原因，提出改进管理的意见与建议。

### （四）考核层

企业内部生产、投资、物资、人力资源、市场营销等职能部门具体负责本部门业务涉及的预算编制、执行、分析等工作，并配合预算管理委员会或财务管理部门做好企业总预算的综合平衡、协调、分析、控制与考核等工作。其主要负责人参与企业预算管理委员会的工作，并对本部门预算执行结果承担责任。

### （五）基础层

企业所属基层单位是企业预算的基本单位，在企业财务管理部门的指导下，负责本单位现金流量、经营成果和各项成本费用预算的编制、控制、分析工作，接受企业的检查、考核。其主要负责人对本单位财务预算的执行结果承担责任。

【知识辨析 7-1】

下列预算中，不属于财务预算内容的是（　　）。

A. 现金预算　　　　B. 生产预算

C. 预计利润表　　　　D. 预计资产负债表

答案：B

## 任务二　预算编制方法与程序

### 【任务描述】

编制预算方法有若干种。预算编制按照不同的标准有着不同的分类，按其出发点的特征不同，编制预算的方法可分为增量预算法和零基预算法两大类；按其业务量基础的数量特征不同，可分为固定预算法和弹性预算法；按其预算期的时间特征不同，可分为定期预算法和滚动预算法两大类。

【知识点】

掌握预算的编制方法，熟悉预算编制程序，明晰各个预算编制方法的区别。

【技能点】

学会运用预算编制方法。

【知识储备】

## 一、预算的编制方法

企业全面预算的构成内容比较复杂，编制预算需要采用适当的方法。常见的预算方法主要包括增量预算法与零基预算法、固定预算法与弹性预算法、定期预算法与滚动预算法，这些方法广泛应用于与营业活动有关预算的编制。

### （一）增量预算法与零基预算法

按其出发点的特征不同，编制预算的方法可分为增量预算法和零基预算法两大类。

#### 1. 增量预算法

增量预算法，是指以历史期实际经济活动及其预算为基础，结合预算期经济活动及相关影响因素的变动情况，通过调整历史期经济活动项目及金额形成预算的预算编制方法。增量预算法以过去的费用发生水平为基础，主张不需在预算内容上作较大的调整，它的编制遵循如下原则。

（1）企业现有业务活动是合理的，不需要进行调整。

（2）企业现有各项业务的开支水平是合理的，在预算期予以保持。

（3）以现有业务活动和各项活动的开支水平，确定预算期各项活动的预算数。增量预算法的缺陷是可能导致无效费用开支无法得到有效控制，使得不必要开支合理化，造成预算上的浪费。

#### 2. 零基预算法

零基预算法，是指企业不以历史期经济活动及其预算为基础，以零为起点，从实际需要出发分析预算期经济活动的合理性，经综合平衡，形成预算的预算编制方法。零基预算法适用于企业各项预算的编制，特别是不经常发生的预算项目或预算编制基础变化较大的预算项目。零基预算法的应用程序如下。

（1）明确预算编制标准

企业应收集和分析对标单位、行业等外部信息，结合内部管理需要形成企业各预算项目的编制标准，并在预算管理过程中根据实际情况不断分析评价、修订完善预算编制标准。

（2）制订业务计划

预算编制责任部门应依据企业战略、年度经营目标和内外环境变化等安排预算期经济活动，在分析预算期各项经济活动合理性的基础上制订详细、具体的业务计划，作为预算编制的基础。

（3）编制预算草案

预算编制责任部门应以相关业务计划为基础，根据预算编制标准编制本部门相关预算项目，并报预算管理责任部门审核。

（4）审定预算方案

预算管理责任部门应在审核相关业务计划合理性的基础上，逐项评价各预算项目的目标、作用、标准和金额等，按战略相关性、资源限额和效益性等进行综合分析和平衡，汇总形成企业预算草案，上报企业预算管理委员会等专门机构审议后报董事会等机构审批。

零基预算法的优点表现在：一是以零为起点编制预算，一切从零开始，不受历史期经济活动中的不合理因素影响，公正平等，能够灵活应对内外环境的变化，预算编制更贴近预算期企业经济活动需要；二是有助于增加预算编制透明度，有利于进行预算控制。

其缺点主要体现在：一是预算编制工作量较大、成本较高；二是预算编制的准确性受企业管理水平和相关数据标准准确性影响。

### （二）固定预算法与弹性预算法

编制预算的方法按其业务量基础的数量特征不同，可分为固定预算法和弹性预算法。

#### 1. 固定预算法

固定预算法又称静态预算法，是指以预算期内正常的、最可实现的某业务量（是指企业产量、销售量、作业量等与预算项目相关的弹性变量）水平为固定基础，不考虑可能发生的变动的预算编制方法。

固定预算法的缺点表现在两个方面：一是适应性差。因为编制预算的业务量基础是事先假定的某个业务量。在这种方法下，不论预算期内业务量水平实际可能发生哪些变动，都只按事先确定的某一个业务量水平作为编制预算的基础。二是可比性差。当实际的业务量与编制预算所依据的业务量发生较大差异时，有关预算指标的实际数与预算数就会因业务量基础不同而失去可比性。例如，某企业预计业务量为销售 100 000 件产品，按此业务量给销售部门的预算费用为 5 000 元。如果该销售部门实际销售量达到 120 000 件，超出了预算业务量，固定预算下的费用预算仍为 5 000 元。

#### 2. 弹性预算法

弹性预算法又称动态预算法，是指企业在分析业务量与预算项目之间数量依存关系的基础上，分别确定不同业务量及其相应预算项目所消耗资源的预算编制方法。理论上，弹性预算法适用于编制全面预算中所有与业务量有关的预算，但实务中主要用于编制成本费用预算和利润预算，尤其是成本费用预算。编制弹性预算，要选用一个最能代表生产经营活动水平的业务量计量单位。例如，以手工操作为主的车间，就应选用人工工时；制造单一产品或零件的部门，可以选用实物数量；修理部门可以选用直接修理工时等。

弹性预算法所采用的业务量范围，视企业或部门的业务量变化情况而定，务必使实际业务量不至于超出相关的业务量范围。一般来说，可定在正常生产能力的 70%～110%，或以历史上最高业务量和最低业务量为其上下限。弹性预算法编制预算的准确性，在很大程度上取决于成本性态分析的可靠性。与按特定业务量水平编制的固定预算法相比，弹性预算法的主要优点是考虑了预算期可能的不同业务量水平，更贴近企业经营管理实际情况。弹性预算法的主要缺点：一是编制工作量大；二是市场及其变动趋势预测的准确性、预算项目与业务量之间依存关系的判断水平等会对弹性预算的合理性造成较大影响。

企业应用弹性预算工具方法，一般按照以下程序进行：第一步，确定弹性预算适用项目，识别相关的业务量并预测业务量在预算期内可能存在的不同水平和弹性幅度；第二步，分析预算项目与业务量之间的数量依存关系，确定弹性定额；第三步，构建弹性预算模型，形成预算方案；第四步，审定预算方案并上报企业预算管理委员会等专门机构审议后，报董事会等机构审批。

弹性预算法又分为公式法和列表法两种具体方法。

（1）公式法

公式法是运用总成本性态模型，测算预算期的成本费用数额，并编制成本费用预算的方法。根据成本性态，成本与业务量之间的数量关系可用公式表示为：

$$y=a+bx$$

式中，$y$ 表示某项预算成本总额，$a$ 表示该项成本中的固定基数，$b$ 表示与业务量相关的弹性定额，$x$ 表示预计业务量。

【任务举例 7-1】

海滨公司制造费用中的修理费用与修理工时密切相关。经测算，预算期修理费用中的固定修理费用为 3 000 元，单位工时的变动修理费用为 2 元；预计预算期的修理工时为 3 500 小时。运用公式法，测算预算期的修理费用为 3 000+2×3 500=10 000（元）。因为任何成本都可用公式“$y=a+bx$”来近似地表示，所以只要在预算中列示 $a$（固定成本）和 $b$（单位变动成本），便可随时利用公式计算任一业务量（$x$）的预算成本（$y$）。

【任务举例 7-2】

A 企业经过分析得出某种产品的制造费用与人工工时密切相关，采用公式法编制的制造费用预算如表 7-1 所示。

表 7-1　制造费用预算（公式法）

| 业务量范围 | 420～660（人工工时） | |
|---|---|---|
| 费用项目 | 固定费用（元/月） | 变动费用（元/人工工时） |
| 运输费用 | | 0.20 |
| 电力费用 | | 1.00 |
| 材料费用 | | 0.10 |
| 修理费用 | 85 | 0.85 |
| 油料费用 | 108 | 0.20 |
| 折旧费用 | 300 | |
| 人工费用 | 100 | |
| 合计 | 593 | 2.35 |
| 备注 | 当业务量超过 600 工时后，修理费中的固定费用将由 85 元上升为 185 元 | |

本例中，针对制造费用而言，在业务量为 420～600 人工工时的情况下，$y=593+2.35x$；

在业务量为 600～660 人工工时的情况下，$y=693+2.35x$；如果业务量为 500 人工工时，则制造费用预算为 593+2.35×500=1 768（元）；如果业务量为 650 人工工时，则制造费用预算为 693+2.35×650=2220.5（元）。

公式法的优点是便于在一定范围内计算任何业务量的预算成本，可比性和适应性强，编制预算的工作量相对较小。缺点是按公式进行成本分解比较麻烦，对每个费用子项目甚至细目逐一进行成本分解，工作量很大。另外对于阶梯成本和曲线成本只能先用数学方法修正为直线，才能应用公式法。必要时，还需在“备注”中说明适用不同业务量范围的固定费用和单位变动费用。此外，应用公式法编制预算时，相关弹性定额可能仅适用于一定业务量范围内。当业务量变动超出该适用范围时，应及时修正、更新弹性定额，或改为列表法编制。

（2）列表法

列表法是指企业通过列表的方式，在业务量范围内依据已划分出的若干个不同等级，分别计算并列示该预算项目与业务量相关的不同可能预算方案的方法。应用列表法编制预算，首先要在确定的业务量范围内，划分出若干个不同水平；其次分别计算各项预算值，汇总列入一个预算表格。

列表法的优点是：不管实际业务量多少，不必经过计算即可找到与业务量相近的预算成本；混合成本中的阶梯成本和曲线成本，可按总成本性态模型计算填列，不必用数学方法修正为近似的直线成本。但是，运用列表法编制预算，在评价和考核实际成本时，往往需要使用插值法来计算实际业务量的预算成本，比较麻烦。

【任务举例 7-3】

根据表 7-1，A 企业采用列表法编制的 2022 年 6 月制造费用预算如表 7-2 所示。

表 7-2 制造费用预算（列表法）

| 业务量（直接人工工时） | 420 | 480 | 540 | 600 | 660 |
|---|---|---|---|---|---|
| 占正常生产能力百分比（%） | 70 | 80 | 90 | 100 | 110 |
| 变动成本： | | | | | |
| 运输费用（$b$=0.2）（元） | 84 | 96 | 108 | 120 | 132 |
| 电力费用（$b$=1.0）（元） | 420 | 480 | 540 | 600 | 660 |
| 材料费用（$b$=0.1）（元） | 42 | 48 | 54 | 60 | 66 |
| 合计 | 546 | 624 | 702 | 780 | 858 |
| 混合成本： | | | | | |
| 修理费用（元） | 442 | 493 | 544 | 595 | 746 |
| 油料费用（元） | 192 | 204 | 216 | 228 | 240 |
| 合计 | 634 | 697 | 760 | 823 | 986 |
| 固定成本： | | | | | |
| 业务量（直接人工工时）（小时） | 420 | 480 | 540 | 600 | 660 |
| 折旧费用（元） | 300 | 300 | 300 | 300 | 300 |
| 人工费用（元） | 100 | 100 | 100 | 100 | 100 |
| 合计 | 400 | 400 | 400 | 400 | 400 |
| 总计 | 1 580 | 1 721 | 1 862 | 2 003 | 2 244 |

在表 7-2 中，分别列示了五种业务量水平的成本预算数据（根据企业情况，也可以用业务量水平来列示）。这样，无论实际业务量达到何种水平，都有适用的一套数据来发挥控制作用。如果固定预算法是按 600 小时编制的，成本总额为 2 003 元。在实际业务量为 500 小时的情况下，不能用 2 003 元去评价实际成本的高低，也不能按业务量变动的比例调整后的预算成本 1 669 元（2 003×500÷600）去考核实际成本，因为并不是所有的成本都一定同业务量呈同比例关系。

如果采用弹性预算法，就可以根据各项成本与业务量的不同关系，采用不同方法确定“实际业务量的预算成本”去评价和考核实际成本。实际业务量为 500 小时，运输费等各项变动成本可用实际工时数乘以单位业务量变动成本来计算，即变动总成本为 650 元（500×0.2+500×1+500×0.1）。固定总成本不随业务量变动，仍为 400 元。混合成本可用插值法逐项计算：500 小时处在 480～540 小时，修理费应该在 493～544 元，设实际业务的预算修理费为 $x$ 元，则：

（500−480）÷（540−480）=（$x$−493）÷（544−493），解得 $x$=510 元；油料费用在 480 小时和 540 小时分别为 204 元和 216 元，用插值法计算 500 小时应为 208 元，可见 500 小时预算成本=（0.2+1+0.1）×500+510+208+400=1 768（元），这样计算出来的预算成本比较符合成本的变动规律，可以用来评价和考核实际成本，比较确切并容易被考核人所接受。

### （三）定期预算法与滚动预算法

编制预算的方法按其预算期的时间特征不同，可分为定期预算法和滚动预算法两大类。

#### 1．定期预算法

定期预算法是指在编制预算时，以不变的会计期间（如日历年度）作为预算期的一种预算编制方法。这种方法的优点是能够使预算期间与会计期间相对应，便于将实际数与预算数进行对比，也有利于对预算执行情况进行分析和评价。但这种方法固定以 1 年为预算期，在执行一段时期之后，往往使管理人员只考虑剩下来的几个月的业务量，缺乏长远打算，导致一些短期行为的出现。

#### 2．滚动预算法

滚动预算法又称连续预算法或永续预算法，是指在编制预算时，将预算期与会计期间脱离开，随着预算的执行不断地补充预算，逐期向后滚动，使预算期始终保持为一个固定长度（一般为 12 个月）的一种预算编制方法。滚动预算法的基本做法是使预算期始终保持 12 个月，每过 1 个月或 1 个季度，立即在期末增列 1 个月或 1 个季度的预算，逐期向后滚动，因而在任何一个时期都使预算保持为 12 个月的时间长度。这种预算能使企业各级管理人员对未来始终保持整整 12 个月时间的考虑和规划，从而保证企业的经营管理工作能够稳定而有序地进行。采用滚动预算法编制预算，按照滚动的时间单位不同可分为逐月滚动、逐季滚动和混合滚动。

（1）逐月滚动

逐月滚动是指在预算编制过程中，以月份为预算的编制和滚动单位，每个月调整一次预算的方法。如在 2022 年 1 月至 12 月的预算执行过程中，需要在 1 月末根据当月预算的执行情况修订 2 月至 12 月的预算，同时补充下年 1 月的预算；到 2 月末可根据当月预算的执行情况，修订 2022 年 3 月至 2023 年 1 月的预算，同时补充 2023 年 2 月的预算；以此类推。逐月滚动预算方式示意图如图 7-2 所示。按照逐月滚动方式编制的预算比较精确，但工作量较大。

图 7-2　逐月滚动预算方式示意图

（2）逐季滚动

逐季滚动是指在预算编制过程中，以季度为预算的编制和滚动单位，每个季度调整一次预算的方法。逐季滚动编制的预算比逐月滚动的工作量小，但精确度较差。

【任务举例 7-4】

海滨公司甲车间采用滚动预算方法编制制造费用预算。已知 2022 年分季度的制造费用预算如表 7-3 所示（其中间接材料费用忽略不计，间接人工费用预算工时分配率为 4 元/小时，水电与维修费用预算工时分配率为 2.5 元/小时）。

表 7-3　2022 年全年制造费用预算　　金额单位：元

| 项目 | 第一季度 | 第二季度 | 第三季度 | 第四季度 | 合计 |
|---|---|---|---|---|---|
| 直接人工预算总工时（小时） | 52 000 | 51 000 | 51 000 | 460 00 | 200 000 |
| 变动制造费用 | | | | | |
| 间接人工费用 | 208 000 | 204 000 | 204 000 | 184 000 | 800 000 |
| 水电与维修费用 | 130 000 | 127 500 | 127 500 | 115 000 | 500 000 |
| 小计 | 338 000 | 331 500 | 331 500 | 299 000 | 1 300 000 |
| 固定制造费用 | | | | | |
| 设备租金 | 180 000 | 180 000 | 180 000 | 180 000 | 720 000 |
| 管理人员工资 | 80 000 | 80 000 | 80 000 | 80 000 | 320 000 |
| 小计 | 260 000 | 260 000 | 260 000 | 260 000 | 1 040 000 |
| 制造费用合计 | 598 000 | 591 500 | 591 500 | 559 000 | 234 000 |

2021 年 3 月 31 日，公司在编制 2021 年第 2 季度至 2022 年第 1 季度滚动预算时，发现未来的 4 个季度中将出现以下情况：①间接人工费用预算工时分配率将上涨 10%，即上涨为 4.4 元/小时。②原设备租赁合同到期，公司新签订的租赁合同中设备年租金将降低 20%，即

降低为 576 000 元。③2021 年第 2 季度至 2022 年第 1 季度预计直接人工总工时分别为 51 500 小时、51 000 小时、46 000 小时和 57 500 小时。则编制的 2021 年第 2 季度至 2022 年第 1 季度制造费用预算如表 7-4 所示。

表 7-4 2021 年第 2 季度至 2022 年第 1 季度制造费用预算　　金额单位：元

| 项目 | 2021 年度 | | | 2022 年度 | 合计 |
|---|---|---|---|---|---|
| | 第 2 季度 | 第 3 季度 | 第 4 季度 | 第 1 季度 | |
| 直接人工预算总工时（小时） | 51 500 | 51 000 | 46 000 | 57 500 | 206 000 |
| 变动制造费用 | | | | | |
| 间接人工费用 | 226 000 | 224 400 | 202 400 | 253 000 | 906 400 |
| 水电与维修费用 | 128 750 | 127 500 | 115 000 | 143 750 | 515 000 |
| 小计 | 355 350 | 351 900 | 317 400 | 396 750 | 1 421 400 |
| 固定制造费用 | | | | | |
| 设备租金 | 144 000 | 144 000 | 144 000 | 144 000 | 576 000 |
| 管理人员工资 | 80 000 | 80 000 | 80 000 | 80 000 | 320 000 |
| 小计 | 224 000 | 224 000 | 224 000 | 224 000 | 896 000 |
| 制造费用合计 | 579 350 | 575 900 | 541 400 | 620 750 | 2 317 400 |

（3）混合滚动

混合滚动是指在预算编制过程中，同时以月份和季度作为预算的编制和滚动单位的方法。这种预算方法的理论依据是：人们对未来的了解程度具有对近期的预计把握较大、对远期的预计把握较小的特征。混合滚动预算方式示意图如图 7-3 所示。

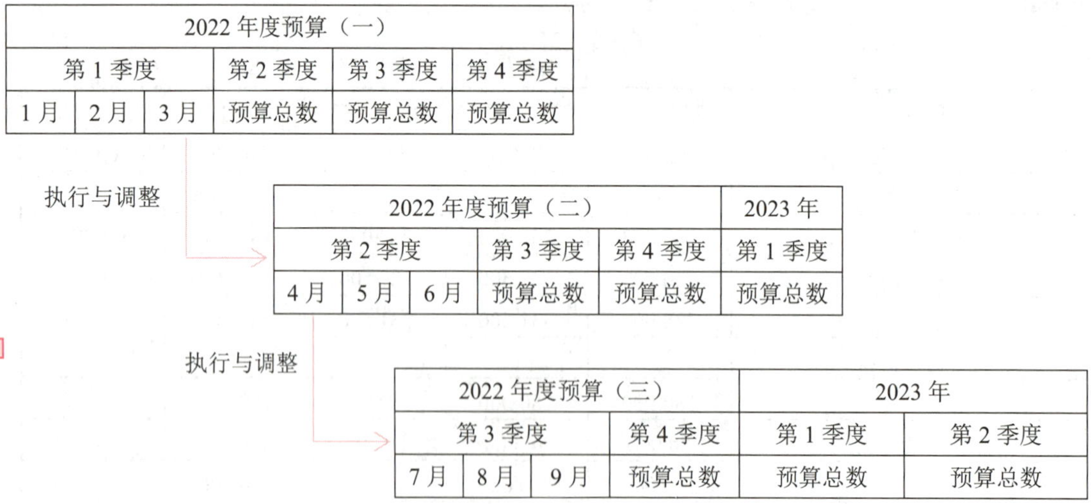

| 2022 年度预算（一） | | | | | |
|---|---|---|---|---|---|
| 第 1 季度 | | | 第 2 季度 | 第 3 季度 | 第 4 季度 |
| 1 月 | 2 月 | 3 月 | 预算总数 | 预算总数 | 预算总数 |

执行与调整

| 2022 年度预算（二） | | | | | 2023 年 |
|---|---|---|---|---|---|
| 第 2 季度 | | | 第 3 季度 | 第 4 季度 | 第 1 季度 |
| 4 月 | 5 月 | 6 月 | 预算总数 | 预算总数 | 预算总数 |

执行与调整

| 2022 年度预算（三） | | | | 2023 年 | |
|---|---|---|---|---|---|
| 第 3 季度 | | | 第 4 季度 | 第 1 季度 | 第 2 季度 |
| 7 月 | 8 月 | 9 月 | 预算总数 | 预算总数 | 预算总数 |

图 7-3 混合滚动预算方式示意图

运用滚动预算法编制预算，使预算期间依时间顺序向后滚动，能够保持预算的持续性，有利于结合企业近期目标和长期目标，考虑未来业务活动。使预算随时间的推进不断加以调整和修订，能使预算与实际情况更加适应，有利于充分发挥预算的指导和控制作用。

## 二、预算的编制程序

企业编制预算，一般应按照“上下结合、分级编制、逐级汇总”的程序进行。

### （一）下达目标

企业董事会或经理办公会根据企业发展战略和预算期经济形势的初步预测，在决策的基础上，提出下一年度企业预算目标，包括销售或营业目标、成本费用目标、利润目标和现金流量目标，并确定预算编制的政策，由预算管理委员会下达各预算执行单位。

### （二）编制上报

各预算执行单位按照企业预算管理委员会下达的预算目标和政策，结合自身特点以及预算的执行条件，提出详细的本单位预算方案，上报企业财务管理部门。

### （三）审查平衡

企业财务管理部门对各预算执行单位上报的财务预算方案进行审查、汇总，提出综合平衡的建议。在审查、平衡过程中，预算管理委员会应当进行充分协调，对发现的问题提出初步调整意见，并反馈给有关预算执行单位予以修正。

### （四）审议批准

企业财务管理部门在有关预算执行单位修正调整的基础上，编制出企业预算方案，报企业预算管理委员会讨论。对于不符合企业发展战略或者预算目标的事项，企业预算管理委员会应当责成有关预算执行单位进一步修订、调整。在讨论、调整的基础上，企业财务管理部门正式编制企业年度预算草案，提交董事会或经理办公会审议批准。

### （五）下达执行

企业财务管理部门对董事会或经理办公会审议批准的年度总预算，一般在次年 3 月底以前，分解成一系列的指标体系，由预算管理委员会逐级下达各预算执行单位执行。

【知识辨析 7-2】

在成本习性分析的基础上，分别确定不同业务量及其相应预算项目所消耗资源的预算编制方法是（　　）。

A．固定预算　　B．弹性预算　　C．增量预算　　D．滚动预算

答案：B

# 任务三　全面预算编制

## 【任务描述】

业务预算是指与企业日常经营活动直接相关的经营业务的各种预算。它主要包括销售预

算、生产预算、直接材料预算、直接人工预算、制造费用预算、产品成本预算、销售及管理费用预算。

【知识点】

掌握业务预算、专项预算和财务预算的编制程序和方法。

【技能点】

学会全面预算编制。

【知识储备】

## 一、业务预算的编制

### （一）销售预算

销售预算是指在销售预测的基础上编制的，用于规划预算期销售活动的一种业务预算。销售预算是整个预算的编制起点，其他预算的编制都以销售预算作为基础。表 7-5 是 M 公司本年的销售预算（为方便计算，本章均不考虑增值税）。销售预算的主要内容是销量、单价和销售收入。销量是根据市场预测或销货合同并结合企业生产能力确定的，单价是通过价格决策确定的，销售收入是两者的乘积，在销售预算中计算得出。

表 7-5　销售预算　　　　金额单位：元

| 项目 | 第 1 季度 | 第 2 季度 | 第 3 季度 | 第 4 季度 | 全年 |
|---|---|---|---|---|---|
| 预计销售量（件） | 100 | 150 | 200 | 180 | 630 |
| 预计单位售价 | 200 | 200 | 200 | 200 | 200 |
| 销售收入 | 20 000 | 30 000 | 40 000 | 36 000 | 126 000 |
| 预计现金收入 | | | | | |
| 上年应收账款 | 6 200 | | | | 6 200 |
| 第 1 季度（销货 20 000） | 12 000 | 8 000 | | | 20 000 |
| 第 2 季度（销货 30 000） | | 18 000 | 12 000 | | 30 000 |
| 第 3 季度（销货 40 000） | | | 24 000 | 16 000 | 40 000 |
| 第 4 季度（销货 36 000） | | | | 21 600 | 21 600 |
| 现金收入合计 | 18 200 | 26 000 | 36 000 | 37 600 | 117 800 |

销售预算通常要分品种、分月份、分销售区域、分推销员来编制。为了简化，本例只划分了季度销售数据。销售预算中通常还包括对预计现金收入的计算，其目的是为编制现金预算提供必要的资料。第 1 季度的现金收入包括两部分，即上年应收账款在本年第 1 季度收到的货款以及本季度销售中可能收到的货款。本例中，假设每季度销售收入中，本季度收到现金 60%，另外的 40%现金要到下季度才能收到。

【知识辨析 7-3】

全面预算的编制起点是（　　）。

A．生产预算　　B．销售预算　　C．成本预算　　D．材料预算

答案：B

## （二）生产预算

生产预算是为规划预算期生产规模而编制的一种业务预算，它是在销售预算的基础上编制的，并可以作为编制直接材料预算和产品成本预算的依据。其主要内容有销售量、期初和期末产成品存货、生产量。在生产预算中，只涉及实物量指标，不涉及价值量指标。表 7-6 是 M 公司本年的生产预算。

表 7-6　生产预算　　　　单位：件

| 项目 | 第 1 季度 | 第 2 季度 | 第 3 季度 | 第 4 季度 | 全年 |
|---|---|---|---|---|---|
| 预计销售量 | 100 | 150 | 200 | 180 | 630 |
| 加：预计期末产成品存货 | 15 | 20 | 18 | 20 | 20 |
| 合计 | 115 | 170 | 218 | 200 | 650 |
| 减：预计期初产成品存货 | 10 | 15 | 20 | 18 | 10 |
| 预计生产量 | 105 | 155 | 198 | 182 | 640 |

通常，企业的生产和销售不宜做到“同步同量”，需要设置一定的存货，以保证能在发生意外需求时按时供货，并可均衡生产，节省赶工的额外支出。期末产成品存货数量通常按下期销售量的一定百分比确定，本例按 10%安排期末产成品存货。年初产成品存货是编制预算时预计的，年末产成品存货根据长期销售趋势来确定。本例假设年初有产成品存货 10 件，年末留存 20 件。生产预算的“预计销售量”来自销售预算，其他数据在表 7-6 中计算得出：

预计期末产成品存货=下季度销售量×10%

预计期初产成品存货=上季度期末产成品存货

预计生产量=预计销售量+预计期末产成品存货-预计期初产成品存货

生产预算在实际编制时是比较复杂的，产量受到生产能力的限制，产成品存货数量受到仓库容量的限制，只能在此范围内来安排产成品存货数量和各期生产量。此外，有的季度可能销量很大，可以用赶工方法增产，为此要多付加班费。如果提前在淡季生产，会因增加产成品存货而多付资金利息。因此，要权衡两者得失，选择成本最低的方案。

## （三）直接材料预算

直接材料预算是为了规划预算期直接材料采购金额的一种业务预算。直接材料预算以生产预算为基础编制，同时要考虑原材料存货水平。

表 7-7 是 M 公司本年的直接材料预算。其主要内容有材料的单位产品材料用量、生产需用量、期初和期末存量等。“预计生产量”的数据来自生产预算，“单位产品材料用量”的数据来自标准成本资料或消耗定额资料，“生产需用量”是上述两项的乘积。年初和年末的材料存货量，是根据当前情况和长期销售预测估计的。各季度“期末材料存量”根据下季度生产需用量的一定百分比确定，本例按 20%计算。各季度“期初材料存量”等于上季度的期末材料存量。预计各季度“采购量”根据下式计算确定：

预计采购量=生产需用量+期末存量-期初存量

表 7-7 直接材料预算 金额单位：元

| 项目 | 第 1 季度 | 第 2 季度 | 第 3 季度 | 第 4 季度 | 全年 |
|---|---|---|---|---|---|
| 预计生产量（件） | 105 | 155 | 198 | 182 | 640 |
| 单位产品材料用量（千克/件） | 10 | 10 | 10 | 10 | 10 |
| 生产需用量（千克） | 1 050 | 1 550 | 1 980 | 1 820 | 6 400 |
| 加：预计期末存量（千克） | 310 | 396 | 364 | 400 | 400 |
| 减：预计期末存量（千克） | 300 | 310 | 396 | 364 | 300 |
| 预计材料采购量（千克） | 1 060 | 1 636 | 1 984 | 1 856 | 6 500 |
| 单价（元/千克） | 5 | 5 | 5 | 5 | 5 |
| 预计采购金额（元） | 5 300 | 8 180 | 9 740 | 9 280 | 32 500 |
| 预计现金支出 | | | | | |
| 上年应付账款（元） | 2 350 | | | | 2 350 |
| 第 1 季度（采购 5 300 元） | 2 650 | 2 650 | | | 5 300 |
| 第 2 季度（采购 8 180 元） | | 4 090 | 4 090 | | 8 180 |
| 第 3 季度（采购 9 740 元） | | | 4 870 | 4 870 | 9 740 |
| 第 4 季度（采购 9 280 元） | | | | 4 640 | 4 640 |
| 合计 | 5 000 | 6 740 | 8 960 | 9 510 | 30 210 |

为了便于以后编制现金预算，通常要预计材料采购各季度的现金支出。每个季度的现金支出包括偿还上期应付账款和本期应支付的采购货款。本例假设材料采购的货款有 50%在本季度内付清，另外 50%在下季度付清。这个百分比一般是根据经验确定的。如果材料品种很多，需要单独编制材料存货预算。

## （四）直接人工预算

直接人工预算是一种既反映预算期内人工工时消耗水平，又规划人工成本开支的业务预算。直接人工预算也是以生产预算为基础编制的。其主要内容有预计产量、单位产品工时、人工总工时、每小时人工成本和人工总成本。“预计产量”数据来自生产预算，单位产品人工工时和每小时人工成本数据来自标准成本资料，人工总工时和人工总成本是在直接人工预算中计算出来的。由于人工工资都需要使用现金支付，所以，不需要另外预计现金支出，可直接参加现金预算的汇总。M 公司全年的直接人工预算如表 7-8 所示。

表 7-8 直接人工预算

| 项目 | 第 1 季度 | 第 2 季度 | 第 3 季度 | 第 4 季度 | 全年 |
|---|---|---|---|---|---|
| 预计产量（件） | 105 | 155 | 198 | 182 | 640 |
| 单位产品工时（小时/件） | 10 | 10 | 10 | 10 | 10 |
| 人工总工时（小时） | 1 050 | 1 550 | 1 980 | 1 820 | 6 400 |
| 每小时人工成本（元/小时） | 2 | 2 | 2 | 2 | 2 |
| 人工总成本（元） | 2 100 | 3 100 | 3 960 | 3 640 | 12 800 |

## （五）制造费用预算

制造费用预算通常分为变动制造费用预算和固定制造费用预算两部分。变动制造费用预算以生产预算为基础来编制。如果有完善的标准成本资料，用单位产品的标准成本与产量相乘，即可得到相应的预算金额。如果没有标准成本资料，就需要逐项预计计划产量需要的各项制造费用。固定制造费用，需要逐项进行预计，通常与本期产量无关，按每季度实际需要的支付额预计，然后求出全年数。

表 7-9 是 M 公司本年的制造费用预算。

表 7-9　制造费用预算　　单位：元

| 项目 | 第 1 季度 | 第 2 季度 | 第 3 季度 | 第 4 季度 | 全年 |
|---|---|---|---|---|---|
| 变动制造费用 | | | | | |
| 间接人工（1 元/件） | 105 | 155 | 198 | 182 | 640 |
| 间接材料（1 元/件） | 105 | 155 | 198 | 182 | 640 |
| 修理费（2 元/件） | 210 | 310 | 396 | 364 | 1 280 |
| 水电费（1 元/件） | 105 | 155 | 198 | 182 | 640 |
| 小计 | 525 | 775 | 990 | 910 | 3 200 |
| 固定制造费用 | | | | | |
| 修理费 | 1 000 | 1 140 | 900 | 900 | 3 940 |
| 折旧 | 1 000 | 1 000 | 1 000 | 1 000 | 4 000 |
| 管理人员工资 | 200 | 200 | 200 | 200 | 800 |
| 保险费 | 75 | 85 | 110 | 110 | 460 |
| 财产税 | 100 | 100 | 100 | 100 | 400 |
| 小计 | 2 375 | 2 525 | 2 310 | 2 310 | 9 600 |
| 合计 | 2 900 | 3 300 | 3 300 | 3 300 | 12 800 |
| 减：折旧 | 1 000 | 1 000 | 1 000 | 1 000 | 4 000 |
| 现金支出的费用 | 1 900 | 2 300 | 2 300 | 2 300 | 8 800 |

为了便于以后编制产品成本预算，需要计算小时费用率。变动制造费用小时费用率=3 200÷6 400=0.5（元/小时）固定制造费用小时费用率=9 600÷6 400=1.5（元/小时）为了便于以后编制现金预算，需要预计现金支出。制造费用中，除折旧费外都需支付现金，所以，根据每个季度制造费用数额扣除折旧费后，即可得出“现金支出的费用”。

## （六）产品成本预算

产品成本预算，是销售预算、生产预算、直接材料预算、直接人工预算、制造费用预算的汇总。其主要内容是产品的单位成本和总成本。单位产品成本的有关数据，来自前述三个预算。生产量、期末存货量来自生产预算，销售量来自销售预算。生产成本、存货成本和销货成本等数据，根据单位成本和有关数据计算得出。表 7-10 是 M 公司本年的产品成本预算。

表 7-10　产品成本预算　　单位：元

| 项目 | 单位成本 | | | 生产成本（640 件） | 期末存货（20 件） | 销货成本（630 件） |
|---|---|---|---|---|---|---|
| | 每千克或每小时 | 投入量 | 成本（元） | | | |
| 直接材料 | 5 | 10 千克 | 50 | 32 000 | 1 000 | 31 500 |
| 直接人工 | 2 | 10 小时 | 20 | 12 800 | 400 | 12 600 |
| 变动制造费用 | 0.5 | 10 小时 | 5 | 3 200 | 100 | 3 150 |
| 固定制造费用 | 1.5 | 10 小时 | 15 | 9 600 | 300 | 9 450 |
| 合计 | | | 90 | 57 600 | 1 800 | 56 700 |

【知识辨析 7-4】

下列属于编制产品成本预算依据的是（　　）。

A. 销售预算　　B. 生产预算　　C. 直接材料预算　　D. 直接人工预算

答案：ABCD

## （七）销售及管理费用预算

销售费用预算是指为了实现销售预算所需支付的费用预算。它以销售预算为基础，分析销售收入、销售利润和销售费用的关系，力求实现销售费用的最有效使用。在安排销售费用时，要利用本量利分析方法，费用的支出应能获取更多的收益。在草拟销售费用预算时，要对过去的销售费用进行分析，考察过去销售费用支出的必要性和效果。销售费用预算应和销售预算相配合，应有按品种、按地区、按用途的具体预算数额。管理费用是搞好一般管理业务所必需的费用。随着企业规模的扩大，一般管理职能日益重要，其费用也相应增加。在编制管理费用预算时，要分析企业的业务成绩和一般经济状况，务必做到费用合理化。管理费用多属于固定成本，因此，一般是以过去的实质开支为基础，按预算期的可预见变化来调整。重要的是，必须充分考察每种费用是否必要，以便提高费用使用效率。表 7-11 是 M 公司本年的销售及管理费用预算。

表 7-11　销售及管理费用预算　　单位：元

| 项目 | 金额 |
|---|---|
| 销售费用： | |
| 销售人员工资 | 2 000 |
| 广告费 | 5 500 |
| 包装、运输费 | 3 000 |
| 保管费 | 2 700 |
| 折旧 | 1 000 |
| 管理费用： | |
| 管理人员薪金 | 4 000 |
| 福利费 | 800 |
| 保险费 | 600 |
| 办公费 | 1 400 |
| 折旧 | 1 500 |
| 合计 | 22 500 |

续表

| 项目 | 金额 |
|---|---|
| 减：折旧 | 2 500 |
| 每季度支付现金（20 000÷4） | 5 000 |

## 二、专门决策预算的编制

专门决策预算主要是长期投资预算，又称资本支出预算，通常是指与项目投资决策相关的专门预算，它往往涉及长期建设项目的资金投放与筹集，并经常跨越多个年度。编制专门决策预算的依据，是项目财务可行性分析资料以及企业筹资决策资料。专门决策预算的要点是准确反映项目资金投资支出与筹资计划，它同时也是编制现金预算和预计资产负债表的依据。表 7-12 是 M 公司本年的专门决策预算。

表 7-12 专门决策预算表 单位：元

| 项目 | 第 1 季度 | 第 2 季度 | 第 3 季度 | 第 4 季度 | 全年 |
|---|---|---|---|---|---|
| 投资支出预算 | 50 000 | — | — | 80 000 | 130 000 |
| 借入长期借款 | 30 000 | — | — | 60 000 | 90 000 |

## 三、财务预算的编制

### （一）现金预算

现金预算是以业务预算和专门决策预算为依据编制的，专门反映预算期内预计现金收入与现金支出，以及为满足理想现金余额而进行筹资或归还借款等的预算。现金预算由可供使用现金、现金支出、现金余缺、现金筹措与运用四部分构成。M 公司本年的现金预算如表 7-13 所示。

表 7-13 现金预算 单位：元

| 项目 | 第 1 季度 | 第 2 季度 | 第 3 季度 | 第 4 季度 | 全年 |
|---|---|---|---|---|---|
| 期初现金余额 | 8 000 | 3 200 | 3 060 | 3 040 | 8 000 |
| 加：现金收入（表 7-5） | 18 200 | 26 000 | 36 000 | 37 600 | 117 800 |
| 可供使用现金 | 26 200 | 29 200 | 39 060 | 40 640 | 125 800 |
| 减：现金支出 | | | | | |
| 直接材料（表 7-7） | 5 000 | 6 740 | 8 960 | 9 510 | 30 210 |
| 直接人工（表 7-8） | 2 100 | 3 100 | 3 960 | 3 640 | 12 800 |
| 制造费用（表 7-9） | 1 900 | 2 300 | 2 300 | 2 300 | 8 800 |
| 销售及管理费用（表 7-11） | 5 000 | 5 000 | 5 000 | 5 000 | 20 000 |
| 所得税费用 | 4 000 | 4 000 | 4 000 | 4 999 | 16 000 |
| 投资支出预算（表 7-12） | 50 000 | | | 80 000 | 130 000 |
| 股利 | | | | 8 000 | 8 000 |
| 现金支出合计 | 68 000 | 21 140 | 24 220 | 112 450 | 225 810 |

续表

| 项目 | 第 1 季度 | 第 2 季度 | 第 3 季度 | 第 4 季度 | 全年 |
|---|---|---|---|---|---|
| 现金余缺 | （41 800） | 8 060 | 14 840 | （71 810） | （100 010） |
| 现金筹措与运用 | | | | | |
| 借入长期借款（表 7-12） | 30 000 | | | 60 000 | 90 000 |
| 取得短期借款 | 20 000 | | | 22 000 | 42 000 |
| 归还短期借款 | | | 6 800 | | 6 800 |
| 短期借款利息（年利率 10%） | 500 | 500 | 500 | 880 | 2 380 |
| 长期借款利息（年利率 12%） | 4 500 | 4 500 | 4 500 | 6 300 | 19 800 |
| 期末现金余额 | 3 200 | 3 060 | 3 040 | 3 010 | 3 010 |

可供使用现金=期初现金余额+现金收入可供使用现金-现金支出=现金余缺

现金筹措-现金运用=期末现金余额

“期初现金余额”是在编制预算时预计的，下一季度的期初现金余额等于上一季度的期末现金余额，全年的期初现金余额指的是年初的现金余额，所以等于第一季度的期初现金余额。“现金收入”的主要来源是销货取得的现金收入，销货取得的现金收入数据来自销售预算。“现金支出”部分包括预算期的各项现金支出。“直接材料”“直接人工”“制造费用”“销售及管理费用”“购买设备”的数据分别来自前述有关预算。此外，还包括所得税费用、股利分配等现金支出，有关的数据分别来自另行编制的专门预算（本书略）。

财务管理部门应根据现金余缺与理想期末现金余额的比较，并结合固定的利息支出数额以及其他的因素，来确定预算期现金运用或筹措的数额。本例中理想的现金余额是 30 000 元，如果资金不足，可以取得短期借款，银行的要求是，借款额必须是 1 000 元的整数倍。本例中借款利息按季支付，作现金预算时假设新增借款发生在季度的期初，归款借款发生在季度的期末（如果需要归还借款，先归还短期借款，归还的数额为 1 000 元的整数倍）。本例中，M 公司上年末的长期借款余额为 120 000（见表 7-15），所以，第 1 季度、第 2 季度、第 3 季度的长期借款利息均为（120 000+30 000）×12%/4=4 500（元）。第 4 季度的长期借款利息=（120 000+30 000+60 000）×12%/4=6 300（元）。

由于第 1 季度的长期借款利息支出为 4 500 元，理想的现金余额是 3 000 元，所以，（现金余缺+借入长期借款 30 000 元）的结果只要小于 7 500 元，就必须取得短期借款，而第 1 季度的现金余缺是-41 800 元，所以，需要取得短期借款，本例中 M 公司上年末不存在短期借款，假设第 1 季度需要取得的短期借款为 W 元，则根据理想的期末现金余额要求可知：-41 800+30 000+W-W×10%/4-4 500=3 000（元），解得 W=19 794.88 元，由于按照要求必须是 1 000 元的整数倍，所以，第 1 季度需要取得 20 000 元的短期借款，支付 20 000×10%/4=500（元）短期借款利息，期末现金余额=-41 800+30 000+20 000-500-4 500=3 200（元）。

第 2 季度的现金余缺是 8 060 元，如果既不增加短期借款也不归还短期借款，则需要支付 500 元的短期借款利息和 4 500 元的长期借款利息，期末现金余额=8 060-500-4 500=3 060（元），刚好符合要求。如果归还借款，由于必须是 100 元的整数倍，所以，必然导致期末现金余额小于 3 000 元，因此，不能归还借款。期末现金余额为 3 060 元。

第 3 季度的现金余缺是 14 840 元，固定的利息支出为 500+4 500=5 000（元），所以，按照理想的现金余额是 3 000 元的要求，最多可以归还 14 840−5 000−3 000=6 840（元）短期借款，由于必须是 100 元的整数倍，所以，可以归还短期借款 6 800 元，期末现金余额=14 840−5 000−6 800=3 040（元）

第 4 季度的现金余缺是−71 810 元，固定的利息支出=（20 000−6 800）×10%/4+6 300=6 630（元），第 4 季度的现金余缺+借入的长期借款=−71 810+60 000=−11 810（元）小于（固定的利息支出 6 630+理想的现金余额 3 000），所以，需要取得短期借款。假设需要取得的短期借款为 W 元，则根据理想的期末现金余额要求可知−11 810+W−W×10%/4−6 630=3 000（元），解得 W=21 989.74 元，由于必须是 1 000 元的整数倍，所以，第 4 季度应该取得短期借款 22 000 元，支付短期借款利息（20 000−6 800+22 000）×10%/4=880（元），期末现金余额=−71 810+60 000+22 000−880−6 300=3 010（元）。全年的期末现金余额指的是年末的现金余额，即第 4 季度末的现金余额，所以，应该是 3 010 元。

【知识辨析 7-5】

现金预算由（　　）四部分构成。

A. 可供使用现金　　B. 现金支出　　C. 现金余缺　　D. 现金筹措与运用

答案：ABCD

## （二）利润表预算的编制

预计利润表用来综合反映企业在计划期的预计经营成果，是企业最主要的财务预算表之一。通过编制利润表预算，可以了解企业预期的盈利水平。如果预算利润与最初编制方针中的目标利润有较大的不一致，就需要调整部门预算，设法达到目标，或者经企业领导同意后修改目标利润。编制预计利润表的依据是各业务预算、专门决策预算和现金预算。表 7-14 是海滨公司本年的利润表预算，它是根据上述各有关预算编制的。

表 7-14　利润表预算　　单位：元

| 项目 | 金额 |
|---|---|
| 销售收入（表 7-5） | 126 000 |
| 销售成本（表 7-10） | 56 700 |
| 毛利 | 69 300 |
| 销售及管理费用（表 7-11） | 22 500 |
| 利息（表 7-13） | 22 180 |
| 利润总额 | 24 620 |
| 所得税费用（估计） | 16 000 |
| 净利润 | 8 620 |

其中：“销售收入”项目的数据来自销售收入预算；“销售成本”项目的数据来自产品成本预算；“毛利”项目的数据是前两项的差额；“销售及管理费用”项目的数据来自销售费用及管理费用预算；“利息”项目的数据来自现金预算。另外，“所得税费用”项目是在利润规划时估计的，并已列入现金预算。它通常不是根据“利润总额”和所得税税率计算出

来的，因为有诸多纳税调整的事项存在。此外，从预算编制程序上看，如果根据“利润总额”和税率重新计算所得税，就需要修改“现金预算”，引起信贷计划修订，进而改变“利息”，最终又要修改“利润总额”，从而陷入数据的循环修改。

### （三）资产负债表预算的编制

预计资产负债表用来反映企业在计划期末预计的财务状况。编制预计资产负债表的目的，在于判断预算反映的财务状况的稳定性和流动性。如果对通过预计资产负债表的分析，发现某些财务比率不佳，必要时可修改有关预算，以改善财务状况。预计资产负债表的编制需以计划期开始日的资产负债表为基础，结合计划期间各项业务预算、专门决策预算、现金预算和预计利润表进行编制。它是编制全面预算的终点。表 7-15 是海滨公司本年的预计资产负债表。

表 7-15　资产负债表预算　　单位：元

| 资产 | 年初余额 | 年末余额 | 负债和股东权益 | 年初余额 | 年末余额 |
|---|---|---|---|---|---|
| 流动资产： | | | 流动负债： | | |
| 货币资金（表 7-13） | 8 000 | 3 010 | 短期借款 | 0 | 35 200 |
| 应收账款（表 7-5） | 6 200 | 14 400 | 应付账款（表 7-7） | 2 350 | 4 640 |
| 存货（表 7-7、表 7-10） | 2 400 | 3 800 | 流动负债合计 | 2 350 | 39 840 |
| 流动资产合计 | 16 600 | 21 210 | 非流动负债： | | |
| 非流动资产： | | | 长期借款 | 120 000 | 210 000 |
| 固定资产 | 43 750 | 37 250 | 非流动负债合计 | 120 000 | 210 000 |
| 在建工程 | 100 000 | 230 000 | 负债合计 | 122 350 | 249 840 |
| 非流动资产合计 | 143 750 | 267 250 | 股东权益 | | |
| | | | 股本 | 20 000 | 20 000 |
| | | | 资本公积 | 5 000 | 5 000 |
| | | | 盈余公积 | 10 000 | 10 000 |
| | | | 未分配利润 | 3 000 | 3 620 |
| | | | 股东权益合计 | 38 000 | 38 620 |
| 资产总计 | 160 350 | 288 460 | 负债和股东权益合计 | 160 350 | 288 460 |

其中：“货币资金”的数据来源于表 7-13 中的“现金”的年初和年末余额。

“应收账款”的年初余额 6 200 元来自表 7-5 的“上年应收账款”，年末余额 14 400=36 000−21 600 或=36 000×（1−60%）。

“存货”包括直接材料和产成品，直接材料年初余额=300×5=1 500（元），年末余额=400×5=2 000（元）；产成品成本年初余额=（20+630−640）×90=900（元），年末余额=20×90=1 800（元）。存货年初余额=1 500+900=2 400（元），年末余额=2 000+1 800=3 800（元）。

“固定资产”的年末余额 37 250=43 730−6 500，其中的 6 500=4 000+1 000+1 500，指的是本年计提的折旧，数字来源于表 7-9 和表 7-11。

“在建工程”的年末余额 230 000=100 000+130 000，本年的增加额 130 000 元来源于表 7-12（项目本年未完工）。“固定资产”“在建工程”的年初余额来源于海滨公司上年末的资产负债表（略）。

“短期借款”本年的增加额 35 200=20 000-6 800+22 000，来源于表 7-13。“应付账款”的年初余额 2 350 元来源于表 7-7 的“上年应付账款”，年末余额 4 640=9 280-4 640 或=9 280×（1-50%）。

“长期借款”本年的增加额 90 000 元来源于表 7-12；“短期借款”“长期借款”的年初余额，来源于海滨公司上年末的资产负债表。

“未分配利润”本年的增加额 620 元=本年的净利润 620 元（见表 7-14）本年的股利 8 000 元（见表 7-13）。股东权益各项目的期初余额均来源于海滨公司上年末的资产负债表。各项预算中都没有涉及股本和资本公积的变动，所以，股本和资本公积的余额不变。海滨公司没有计提任意盈余公积，由于“法定盈余公积”达到股本的 50%时可以不再提取，所以，海滨公司本年没有提取法定盈余公积，即“盈余公积”的余额不变。

# 任务四　预算的执行与考核

【任务描述】

企业预算经批复下达，各预算执行单位就必须认真组织实施；企业正式下达执行的预算，一般不予调整。预算执行单位在执行中由于市场环境、经营条件、政策法规等发生重大变化，致使预算的编制基础不成立，或者将导致预算执行结果产生重大偏差的，可以调整预算；企业应当建立预算分析制度，由预算管理委员会定期召开预算执行分析会议，全面掌握预算的执行情况，研究、解决预算执行中存在的问题，纠正预算的执行偏差。

【知识点】

熟悉预算的执行及预算的调整，掌握预算的分析与考核。

【技能点】

学会处理预算执行过程中的问题，会预算的分析与考核。

【知识储备】

## 一、预算的执行

企业预算经批复下达，各预算执行单位就必须认真组织实施，将预算指标层层分解，从横向到纵向落实到内部各部门、各单位、各环节和各岗位，形成全方位的预算执行责任体系。企业应当将预算作为预算期内组织、协调各项经营活动的基本依据，将年度预算分为月份和季度预算，以分期预算控制确保年度预算目标的实现。企业应当强化现金流量的预算管理，按时组织预算资金的收入，严格控制预算资金的支付，调节资金收付平衡，控制支付风险。对于预算内的资金拨付，按照授权审批程序执行；对于预算外的项目支出，应当按预算管理制度规范支付程序；对于无合同、无凭证、无手续的项目支出，不予支付。

对于预算编制、执行和考评过程中的风险，企业应当采取一定的防控措施来对风险进行有效管理。必要时，可以建立企业内部负责日常预算管理需求的部门，加强员工风险意识，以个人为预算风险审查对象，并形成相应的奖惩机制，通过信息技术和信息管理系统控制预算流程中的风险。

企业应当严格执行销售、生产和成本费用预算，努力完成利润指标。在日常控制中，企业应当健全凭证记录，完善各项管理规章制度，严格执行生产经营月度计划和成本费用的定额、定率标准，加强适时监控。对预算执行中出现的异常情况，企业有关部门应及时查明原因，提出解决办法。企业应当建立预算报告制度，要求各预算执行单位定期报告预算的执行情况。对于预算执行中发现的新情况、新问题及出现偏差较大的重大项目，企业财务管理部门以至预算管理委员会应当责成有关预算执行单位查找原因，提出改进经营管理的措施和建议。

企业财务管理部门应当利用财务报表监控预算的执行情况，及时向预算执行单位、企业预算管理委员会以至董事会或经理办公会提供财务预算的执行进度、执行差异及其对企业预算目标的影响等财务信息，促进企业完成预算目标。

## 二、预算的调整

企业正式下达执行的预算，一般不予调整。预算执行单位在执行中由于市场环境、经营条件、政策法规等发生重大变化，致使预算的编制基础不成立，或者将导致预算执行结果产生重大偏差的，可以调整预算。

企业应当建立内部弹性预算机制，对于不影响预算目标的业务预算、资本预算、筹资预算之间的调整，企业可以按照内部授权批准制度执行，鼓励预算执行单位及时采取有效的经营管理对策，保证预算目标的实现。

企业调整预算，应当由预算执行单位逐级向企业预算管理委员会提出书面报告，阐述预算执行的具体情况、客观因素变化情况及其对预算执行造成的影响程度，提出预算指标的调整幅度。

企业财务管理部门应当对预算执行单位的预算调整报告进行审核分析，集中编制企业年度预算调整方案，提交预算管理委员会以至企业董事会或经理办公会审议批准，然后下达执行。

对于预算执行单位提出的预算调整事项，企业进行决策时，一般应当遵循以下要求：一是预算调整事项不能偏离企业发展战略；二是预算调整方案应当在经济上能够实现最优化；三是预算调整重点应当放在预算执行中出现的重要的、非正常的、不符合常规的关键性差异方面。

## 三、预算的分析与考核

企业应当建立预算分析制度，由预算管理委员会定期召开预算执行分析会议，全面掌握预算的执行情况，研究、解决预算执行中存在的问题，纠正预算的执行偏差。

开展预算执行分析，企业管理部门及各预算执行单位应当充分收集有关财务、业务、市场、技术、政策、法律等方面的信息资料，根据不同情况分别采用比率分析、比较分析、因素分析、平衡分析等方法，从定量与定性两个层面充分反映预算执行单位的现状、发展趋势及其存在的潜力。

针对预算的执行偏差，企业财务管理部门及各预算执行单位应当充分、客观地分析产生的原因，提出相应的解决措施或建议，提交董事会或经理办公会研究决定。

企业预算管理委员会应当定期组织预算审计，纠正预算执行中存在的问题，充分发挥内部审计的监督作用，维护预算管理的严肃性。

预算审计可以采用全面审计或者抽样审计。在特殊情况下，企业也可组织不定期的专项审计。审计工作结束后，企业内部审计机构应当形成审计报告，直接提交预算管理委员会以至董事会或经理办公会，作为预算调整、改进内部经营管理和财务考核的一项重要参考。预算年度终了，预算管理委员会应当向董事会或者经理办公会报告预算执行情况，并依据预算完成情况和预算审计情况对预算执行单位进行考核。

企业内部预算执行单位上报的预算执行报告，应经本部门、本单位负责人按照内部议事规范审议通过，作为企业进行财务考核的基本依据。企业预算按调整后的预算执行，预算完成情况以企业年度财务会计报告为准。

企业预算执行考核是企业绩效评价的主要内容，应当结合年度内部经济责任制进行考核，与预算执行单位负责人的奖惩挂钩，并作为企业内部人力资源管理的参考。

# 项目八　成本管理

## 【学习目标】

### ◇知识目标

●了解管理会计的产生与发展，掌握管理会计的概念、职能和内容；
●熟悉管理会计的特点，掌握管理会计与财务会计的关系。

### ◇技能目标

●能掌握管理会计产生与发展的过程；
●能领悟经济发展对管理会计的影响；
●学会管理会计的工作重点及工作程序。

## 【知识导图】

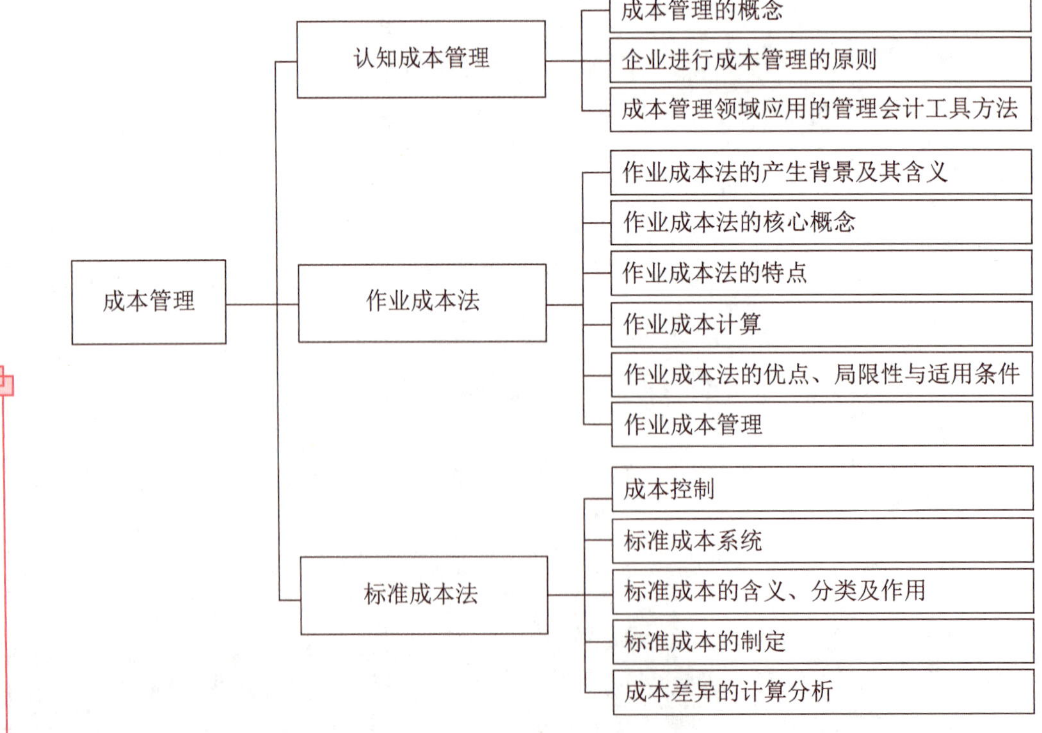

【引入案例】

海滨公司近几个月经济效益欠佳，经大数据财务分析，产品销售价格一般是由市场决定，发现导致效益不好的原因是其生产成本高于同行业平均成本水平，于是公司决定控制成本，通过进行成本差异分析，采取下列措施。

1. 即时库存管理，降低库存管理；
2. 生产节点管理，全方位成本降低；
3. 网络营销模式，压低经营成本；
4. 专业物流配送，优化物流成本；
5. 周到的售后服务，避免隐性成本。

思考：企业为什么需要进行成本管理？企业成本管理应遵循哪些基本原则？企业成本管理工具方法有哪些？海滨公司的成本管理方法是什么？海滨公司在成本管理方面还有哪些需要改进和完善的地方？请同学们结合这些问题，开启本项目的学习之旅。

# 任务一　认知成本管理

【任务描述】

成本是企业生产经营过程中以货币表现的、为达到一定目的而消耗的各种经济资源的价值。成本是管理会计的核心对象，在管理会计中具有十分重要的作用，自始至终都处于中心地位。

【知识点】

了解成本管理的概念，掌握企业进行成本管理的原则，熟悉成本管理领域应用的管理会计工具方法。

【技能点】

学会识别应用管理会计工具方法。

【知识储备】

## 一、成本管理的概念

成本管理，是指企业在营运过程中实施成本预测、成本决策、成本计划、成本控制、成本核算、成本分析和成本考核等一系列管理活动的总称。

## 二、企业进行成本管理的原则

企业进行成本管理一般应遵循以下原则。

### （一）融合性原则

成本管理应以企业业务模式为基础，将成本管理嵌入业务的各领域、各层次、各环节，实现成本管理责任到人、控制到位、考核严格、目标落实。

### （二）适应性原则

成本管理应与企业生产经营特点和目标相适应，尤其要与企业发展战略或竞争战略相适应。

### （三）成本效益原则

成本管理应用相关工具方法时，应权衡其为企业带来的收益和付出的成本，避免获得的收益小于其投入的成本。

### （四）重要性原则

成本管理应重点关注对成本具有重大影响的项目，对于不具有重要性的项目可以适当简化处理。

## 三、成本管理领域应用的管理会计工具方法

一般包括目标成本法、标准成本法、变动成本法、作业成本法等。企业应结合自身的成本管理目标和实际情况，在保证产品的功能和质量的前提下，选择应用适合企业的成本管理工具方法或综合应用不同成本管理工具方法，以更好地实现成本管理的目标。综合应用不同成本管理工具方法时，应以各成本管理工具方法具体目标的兼容性、资源的共享性、适用对象的差异性、方法的协调性和互补性为前提，通过综合运用成本管理的工具方法实现最大效益。企业应根据其内外部环境选择适合的成本管理工具方法。

企业应用成本管理工具方法，一般按照事前管理、事中管理、事后管理等程序进行：事前成本管理阶段，主要是对未来的成本水平及其发展趋势所进行的预测与规划，一般包括成本预测、成本决策和成本计划等步骤；事中成本管理阶段，主要是对营运过程中发生的成本进行监督和控制，并根据实际情况对成本预算进行必要的修正，即成本控制步骤；事后成本管理阶段，主要是在成本发生之后进行的核算、分析和考核，一般包括成本核算、成本分析和成本考核等步骤。

### （一）成本预测

成本预测是以现有条件为前提，在历史成本资料的基础上，根据未来可能发生的变化，利用科学的方法，对未来的成本水平及其发展趋势进行描述和判断的成本管理活动。

### （二）成本决策

成本决策是在成本预测及有关成本资料的基础上，综合经济效益、质量、效率和规模等指标，运用定性和定量的方法对各个成本方案进行分析并选择最优方案的成本管理活动。

### （三）成本计划

成本计划是以营运计划和有关成本数据、资料为基础，根据成本决策所确定的目标，通过一定的程序，运用一定的方法，针对计划期企业的生产耗费和成本水平进行的具有约束力的成本筹划管理活动。

### （四）成本控制

成本控制是成本管理者根据预定的目标，对成本发生和形成过程以及影响成本的各种因素条件施加主动的影响或干预，把实际成本控制在预期目标内的成本管理活动。

### （五）成本核算

成本核算是根据成本核算对象，按照国家统一的会计制度和企业管理要求，对营运过程中实际发生的各种耗费按照规定的成本项目进行归集、分配和结转，取得不同成本核算对象的总成本和单位成本，向有关使用者提供成本信息的成本管理活动。

### （六）成本分析

成本分析是利用成本核算提供的成本信息及其他有关资料，分析成本水平与构成的变动情况，查明影响成本变动的各种因素和产生的原因，并采取有效措施控制成本的成本管理活动。

### （七）成本考核

成本考核是对成本计划及其有关指标实际完成情况进行定期总结和评价，并根据考核结果和责任制的落实情况，进行相应奖励和惩罚，以监督和促进企业加强成本管理责任制，提高成本管理水平的成本管理活动。

【知识辨析 8-1】

下列属于成本管理领域应用的管理会计工具方法的是（　　）。

A. 目标成本法　　B. 标准成本法

C. 变动成本法　　D. 作业成本法

答案：ABCD

# 任务二 作业成本法

【任务描述】

在作业成本法下，直接成本可以直接计入有关产品，与传统的成本计算方法并无差异，只是直接成本的范围比传统成本计算得要大，凡是便于追溯到产品的材料、人工和其他成本都可以直接归属于特定产品，尽量减少不准确的分配。不能追溯到产品的成本，则先追溯到有关作业或分配到有关作业，计算作业成本，然后再将作业成本分配到有关产品。

【知识点】

了解作业成本法的产生背景及含义，掌握作业成本法的核心概念，理解作业成本法的特点，掌握作业成本计算的方法。

理解作业成本法的优点、局限性与适用条件，理解作业成本管理。

【技能点】

学会运用作业成本法进行作业成本管理。

【知识储备】

## 一、作业成本法的产生背景及其含义

### （一）作业成本法的产生背景

随着“机器取代人”的自动化制造时代来临，企业的经营环境正在发生巨大改变。伴随这种改变，产品或劳务的成本结构亦发生重大改变，其特征就是直接人工成本比重大大下降，制造费用（主要是折旧费用等固定成本）比重大大增加，因此，制造费用的分配科学与否将很大程度上决定产品成本计算的准确性和成本控制的有效性。

传统的成本计算方法存在两个重要缺陷：一个缺陷是将固定成本分摊给不同种类的产品。按照这种做法，随着产量的增加，单位产品分摊的固定成本下降，即使单位变动成本不变，平均成本也会随产量增加而下降。在销售收入不变的情况下，增加生产量可以使部分固定成本被存货吸收，减少当期销货成本，增加当期利润，从而刺激工作人员过度生产。变动成本法是针对这个缺点提出来的。另一个缺陷是产生误导决策的成本信息。在传统的成本计算方法下，制造费用通常按照直接人工等产量基础分配。实际上，有许多制造费用项目不是产量的函数，而与生产批次等其他变量存在因果关系。全部按产量基础分配制造费用，会产生误导决策的信息。作业成本法是针对后一个缺陷提出来的。

### （二）作业成本法的含义

作业成本法是指将间接成本和辅助费用更准确地分配到产品和服务中的一种成本计算方法。依据作业成本法的观念，企业的全部经营活动是由一系列相互关联的作业组成的，企业每进行一项作业都要耗用一定的资源；与此同时，产品（包括提供的服务）被一系列的作业生产出来。产品成本是全部作业所消耗资源的总和，产品是消耗全部作业的成果。在计算产品成本时，首先按经营活动中发生的各项作业来归集成本，计算出作业成本；其次再按各项作业成本与成本对象（产品、服务或顾客）之间的因果关系，将作业成本分配到成本对象，最终完成成本计算过程。

## 二、作业成本法的核心概念

作业成本法的核心概念是作业和成本动因。

### （一）作业

作业是指企业中特定组织（成本中心、部门或产品线）重复执行的任务或活动。例如，签订材料采购合同、将材料运达仓库、对材料进行质量检验、办理入库手续、登记材料明细账等。每项作业都是针对加工或服务对象重复执行特定的或标准化的活动。例如，轴承工厂的车工作业，无论加工何种规格型号的轴承外套，都须经过将加工对象（工件）的毛坯固定在车床的卡盘上，开动机器进行切削，然后将加工完毕的工件从卡盘上取下等相同的特定动作和程序。

一项作业可能是一项非常具体的活动，如车工作业；也可能泛指一类活动，如机加工车间的车、铣、刨、磨等所有作业可以统称为机加工作业；甚至可以将机加工作业、产品组装作业等统称为生产作业（相对于产品研发、设计、销售等作业而言）。由若干个相互关联的具体作业组成的作业集合，被称为作业中心。

执行任何一项作业都需要耗费一定的资源。资源是指作业耗费的人工、能源和实物资产（车床和厂场等），任何一项产品的形成都要消耗一定的作业。作业是连接资源和产品的纽带，它在消耗资源的同时生产出产品。

### （二）成本动因

成本动因是指作业成本或产品成本的驱动因素。例如，产量增加时，直接材料成本就增加，产量是直接材料成本的驱动因素，即直接材料的成本动因；检验成本随着检验次数的增加而增加，检验次数就是检验成本的驱动因素，即检验成本的成本动因。在作业成本法中，成本动因分为资源成本动因和作业成本动因两类。

#### 1. 资源成本动因

资源成本动因是引起作业成本增加的驱动因素，用来衡量一项作业的资源消耗量。依据资源成本动因可以将资源成本分配给各有关作业。例如，产品质量检验工作（作业）需要有检验人员、专用的设备，并耗用一定的能源（电力）等。检验作业作为成本对象（亦称成本库），耗用的各项资源构成了检验作业的成本。其中，检验人员的工资、专用设备的折旧费等成本，一般可以直接归属于检验作业：而能源成本往往不能直接计入，需要根据设备额定功率（或根据历史资料统计的每小时平均耗电数量）和设备开动时间来分配。这里，“设备的额定功率乘以开动时间”就是能源成本的动因。设备开动导致能源成本发生。这里，设备的功率乘以开动时间的数值（即动因数量）越大，耗用的能源越多。能源成本发生，“设备的额定功率乘以开动时间”就是能源成本的动因。设备开动导致能源成本发生，设备的功率乘以开动时间的数值（即动因数量）越大，耗用的能源越多。按“设备的额定功率乘以开动时间”这一动因作为能源成本的分配基础，可以将检验专用设备消耗的能源成本分配到检验作业中。

### 2. 作业成本动因

作业成本动因是衡量一个成本对象（产品、服务或顾客）需要的作业量，是产品成本增加的驱动因素。作业成本动因计量各成本对象耗用作业的情况，并被用来作为作业成本的分配基础。例如，每批产品完工后都需进行质量检验，如果对任何产品的每一批次进行质量检验所发生的成本相同，则检验的“次数”就是检验作业的成本动因，它是引起产品检验成本增加的驱动因素。某一会计期间 发生的检验作业总成本（ 包括检验人工成本、设备折旧、能源成本等）除以检验的次数，即为每次检验所发生的成本。某种产品应承担的检验作业成本，等于该种产品的批次乘以每次检验发生的成本。产品完成的批次越多，则需要进行检验的次数越多，应承担的检验作业成本越多：反之，则应承担的检验作业成本越少。

【知识辨析 8-2】

在作业成本法中，成本动因分为（　　）。

A. 资源成本动因　B. 作业成本动因　C. 责任成本动因　D. 生产成本动因

答案：AB

## 三、作业成本法的特点

作业成本法的主要特点，是相对于以产量为基础的传统成本计算方法而言的。

### （一）成本计算分为两个阶段

作业成本法的基本指导思想是“作业消耗资源、产品（服务或顾客）消耗作业”。根据这一指导思想，作业成本法把成本计算过程划分为两个阶段。

第一阶段，将作业执行中耗费的资源分配（包括追溯和间接分配）到作业，计算作业的成本；第二阶段，将第一阶段计算出的作业成本分配（ 包括追溯和动因分配）到各有关成本对象（产品或服务）。

传统的成本计算方法也是分两步进行，但是中间的成本中心是按部门建立的。第一步除了把直接成本追溯到产品之外，还要把不同性质的各种间接费用按部门归集在一起；第二步是以产量为基础，将间接费用分配到各种产品。传统成本计算方法下，间接成本的分配路径是“资源→部门→产品”。作业成本法下成本计算的第一阶段，除了把直接成本追溯到产品以外，还要将各项间接费用分配到各有关作业，并把作业看成是按产品生产需求重新组合的“资源”；在第二阶段，按照作业消耗与产品之间不同的因果关系，将作业成本分配到产品。因此，作业成本法下间接成本的分配路径是“资源+作业→产品”。

## （二）成本分配强调因果关系

虽然作业成本法和传统成本法都分为两步分配程序，但是如何进行成本分配，两者有很大区别。作业成本法认为，将成本分配到成本对象有三种不同的形式：成本追溯、动因分配和分摊。

### 1．成本追溯

成本追溯是指把成本直接分配给相关的成本对象。一项成本能否追溯到产品，可以通过实地观察来判断。例如，确认一台电视机耗用的液晶板、集成电路板、扬声器及其他零部件的数量是可以通过观察实现的。再比如，确认某种产品专用生产线所耗用的人工工时数，也是可以通过观察投入该生产线的工人人数和工作时间而实现的。显然，使用追溯方式得到的产品成本是最准确的。作业成本法强调尽可能扩大追溯到个别产品的成本比例，以减少成本分配引起的信息失真。传统成本计算的直接成本，通常仅限于直接人工和直接材料，其他成本都归集于制造费用进行统一分配。作业成本法认为，有些“制造费用”的项目可以直接归属于成本对象，例如特定产品的专用设备折旧费等。凡是能够追溯到个别产品、个别批次、个别品种的成本，就应追溯，而不要间接分配。

### 2．动因分配

动因分配是指根据成本动因将成本分配到各成本对象的过程。生产活动中耗费的各项资源，其成本不是都能追溯到成本对象的。对不能追溯的成本，作业成本法则强调使用动因（包括资源动因或作业动因）分配方式，将成本分配到有关成本对象（作业或产品）。传统成本计算，以产品数量作为间接费用唯一的成本动因，是不符合实际情况的。采用动因分配，首先必须找到引起成本变动的真正原因，即成本与成本动因之间的因果关系。如前面所说到的检验作业应承担的能源成本，以设备单位时间耗电数量和设备开动时间（即耗电量）作为资源动因进行分配，是因为设备单位时间耗电量和开动时间与检验作业应承担的能源成本之间存在着因果关系。又如，各种产品应承担的检验成本，以产品投产的批次数（即质量检验次数）作为作业动因进行分配，是因为检验次数与产品应承担的检验成本之间存在着因果关系。动因分配虽然不像追溯那样准确，但只要因果关系建立恰当，成本分配的结果同样可以达到较高的准确程度。

### 3．分摊

有些成本既不能追溯，也不能合理、方便地找到成本动因，只好使用产量作为分配基础，将其强制分摊给成本对象。

作业成本法的成本分配主要使用追溯和动因分配，尽可能减少不准确的分摊，因此，能够提供更加真实、准确的成本信息。

## （三）成本分配使用众多不同层面的成本动因

在传统的成本计算方法下，产量（或生产量相关的业务量，如人工工时、机器工时、人工工资等）被认为是能够解释产品成本变动的唯一动因，并以此作为分配基础进行间接费用的分配。而制造费用是个由多种不同性质的间接费用组成的集合，这些性质不同的费用有些是随产量变动的，而多数费用则并不随产量变动，因此用单一的产量作为分配制造费用的基础显然是不合适的。

产品作业成本法的独到之处，在于它把资源的消耗首先追溯或分配到作业，然后使用不同层面和数量众多的作业动因将作业成本分配到产品。采用不同层面的、众多的成本动因进行成本分配，要比采用单一分配基础更加合理，更能保证产品成本计算的准确性。

## 四、作业成本计算

### （一）作业成本的计算原理

#### 1. 作业的认定

建立作业成本系统从作业认定开始，即确认每一项作业完成的工作以及执行该作业耗用的资源成本。作业的认定需要对每一项消耗资源的作业进行定义，识别每一项作业在生产活动中的作用、与其他作业的区别，以及每一项作业与耗用资源的联系。

作业认定有两种形式：一种是根据企业总的生产流程，自上而下进行分解；另一种形式是通过与员工和经理进行交谈，自下而上地确定他们所做的工作，并逐一认定各项作业。例如，根据生产流程分析和工厂的布局可知，由于原材料仓库与生产车间之间有 0.5 千米的距离，必然存在材料搬运作业，这项作业就是将生产用的原材料从仓库运送到生产车间。通过另一种形式，即与从事相关作业的员工或经理交谈，也可以识别和认定该项作业，比如与进行搬运作业的员工进行交谈，询问“你是做什么的”？也很容易得出生产过程中有这样一项搬运作业，它的主要作用是把原材料从仓库运往车间。在实务中，自上而下和自下而上这两种方式往往需要结合起来运用。经过这样的程序，就可以把生产过程中的全部作业一一识别出来，并加以认定。为了对认定的作业进一步分析和归类，在作业认定后，须按顺序列出作业清单。表 8-1 是以一个以变速箱制造企业为背景的作业清单示例。需要说明的是，这仅仅是一个示例，实际上对一个企业在产品生产过程中认定作业种类的多少，取决于该企业自身的产品生产特点。

表 8-1　海滨公司作业清单

| 作业名称 | 作业说明 |
| --- | --- |
| 材料订购 | 包括选择供应商、签订合同、明确供应方式等 |
| 材料检验 | 对每批购入的材料进行质量、数量检验 |
| 生产准备 | 每批产品投产前，进行设备调整等准备工作 |
| 发放材料 | 每批产品投产前，将生产所需材料发往各生产车间 |
| 材料切割 | 将管材、圆钢切割成适于机加工的毛坯工件 |
| 车床加工 | 使用车床加工零件（轴和连杆） |
| 铣床加工 | 使用铣床加工零件（齿轮） |
| 刨床加工 | 使用刨床加工零件（变速箱外壳） |

续表

| 作业名称 | 作业说明 |
|---|---|
| 产品组装 | 人工装配变速箱 |
| 产品质量检测 | 人工检验产品质量 |
| 包装 | 用木箱将产品包装 |
| 车间管理 | 组织和管理车间生产，提供维持生产的条件 |

## 2. 成本库的设计

作业认定后，接下来的工作是设计作业成本库，作业成本库包括如下四类。

（1）单位级作业成本库

单位级作业是指每一单位产品至少要执行一次的作业。例如，机器加工、组装。这些作业对每个产品都必须执行。这类作业的成本包括直接材料、直接人工工时和直接能源消耗等。

单位级作业成本是直接成本，可以追溯到每个单位产品上，即直接计入成本对象的成本计算单。

（2）批次级作业成本库

批次级作业是指同时服务于每批产品或许多产品的作业。例如，生产前机器调试、成批产品转移至下一工序的运输、成批采购和检验等。它们的成本取决于批次，而不是每批中单位产品的数量。

批次级作业成本需要单独进行归集，计算每一批的成本，然后分配给不同批次（如某订单），最后根据产品的数量在单个产品之间进行分配。

（3）品种级（产品级）作业成本库

品种级作业是指服务于某种型号或样式产品的作业。例如，产品设计、产品生产工艺规程制定、工艺改造、产品更新等。这些作业的成本依赖于产品的品种数或规格型号数，而不是产品数量或生产批次。产品比品种更综合，一种产品可能包括多种规格型号的品种，但产品级作业与品种级作业具有相似特征。

品种级作业成本仅仅因为某个特定的产品品种存在而发生，随产品品种数而变化，不随产量、批次数而变化。例如，维护某产品的工程师的数量取决于产品的复杂程度，而生产的复杂程度是产品零件数量的函数，因此可以以零件数量为基础分配品种级成本至每一种产品，然后再分配给不同的批次（如某订单），最后根据产品的数量在单个产品之间进行分配。

（4）生产维持级作业成本库

生产维持级作业，是指服务于整个工厂的作业，例如，工厂保安、维修、行政管理、保险、财产税等。它们是为了维护生产能力而进行的作业，不依赖于产品的数量、批次和种类。无法追溯到单位产品，并且和产品批次、产品品种无明显关系的成本，都属于生产维持级成本。这些成本首先被分配到不同产品品种，然后再分配到成本对象（如某订单），最后分配给单位产品。这种分配顺序不是唯一选择，也可以直接依据直接人工或机器工时分配给成本对象。这是一种不准确的成本分摊。不同层级的作业成本如表 8-2 所示。

### 3．资源成本分配到作业

资源成本借助于资源成本动因分配到各项作业。资源成本动因和作业成本之间一定要存在因果关系。

常用的资源成本动因如表 8-2 所示。

表 8-2　作业的资源成本动因

| 作业 | 资源成本动因 |
| --- | --- |
| 机械运行作业 | 机器小时 |
| 安装作业 | 安装小时 |
| 清洁作业 | 平方米 |
| 材料移动作业 | 搬运次数、搬运距离、吨千米 |
| 人事管理作业 | 雇员人数、工作时间 |
| 能源消耗 | 电表、流量表、装机功率和运行时间 |
| 制作订单作业 | 订单数量 |
| 顾客服务作业 | 服务电话次数、服务产品品种数、服务的时间 |

### 4．作业成本分配到成本对象

在确定了作业成本之后，根据作业成本动因计算单位作业成本，再根据作业量计算成本对象应负担的作业成本。

单位作业成本=本期作业成本库归集的总成本/作业量

作业量的计量单位即作业成本动因有三类：业务动因、持续动因和强度动因。

（1）业务动因

业务动因通常以执行的次数作为作业动因，并假定执行每次作业的成本（包括耗用的时间和单位时间耗用的资源）相等，如前面我们所说的检验完工产品质量作业的次数就属于业务动因的范畴。以业务动因为分配基础，分配不同产品应负担的作业成本，其计算公式如下：

分配率=归集期内作业成本总成本÷归集期内总作业次数

某产品应分配的作业成本=分配率×该产品耗用的作业次数

（2）持续动因

持续动因是指执行一项作业所需的时间标准。当在不同产品所需作业量差异较大的情况下，例如，如果检验不同产品所耗用的时间长短差别较大，则不宜采用业务动因作为分配成本的基础，应改用持续动因作为分配的基础，否则，会直接影响作业成本分配的准确性。持续动因的假设前提是，执行作业的单位时间内耗用的资源是相等的。以持续动因为分配基础，分配不同产品应负担的作业成本，其计算公式如下：

分配率=归集期内作业总成本÷归集期内总作业时间

某产品应分配的作业成本=分配率×该产品耗用的作业时间

（3）强度动因

强度动因是在某些特殊情况下，将作业执行中实际耗用的全部资源单独归集，并将该项单独归集的作业成本直接计入某一特定的产品。强度动因一般适用于某一特殊订单或某种新产品试制等，用产品订单或工作单记录每次执行作业时耗用的所有资源及其成本，订单或工作单记录的全部作业成本也就是应计入该订单产品的成本。

在上述三类作业动因中，业务动因的精确度最差，但其执行成本最低；强度动因的精确度最高，但其执行成本最昂贵；而持续动因的精确度和成本则居中。作业成本驱动产品成本，是作业成本法最主要的创新，但也是作业成本法最耗费时间和精力之处。

如同传统成本计算法一样，作业成本分配时可以采用实际分配率或者预算分配率。采用预算分配率时，发生的成本差异可以直接结转本期营业成本，也可以计算作业成本差异率并据以分配给有关产品。

【任务举例 8-1】

海滨公司生产服装。该公司的服装车间生产 3 种款式的夹克衫和 2 种款式的休闲西服。夹克衫和西服分别由两个独立的生产线进行加工，每个生产线都有自己的技术部门。5 款服装均按批组织生产，每批 100 件。

## （二）成本资料

该公司本月每种款式的产量和直接成本如表 8-3 所示。

表 8-3　产量与直接人工和直接材料资料　　单位：元

| 产品品种 | 夹克 | | | 西服 | | 合计 |
|---|---|---|---|---|---|---|
| 型号 | 夹克 1 | 夹克 2 | 夹克 3 | 西服 1 | 西服 2 | |
| 本月批次（批） | 8 | 10 | 6 | 4 | 2 | 30 |
| 每批产量（件） | 100 | 100 | 100 | 100 | 100 | |
| 产量（件） | 800 | 1 000 | 600 | 400 | 200 | 3 000 |
| 每批直接人工成本 | 3 300 | 3 400 | 3 500 | 4 400 | 4 200 | |
| 直接人工总成本 | 26 400 | 34 000 | 21 000 | 17 600 | 8 400 | 107 400 |
| 每批直接材料成本 | 6 200 | 6 300 | 6 400 | 7 000 | 8 000 | |
| 直接材料总成本 | 49 600 | 63 000 | 38 400 | 28 000 | 16 000 | 195 000 |

本月制造费用发生额如表 8-4 所示。

表 8-4　制造费用发生额　　单位：元

| 项目 | 金额 |
|---|---|
| 生产准备、检验和供应成本（批次级成本） | 84 000 |
| 夹克产品线成本（产品级作业成本） | 54 000 |
| 西服产品线成本（产品级作业成本） | 66 000 |
| 其他成本（生产维持级成本） | 10 800 |
| 制造费用合计 | 214 800 |
| 制造费用分配率（直接人工） | 200% |

## （三）按传统的完全成本法计算成本

采用传统的完全成本法时，制造费用，使用统一的分配率，如表 8-5 所示。

制造费用分配率=制造费用/直接人工成本=214 800/107 400=200%

表 8-5　完全成本法汇总成本计算单　　单位：元

| 产品型号 | 夹克 1 | 夹克 2 | 夹克 3 | 西服 1 | 西服 2 | 合计 |
|---|---|---|---|---|---|---|
| 直接人工 | 26 400 | 3 400 | 21 000 | 17 600 | 8 400 | 107 400 |
| 直接材料 | 49 600 | 63 000 | 38 400 | 28 000 | 16 000 | 195 000 |
| 制造费用分配率 | 200% | 200% | 200% | 200% | 200% | |
| 制造费用 | 52 800 | 68 000 | 42 000 | 35 200 | 16 800 | 214 800 |
| 总成本 | 128 800 | 165 000 | 101 400 | 80 800 | 41 200 | 517 200 |
| 每批成本 | 16 100 | 16 500 | 16 900 | 20 200 | 20 600 | |
| 每件成本 | 161 | 165 | 169 | 202 | 206 | |

## （四）按作业成本法计算成本

作业成本法先将间接制造费用归集到四个成本库。

### 1．批次级作业成本库

生产准备、抽样检验和供应材料均属于批次级成本。由于每批产品都需要一次生产准备、一次抽样检验和一次送料，并且不同产品品种的上述成本没有重大差别，因此可以归入一个作业成本库，按生产批次数分配该作业成本。如果不是这样，就需要建立分品种（夹克和西服）、分作业的成本库（生产准备成本、检验成本和送料成本），并分别进行分配。

### 2．夹克产品线作业成本库

本例选择生产批次作为产品级作业成本的分配基础。也可选择夹克产品的产量、相关成本等作为分配基础。

### 3．西服产品线作业成本库

本例选择生产批次作为产品级作业成本的分配基础。也可选择西服产品的产量、相关成本等作为分配基础。

### 4．生产维持成本库

本例分配基础选择直接人工成本，据此分配给每批产品。也可以根据情况先将其分配给西服产品和夹克产品，然后再分配给不同批次，最后按产品数量分配给单位产品。

作业成本分配的第一步是计算作业成本动因的单位成本，作为作业成本的分配率，如表 8-6 所示。

表 8-6　作业成本分配率的计算

| 作业 | 成本（元） | 批次（批数） | 直接人工（元） | 分配率 |
|---|---|---|---|---|
| 批次级作业成本 | 84 000 | 30 | | 2 800（元/批） |
| 夹克产品线成本 | 54 000 | 24 | | 2 250（元/批） |
| 西服产品线成本 | 66 000 | 6 | | 11 000（元/批） |
| 生产维持级成本 | 10 800 | | 107 400 | 10.06% |

作业成本分配的第二步是根据单位作业成本和作业量，将作业成本分配到产品，如表 8-7 所示。

表 8-7　汇总成本计算单　　单位：元

| 型号 | 夹克 1 | 夹克 2 | 夹克 3 | 西服 1 | 西服 2 | 合计 |
| --- | --- | --- | --- | --- | --- | --- |
| 本月批次 | 8 | 10 | 6 | 4 | 2 | |
| 直接人工 | 26400 | 34000 | 21000 | 17600 | 8400 | 107400 |
| 直接材料 | 49600 | 63000 | 38400 | 28000 | 16000 | 195000 |
| 制造费用： | | | | | | |
| 分配率（元/批） | 2800 | 2800 | 2800 | 2800 | 2800 | |
| 批次相关总成本 | 22400 | 28000 | 16800 | 11200 | 5600 | 84000 |
| 产品相关成本： | | | | | | |
| 分配率（元/批） | 2250 | 2250 | 2250 | 11000 | 11000 | |
| 产品相关总成本 | 18000 | 22500 | 13500 | 44000 | 22000 | 120000 |
| 生产维持成本： | | | | | | |
| 分配率（元/每元直接人工成本） | 10.06% | 10.06% | 10.06% | 10.06% | 10.06% | |
| 生产维持成本 | 2655 | 3419 | 2112 | 1770 | 845 | 10800 |
| 间接费用合计 | 43055 | 53919 | 32412 | 56970 | 28445 | 214800 |
| 总成本 | 119055 | 150919 | 91812 | 102570 | 52845 | 517200 |
| 每批成本 | 14882 | 15092 | 15302 | 25642 | 26422 | |
| 单件成本（作业成本法） | 148.82 | 150.92 | 153.02 | 256.42 | 264.22 | |
| 单件成本（完全成本法） | 161.00 | 165.00 | 169.00 | 202.00 | 206.00 | |
| 差异（作业成本-完全成本） | -12.18 | -14.08 | -15.98 | 54.42 | 58.22 | |
| 差异率（差异/完全成本） | -7.57% | -8.53% | -9.46% | 26.94% | 28.26% | |

通过比较完全成本法和作业成本法的计算结果，可以看出以下特点。

首先，完全成本法扭曲了产品成本，即高估了简单产品夹克衫的成本，低估了复杂产品西服的成本。例如，在完全成本法下，夹克 1 负担间接制造费用 52 800 元，而作业成本法负担间接费用 43 055 元。引起差别的原因是由完全成本法按直接人工的 200%分配全部制造费用，而不管这些费用的驱动因素是什么。作业成本法下，制造费用归集于三类（共 4 个）成本库，分别按不同成本动因分配，提高了合理性。

其次，作业成本法和完全成本法都是对全部生产成本进行分配，不区分固定成本和变动成本，这与变动成本法不同。从长远来看，所有成本都是变动成本，都应当分配给产品。

最后，作业成本法下，所有夹克产品的单位成本都比完全成本法低，而西服产品的单位成本比完全成本法高。其原因是完全成本法以直接人工作为间接费用的唯一分配率，夸大了高产量产品的单位成本。例如，夹克的人工成本合计 81 400 元，占总人工成本 107 400 元的 75.79%，并因此负担产品线总成本 120 000 元（54 000+66 000）的 75.79%即 90 948 元。实际上，夹克的产品线成本只有 54 000 元。西服的产品复杂程度高，产品线成本较高，但只是因为产量小，只负担了 29 052 元（120 000×24.21%），低于实际西服的产品线成本（66 000 元）。

## 五、作业成本法的优点、局限性与适用条件

### （一）作业成本法的优点

#### 1. 成本计算更准确

作业成本法的主要优点是减少了传统成本信息对于决策的误导。一方面作业成本法扩大了追溯到个别产品的成本比例，减少了成本分配对于产品成本的扭曲；另一方面采用多种成本动因作为间接成本的分配基础，使得分配基础与被分配成本的相关性得到改善。准确的成本信息，可以提高经营决策的质量，包括定价决策、扩大生产规模、放弃产品线等经营决策。

#### 2. 成本控制与成本管理更有效

作业成本法提供了了解产品作业过程的途径，使管理人员知道成本是如何发生的。成本动因的确定，使他们将注意力集中于成本动因的耗用上，而不仅仅是关心产量和直接人工。从成本动因上改进成本控制，包括改进产品设计和生产流程等，可以消除非增值作业、提高增值作业的效率，有助于持续降低成本和不断消除浪费。

#### 3. 为战略管理提供信息支持

战略管理需要相应的信息支持。例如，价值链分析是指企业用于评估客户价值感知重要性的一个战略分析工具。它包括确定当前成本和绩效标准，并评估整个供应链中哪些环节可以增加客户价值、减少成本费用的一整套工具和程序。由于产品价值是由一系列作业创造的，企业的价值链也就是其作业链。价值链分析需要识别供应作业、生产作业和分销作业，并且识别每项作业的成本驱动因素，以及各项作业之间的关系。作业成本法与价值链分析概念一致，可以为其提供信息支持。再如，成本领先战略是公司竞争战略的选择之一。实现成本领先战略，除了规模经济之外，需要有低成本完成作业的资源和技能。这种有别于竞争对手的资源和技能，来源于技术创新和持续的作业管理。作业管理包括成本动因分析、作业分析和绩效衡量等，其主要数据来源于作业成本计算。

### （二）作业成本法的局限性

#### 1. 开发和维护费用较高

作业成本法的成本动因多于完全成本法，成本动因的数量越大，开发和维护费用越高。即使有了计算机和数据库技术，采用传统的作业成本法仍然是件成本较高的事情。如果将作业成本法仅仅作为一项会计创举，不能通过作业成本数据的使用改变决策和作业管理，提高公司的竞争力，则很可能得不偿失。

#### 2. 作业成本法不符合对外财务报告的需要

因为作业成本法计算出的产品成本既包含制造成本，也可能包含部分非制造成本。因此，采用作业成本法的企业，为了使对外财务报表符合会计准则的要求，需要重新调整成本数据。这种调整与变动成本法的调整相比，不仅工作量大，而且技术难度大，有可能出现混乱。

#### 3. 确定成本动因比较困难

间接成本并非都与特定的成本动因相关联。有时找不到与成本相关的驱动因素，或者设想的若干驱动因素与成本的相关程度都很低，或者取得驱动因素数据的成本很高。此时，就会出现人为主观分配，扭曲产品成本数据。

#### 4. 不利于通过组织控制进行管理控制

完全成本法按部门建立成本中心，为实施责任会计和业绩评价提供了方便。作业成本法的成本库与企业的组织结构不一致，不利于提供管理控制信息，因此许多管理人员和会计人员都持反对态度。作业成本法倾向于以牺牲管理控制信息为代价，换取经营决策信息的改善，减少了会计数据对管理控制的有用性。

### （三）作业成本法的适用条件

采用作业成本法的公司一般应具备以下条件。

#### 1. 从成本结构看

这些公司的制造费用在产品成本中占有较大比重。他们若使用单一的分配率，成本信息的扭曲会比较严重。

#### 2. 从产品品种看

这些公司的产品多样性程度高，包括产品产量的多样性，规模的多样性，产品制造或服务复杂程度的多样性，原材料的多样性和产品组装的多样性。产品的多样性是引起传统成本系统在计算产品成本时发生信息扭曲的原因之一。

#### 3. 从外部环境看

这些公司面临的竞争激烈。传统的成本计算方法是在竞争较弱、产品多样性较低的背景下设计的。当竞争变得激烈，产品的多样性增加时，传统成本计算方法的缺点被放大了，实施作业成本法变得有利。由于经济环境越来越动荡，竞争越来越激烈，相对于作业成本法而言，传统成本系统增加了决策失误引起的成本。

#### 4. 从公司规模看

这些公司的规模比较大。由于大公司拥有更为强大的信息沟通渠道和完善的信息管理基础设施，并且对信息的需求更为强烈，所以他们比小公司对作业成本法更感兴趣。

总之，在企业生产自动化程度较高、直接人工较少、制造费用比重较大、作业流程较清晰、相关业务数据完备且可获得、信息化基础工作较好、以产量为基础计算产品成本容易产生成本扭曲时，适宜采用作业成本法。企业可以根据自身经营管理的特点和条件，利用现代信息技术，采用作业成本法对不能直接归属于成本核算对象的成本进行归集和分配，通过作业成本法对产品的盈利能力、客户的获利能力、企业经营中的增值作业和非增值作业等进行分析，发挥更强大的管理作用。

## 六、作业成本管理

将产品或服务的成本准确计算出来是成本管理的先决条件，但不是目的，成本管理的根本目的是把成本管控住，努力降低成本，增强企业的竞争优势，为企业创造价值作业成本管理的核心就是分析哪些作业是增值作业，哪些作业是非增值作业。实行基于作业的成本管理，消除转化或降低不增值作业，提高增值作业效率，降低成本，增加价值，创建企业的竞争优势。

### （一）增值作业与非增值作业的划分

增值作业与非增值作业是站在顾客角度划分的。最终增加顾客价值的作业是增值作业；否则就是非增值作业。在一个企业中，区别增值作业和非增值作业的标准就是看这个作业的发生是否有利于增加顾客的价值，或者说增加顾客的效用。作业管理的核心就是识别出不增加顾客价值的作业，从而找到进行改进的地方。一般而言，在一个制造企业中，非增值作业有等待作业、材料或者在产品堆积作业、产品或者在产品在企业内部迂回运送作业、废品清理作业、次品处理作业、返工作业、无效率重复某工序作业、由于订单信息不准确造成没有准确送达需要再次送达的无效率作业等。

【知识辨析 8-3】

在一个制造业中，下列属于非增值作业的有（　　）。

A. 等待作业　　B. 材料或者在产品堆积作业

C. 废品清理作业　　D. 返工作业

答案：ABCD

### （二）基于作业进行成本管理

作业成本管理是应用作业成本计算提供的信息，从成本的角度，在管理中努力提高增加顾客价值的作业效率，消除或遏制不增加顾客价值的作业，实现企业生产流程和生产经营效率效果的持续改善，增加企业价值。作业成本管理主要从成本方面来优化企业的作业链和价值链，是作业管理的中介，是作业管理的核心方面。不增加顾客价值的作业是非增值作业，由非增值作业引发的成本是非增值作业成本。作业成本管理就是要努力找到非增值作业成本并努力消除它、转化它或将其降到最低。作业成本管理一般包括确认和分析作业、作业链—价值链分析、成本动因分析、业绩评价以及报告非增值作业成本四个步骤。作业分析又包括辨别不必要或非增值的作业；对重点增值作业进行分析；将作业与先进水平比较；分析作业之间的联系等。

【任务举例 8-2】

某塑料花生产企业，在修剪产成品边角余料、寻找客户订单、核对订单等工作上花费人工，这些作业都不增加购买塑料花的客户的价值。企业的作业成本管理团队通过仔细分析，找出原因并加以改进：通过调整生产模具的注塑压力和温度，使塑料花产品一次成型，无须修剪；通过引进条形码系统，电子追踪客户订单，减少寻找、核对客户订单消耗的人工。通

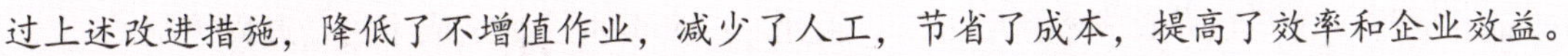

过上述改进措施，降低了不增值作业，减少了人工，节省了成本，提高了效率和企业效益。

【任务举例 8-3】

某连锁餐饮公司是国内知名火锅连锁店，到此连锁餐饮公司吃火锅一般需要排队等候餐位。等候是不增加顾客价值的作业。此连锁餐饮公司在顾客等候餐位时给顾客免费修指甲、擦皮鞋、提供各种水果和小吃、照看小孩等。这等于把不增加顾客价值的作业（等候）转变成增加顾客价值的作业，其结果就是顾客宁愿平均等候 2 小时也不会到隔壁餐馆用餐。由此，此连锁餐饮公司的“翻台率”比同行平均高 3～4 倍，大大提高了企业效益。

# 任务三　标准成本法

## 【任务描述】

成本控制不仅是降低企业成本，调节企业生产，实现企业战略目标，提高企业经济效益的重要手段，也是加强整个宏观经济调控的重要策略，在现代成本管理中具有非常重要的作用。

## 【知识点】

了解成本控制的含义、作用和程序；理解标准成本系统的含义、内容、意义及实施条件；掌握标准成本的概念、分类及作用，掌握标准成本的制定方法及成本差异的计算分析方法。

## 【技能点】

学会结合企业的具体情况进行标准成本制定和成本差异分析。

## 【知识储备】

## 一、成本控制

### （一）成本控制的含义

成本控制是企业在一定时期内根据其预先制定的成本目标，在其成本控制范围内，对影响成本的因素进行约束和调节，及时发现和纠正偏差，确保成本控制目标实现的经营管理行为。

成本控制有广义和狭义之分。广义的成本控制包括事前控制、事中控制和事后控制三部分。成本事前控制是指产品投产前，对影响成本的经济活动进行事前规划，即通过成本预测和决策，选择最佳的成本降低措施，确定未来期间的目标成本，编制成本预算，作为成本控制依据的活动；成本的事中控制是对成本的形成和偏离成本预算的差异及其原因进行日常的揭示，并采取措施加以改进，保证成本预算目标实现的活动；成本的事后控制是指在产品成本形成之后，将日常发生的差异及其形成原因汇总进行分析，找出成本升降的规律，提出今后改进的措施，为不断降低成本指明方向。因此，广义成本控制是成本的全过程控制。

狭义成本控制也称事中控制，主要是指在成本形成过程中，也就是生产阶段产品成本的控制。它是按照事先制定的成本目标，对企业日常发生的生产经营活动耗费，采用专门的方法进行严格的监督和控制，将其控制在预定的标准和预算之内，如果发生差异，及时分析，找出其产生的原因，并予以纠正，以保证原定成本目标的实现。

### （二）成本控制的作用

成本控制的作用主要体现在以下两个方面。

#### 1. 成本控制是降低成本、提高经济效益的重要手段

从微观层面看，成本控制最直接的结果就是降低成本。通过降低成本，可以增加利润，提高企业经济效益；可以降低保本点，扩大安全边际，增强企业抗风险能力和竞争能力，可以减少资金占用，降低社会消耗。

#### 2. 成本控制是加强整个宏观经济控制的基础

从宏观层面看，在整个宏观经济控制系统中，成本控制是其基础性的子系统，成本控制的效果在很大程度上影响到宏观经济控制的效果。成本失控不仅造成企业浪费日趋严重，成本不断上升，经济效益下降，投入产出的比例失衡，而且会导致物价失控，呈现出“成本上升—物价上涨—成本再度上升”的恶性循环，进而影响成本控制在整个宏观经济控制中的地位和作用。

### （三）成本控制的程序

成本控制的程序一般包括制定标准、执行标准和业绩考评三个环节。

#### 1. 制定标准

制定成本控制标准是成本控制的起点，是指根据企业生产经营过程中各阶段、各部门、各环节的成本费用标准，对各种资源耗费以及成本费用开支情况作出数量限定，用以考核实际耗费是否合理的依据。成本控制标准的合理与否，关系企业能否进行有效的成本控制，是执行标准和业绩考评的基础。

#### 2. 执行标准

执行标准是指在生产经营过程中根据事前制定的标准，控制各项耗费和支出，将成本差异控制在合理的范围内。执行成本控制标准可以分两个阶段进行：一是将成本控制目标（标准）层层分解，具体落实到岗位、个人身上，责、权、利相结合，调动企业全员控制成本的积极性和主动性；二是通过实际成本与成本控制标准比较，进行成本控制信息的反馈，掌握成本发生的实际情况，及时揭示偏差，并分析成本超支或节约的原因，确定责任归属。

#### 3. 业绩考评

业绩考评是指在制定成本标准和执行标准的基础上，定期对成本差异进行分析，判断责任归属，并提出整改建议。通过业绩考核，一方面可以促进成本责任部门不断改进工作，实

现降低企业生产成本的目标，提高企业经营业绩；另一方面可以发现成本控制过程中存在的问题，及时改正问题，为修改成本控制标准提供依据，确保企业战略目标的实现。企业要保持核心竞争力，实现可持续发展，必须建立一套科学、系统的现代管理系统。成本控制是这一现代管理系统中的重要环节。随着经济的发展，成本控制系统不断完善。其中，标准成本系统自 20 世纪 20 年代产生以来不断发展，已成为企业日常管理中应用最为普遍也最为有效的一种控制手段。

## 二、标准成本系统

### （一）标准成本系统的含义

标准成本系统也称为标准成本制度或标准成本法，是指预先制定标准成本，将标准成木与实际成本相比较，以揭示成本差异，对成本差异进行分析处理并据以加强成本控制的一种成本控制系统。

### （二）标准成本系统的内容

标准成本系统是围绕标准成本的相关指标而设计的，具有事前估算成本、事中与事后计算与分析成本的功能，是将成本的前馈控制、反馈控制及核算功能有机结合而形成的成本控制系统，其具体包括以下三方面内容。

#### 1. 标准成本的制定

在标准成本的制定阶段，需要对产品的生产工艺、技术流程以及生产和供销过程的各个方面进行全面分析研究，制定标准成本。因此，标准成本的制定与成本的前馈控制相联系，是采用标准成本系统的前提和关键，据此可以达到事前成本控制的目的。

#### 2. 成本差异的计算分析

在产品生产的进程中，将发生的实际成本同事先制定的标准成本进行比较，揭示成本差异并进行差异分析，发现问题、分析原因，使成本在生产的进程中得到控制。因此，成本差异的计算分析与成本的反馈控制相联系，是标准成本系统的重点，借此可以促使成本控制目标的实现，并据以进行业绩考评。

#### 3. 成本差异的账务处理

一个完整的标准成本系统应将标准成本的制定、成本差异的计算分析与成本核算结合起来。采用标准成本法进行账务处理时，对产品的标准成本与成本差异应分别进行核算。

【知识辨析 8-4】

在下列各项中，属于标准成本控制系统前提和关键的是（　　）。

A. 标准成本的制定　　B. 成本差异的计算

C. 成本差异的分析　　D. 成本差异的账务处理

答案：A

### （三）标准成本系统的意义

将实际成本与标准成本加以比较，揭示成本差异、评价业绩，并对成本加以控制，这是标准成本系统的本质内容。在标准成本系统中，将目标成本纳入成本管理和会计核算体系，形成了一整套计算与核算程序，与传统成本核算程序相比，标准成本系统对于加强企业成本管理具有重要意义。

#### 1. 有利于目标成本管理

标准成本是衡量正常成本水平的尺度，可作为评价和考核工作成果的标准。在成本标准制定过程中，可以使成本得到事前的控制。标准成本系统通过制定“标准”控制成本，而“标准”即为成本目标，通过将实际成本与标准成本比较，及时将其差异及其分析结果进行“信息反馈”，从而使有关部门能够及时发现问题，采取措施加以控制和纠正，可以使成本得到事中、事后的控制，力求使实际费用支出不超过成本目标，达到降低成本的目标。

#### 2. 有利于编制全面预算

编制生产经营的全面预算是一个企业实现短期利润目标、进行综合平衡、实行全面控制的重要措施。而成本预算的客观与规范程度直接影响着全面预算的质量和实施的现实可能性。采用标准成本系统对成本规范要求的严格程度，一般要高于相同规范的预算编制。因此，标准成本资料可以直接作为编制预算的基础，为预算编制提供了极大的方便，并提高了预算的现实可能性。用标准成本系统对成本规范要求的严格程度，一般要高于相同规范的预算编制。因此，标准成本资料可以直接作为编制预算的基础，为预算编制提供了极大的方便，并提高了预算的现实可能性。

#### 3. 有利于进行经营决策

在标准成本的制定过程中，进行了多方面的分析，剔除了许多不合理的因素，使标准成本比实际成本更为客观；在差异分析中又对实际成本脱离标准成本的差异进行分析。因此，标准成本反映产品的预计或期望成本，标准成本系统所提供的信息可为企业的产品定价、接受特别订货等专门决策提供依据，并且标准成本作为定价依据，有助于企业制定长期稳定的产品销售价格，从而有利于企业目标利润的实现。

#### 4. 有利于考评经济责任

标准成本是在生产过程开始前经过综合分析所确定的、在正常的生产经营条件下应该发生的成本。它是衡量成本水平的标准，也是评价和考核工作成果的基础和依据。在实际的生产过程中，采用标准成本系统，将目标成本的各项指标分解到各个成本作业中心，作为考评成本中心工作质量的指标，通过实际成本同标准成本的比较，进行差异分析，可以区分经济责任，正确评价员工的工作业绩，从而有利于增强员工的成本意识，调动他们降低成本的工作积极性，关心和参与成本的控制和管理，挖掘降低成本的潜力，努力完成成本目标。

#### 5. 有利于简化成本核算

采用标准成本系统，将标准成本纳入成本核算体系。在日常的成本核算中，可将标准成本和成本差异分别列示。产品成本计算的会计处理，如材料、在制品、产成品和产品的销售成本等都按标准成本入账，成本差异另行归集记录，一方面可以大大简化成本计算过程中日常的账务处理工作，加速成本计算；另一方面可使日常的成本核算不受实际干扰。在需要编制以实际成本为基础的对外财务报表时，将标准成本同成本差异结合起来，把按标准成本核算的存货成本和产品销售成本调整为实际成本。这样，标准成本系统下的成本信息既可用于对外财务报表也可用于内部的管理控制，将内部管理职能和对外财务报表结合起来。

### （四）标准成本系统实施的条件

与一般成本计算方法不同，标准成本系统将日常核算与差异分析相结合，成本控制与成本计算相结合。实施标准成本需要具备一些基本条件，否则标准成本计算难以起到应有的作用。

#### 1. 工艺操作过程的标准化

采用标准成本系统，确定零部件、半成品等生产要素的标准必须建立作业和工艺流程规范的标准化，以确定它们同成本要素之间的数量关系。如果零部件、半成品、材料、设备、工艺操作方法等不能标准化，就无法进行标准成本的计量，也不能制定合理的标准。

#### 2. 健全的成本管理系统

采用标准成本系统目的在于控制成本，如果只有标准成本计算而没有相应的成本管理制度，那么标准成本计算将有名无实。因此需要建立同标准成本计算相适应的责任成本管理体系，成立专门的部门负责标准成本的制定、成本差异的分析、工作成果的评价以及标准成本的修订等。还应根据生产组织特点和工艺流程，建立成本责任中心，明确成本责任和权限范围，通过标准成本计算和工作成果的考核评价，对成本实行全面控制。

#### 3. 全员成本意识的提高

采用标准成本系统对成本进行全面控制，需要相关的员工和各级管理人员的参与和实施。标准成本系统能否达到控制成本、降低成本的目的主要取决于管理者和实施者对标准成本系统的态度和支持的积极性。因此，提高全体员工的成本意识，取得他们对标准成本系统的支持，使之积极参与成本管理，是实现标准成本系统目的的重要方面。

## 三、标准成本的含义、分类及作用

### （一）标准成本的含义

标准成本是指在正常生产经营条件下应该实现的，可以作为控制成本开支、衡量工作效率的依据和尺度的一种目标成本。“标准成本”一词在实际工作中有两种含义：一是指标准成本的个量指标，即单位产品的标准成本，是单位产品的消耗量标准与其价格标准的乘积，即单位产品标准成本=单位产品标准消耗量×标准单价；二是指标准成本的总量指标，即实际产量的标准成本，是由单位产品的标准成本与实际产量相乘获取，即标准成本=实际产量×单位产品标准成本。

## （二）标准成本的分类

标准成本是通过科学的调查、精确的分析与合理的技术测定而制定的，其目的是控制成本、评价实际成本，衡量工作效率。标准成本可按不同的标准进行分类，常见的几种分类如下。

### 1. 按照其制定所根据的生产技术和经营管理水平分类，可将标准成本分为理想标准成本和正常标准成本

理想标准成本是指在最优条件下，利用现有的规模和设备能够达到的最低成本。理想的标准成本是根据理论上的业绩标准、理想的生产要素价格和可实现的最高生产经营能力等条件来制定的，其揭示的是实际成本下降的潜力。但是，这种标准成本要求太高，只是一种理想的观念，不能作为考核依据。

而正常标准成本是以已经达到的生产技术水平，在正常有效经营条件下应达到的成本水平为基础制定的标准成本。在实务中通常以过去若干时期实际数据的平均值作为正常条件下应达到的成本水平，即它是根据正常的耗用水平、正常的价格和正常的生产经营能力利用程度制定的标准成本。这种标准成本反映了过去一段时期实际成本水平的平均值，反映了行业价格的平均水平、平均的生产能力和技术能力，所以在生产技术和经营管理条件变动不大的情况下，企业可以采用。但是，由于长期平均值忽略了未来时期的变化因素，在成本控制中很难发挥衡量业绩的作用，因此，应用时应作出一些调整。

### 2. 按照其适用期不同分类，可将标准成本分为现实标准成本和基本标准成本

其中的现实标准成本是在现行生产技术条件下，通过有效经营而达到的一种成本水平。它是根据现行的价格水平、生产耗用量以及生产经营能力利用程度而制定的标准成本。现实标准成本在制定时考虑了生产经营中一些目前无法避免的损耗和浪费，同时剔除了经过努力应能避免的各种浪费和损耗。生产技术和经营管理条件有较大改变时，标准成本也随之进行修订。通过有效经营管理和努力，现实标准成本易于达到，在成本管理中能调动职工降低产品成本的积极性。由于现实标准成本是一种切实可行的标准成本，因此，在实际工作中应用最为广泛。

而基本标准成本是根据较长期使用而不变更的标准所制定的标准成本。它是以实施标准成本的第一年度或选定某一基期年度的实际成本作为标准，用于衡量以后各年度的成本高低，据以观察成本升降的趋势。基本标准成本一经制定，以后若干年内不再变动，它可以使各期成本以同一标准成本为基础进行比较，但其不能反映出目前应该达到的标准，不能发挥其在成本管理中的作用。所以，实务中很少采用。

## （三）标准成本的作用

在成本控制中运用标准成本，作用主要体现在以下几个方面。

### 1. 提供了成本控制的依据

标准成本是事先经过调查研究制定的既先进又可行的成本，为生产经营各有关部门提供了一个努力的目标，并能作为考评工作质量与效果的依据，尤其是能配合责任会计的实

施，加强成本差异的分析与考核，使成本控制的责任下放到车间、作业区成本中心，并将成本标准、成本指标层层分解到个人，增强职工对成本的责任感，积极主动挖掘降低成本的潜力。

2. 提高决策的准确性和有效性

标准成本可以为正确的经营决策提供有用的信息，从而提高决策的准确性与有效性。例如，进行产品定价决策或对投资方案评价时，利用标准成本便于进行差额成本分析，为决策提供信息。

3. 可作为存货计价的依据

由于标准成本中剔除了各种不必要的浪费和损耗，以此作为材料、在产品和产成品计价的基础上，可使存货计价建立在更加健全的基础上，避免以实际成本计价所带来的同样实物形态的存货计价标准不同的现象，更能反映存货的真实价值。

4. 便于分清各成本中心的责任

由于标准成本将成本中心划定为一、二、三级，而三级成本已划到车间、作业区这一级，三级成本中心也能揭示出标准成本差异，这样各级责任中心职责清晰。标准成本的每个成本项目都采用单独的价格标准和数量标准，可以确定每个成本项目实际脱离标准差异的责任归属，从而分清各部门的责任。

## 四、标准成本的制定

### （一）标准成本的构成

产品成本包括直接材料、直接人工和制造费用三个成本项目，制定单位产品的标准成本，应分别就直接材料成本、直接人工成本和制造费用制定。

1. 各成本项目标准成本的构成

每一成本项目的标准成本都由“用量标准”和“价格标准”两项内容构成。“用量标准”和“价格标准”应由管理人员组织工程技术、生产、会计、采购、销售、人事部等相关人员分析研究确定。

每一成本项目标准成本计算的通用模式如下：

标准成本=Σ（用量标准×价格标准）

=直接材料标准成本+直接人工标准成本+制造费用标准成本

用量标准包括单位产品材料消耗量、单位产品直接人工工时等，主要由生产技术部门主持制定，吸收执行标准的部门和职工参加。价格标准包括原材料单价、小时工资率、小时制造费用分配率等，由会计部门和有关其他部门共同研究确定。采购部门是材料价格的责任部门，劳资部门和生产部门对小时工资率负有责任，各生产车间对小时制造费用率承担责任。

无论是价格标准还是用量标准，都可以是理想状态的或正常状态的，据此得出理想的标准成本或正常的标准成本。

【知识辨析 8-5】

无论是哪个成本项目，在制定标准成本时，都需要分别确定两个标准，两者相乘即为每一成本项目的标准成本，这两个标准是（　　）。

A．价格标准和用量标准　　B．价格标准和质量标准

C．历史标准和用量标准　　D．历史标准和质量标准

答案：A

#### 2．产品标准成本的构成

在分别确定成本项目标准成本的基础上，汇总可确定产品的标准成本。

（1）完全成本法下产品标准成本的计算

由于产品的标准成本由直接材料、直接人工和制造费用三部分构成，而且都由价格标准和用量标准两项因素决定，因此，完全成本法下的标准成本的构成是：

产品标准成本=直接材料标准成本+直接人工标准成本+制造费用标准成本=

直接材料标准成本+直接人工标准成本+变动制造费用标准成本+固定制造费用标准成本

（2）变动成本法下产品标准成本的计算

由于变动成本法下产品成本不包括固定制造费用，因此单位产品的标准成本中不包括固定制造费用的标准成本。在这种情况下，变动成本法下的标准成本构成是：

产品标准成本=直接材料标准成本+直接人工标准成本+变动制造费用标准成本

通常情况下，制定标准成本时，先确定直接材料和直接人工的标准成本，再确定制造费用的标准成本，最后确定单位产品的标准成本。

### （二）直接材料标准成本的制定

直接材料是指可以直接归属于某种产品、构成该产品实体的原材料及主要材料。直接材料标准成本包括直接材料用量标准和直接材料价格标准。

#### 1．直接材料用量标准的制定

直接材料用量标准是指在现有生产技术条件和正常经营条件下，生产单位产品所需要的原料及主要材料的标准用量，通常包括构成产品实体应耗用的材料数量、生产中的必要消耗量，以及不可避免的废品损失中的消耗等。

直接材料用量标准一般应由生产技术部门根据产品的设计、生产和工艺现状，结合企业经营管理情况和成本降低计划要求，考虑材料在使用过程中发生的必要损耗，按单位产品耗用的各种材料分别予以确定。

#### 2．直接材料价格标准的制定

直接材料价格标准是指产品生产所需要各种材料的标准价格，通常以订货合同为基础，结合考虑各种未来可以发生的变动来确定。

直接材料价格标准通常由采购部门和财务部门协商制定。因为材料价格在很大程度上受外部因素的影响，较难为管理人员所控制，所以，在制定材料价格标准时，应由采购部门负

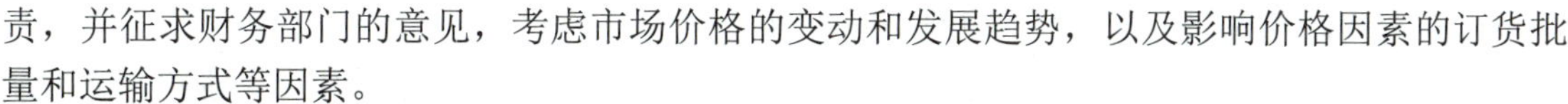

责，并征求财务部门的意见，考虑市场价格的变动和发展趋势，以及影响价格因素的订货批量和运输方式等因素。

### 3. 直接材料标准成本计算

直接材料标准成本等于单位产品所需用的各种材料标准用量与各自的标准价格的乘积之和。即：

直接材料标准成本=Σ（直接材料标准用量×直接材料标准价格）

【任务举例 8-4】

已知海滨公司预计 2022 年甲产品消耗的直接材料资料如表 8-8 所示。

表 8-8 甲产品消耗的直接材料金额 单位：元

| 标准 | | 材料 A | 材料 B |
|---|---|---|---|
| 价格标准（元） | 发票单位 | 10.00 | 20.00 |
| | 运杂费 | 0.50 | 2.30 |
| 直接材料价格标准（元/千克） | | 10.50 | 22.30 |
| 用量标准（千克） | 正常用量 | 15.00 | 18.00 |
| | 预计损耗量 | 2.00 | 1.00 |
| 直接材料用量标准（千克/件） | | 17.00 | 19.00 |

要求：制定甲产品消耗直接材料的标准成本。

解：单位产品消耗 A 材料的标准成本=17×10.50=178.50（元/件）

单位产品消耗 B 材料的标准成本=19×22.30=423.70（元/件）

甲产品直接材料的标准成本=178.50+423.70=602.20（元/件）

## （三）直接人工标准成本的制定

直接人工是指可以直接归属到产品、为制造该产品而直接发生的人员薪酬。直接人工标准成本包括直接人工用量标准和直接人工价格标准。直接人工用量标准是指标准工时，直接人工价格标准是指标准人工率。

### 1. 直接人工用量标准的制定

直接人工标准工时是指在现有生产技术条件下生产工人生产每单位产品所需用的工作时间，包括对产品直接加工所需用的工时、必要的间歇和停工工时以及不可避免的废品耗用工时等。

直接人工工时用量标准通常由劳资部门和生产技术部门根据技术测定和统计调查资料确定。直接人工工时用量标准制定过程中，生产技术部门需要考虑员工的平均技术水平，按产品加工工序分别计算，按产品分别汇总，确定直接人工工时用量标准。

### 2. 直接人工价格标准的制定

直接人工价格标准即标准人工率，是指每个直接人工标准工时应获取的人工额，包括生产工人的工资以及根据工资计提的其他职工薪酬等。

直接人工标准人工率通常由劳资部门会同财会部门，按工种或作业性质分别确定。它可能是预定的人工率，也可能是正常的人工率。如果采用计件工资制，标准人工率是预定的每件产品支付的人工额除以标准工时或者是预定的小时人工；如果采用月薪制，需要根据月工资总额和可用工时总量来计算标准人工率。企业应根据现行的工资制度合理确定标准人工率。

直接人工标准成本等于生产单位产品各道加工工序的直接人工价格标准与直接人工用量标准的乘积之和。即：

直接人工标准成本=Σ（直接人工价格标准×直接人工用量标准）

=Σ（直接人工标准工时×直接人工标准人工率）

如果产品加工需要不同工艺从而需要不同的工人进行加工，其单位产品直接人工标准成本，则等于生产单位产品的各项作业的标准工时与各自的标准人工率乘积之和，用公式表示为：

直接人工标准成本=Σ（各项作业标准工时×相应的标准人工率）

【任务举例 8-5】

已知海滨公司预计 2022 年甲产品消耗的直接人工资料如表 8-9 所示。

表 8-9　甲产品消耗的直接人工资料金额　　单位：元

| 标准 | | 工序 | |
| --- | --- | --- | --- |
| | | 第一工序 | 第二工序 |
| 价格标准 | 生产工人人数 | 30 | 40 |
| | 每人月工时（8 小时/天×22 天） | 176 | 176 |
| | 每月总工时 | 5 280 | 7 040 |
| | 每月工资总额 | 422 400 | 633 600 |
| | 工资标准率（元/小时） | 80 | 90 |
| | 应付福利费提取费（%） | 14 | 14 |
| | 直接人工价格标准 | 91.20 | 102.60 |
| 用量标准 | 加工时间（人工小时/件） | 40 | 38 |
| | 休息时间（人工小时/件） | 4 | 3 |
| | 其他时间（人工小时/件） | 1 | 2 |
| | 直接人工用量标准（台时） | 45 | 43 |

要求：确定甲产品消耗直接人工的标准成本。

第一工序直接人工标准成本=91.20×45=4 104（元/件）

第二工序直接人工标准成本=102.60×43=4 411.80（元/件）

单位甲产品消耗的直接人工标准成本=4 104+4 411.80=8 515.80（元/件）

### （四）制造费用标准成本的制定

制造费用是指为制造产品或提供劳务而发生的各项间接费用。由于制造费用按其性态可分为变动制造费用和固定制造费用，故而制造费用的标准成本也需按变动制造费用标准成本

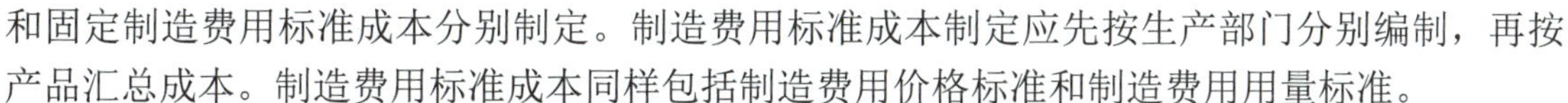

和固定制造费用标准成本分别制定。制造费用标准成本制定应先按生产部门分别编制，再按产品汇总成本。制造费用标准成本同样包括制造费用价格标准和制造费用用量标准。

### 1. 变动制造费用标准成本的制定

变动制造费用价格标准是每一工时变动制造费用的标准分配率，与企业的生产能力以及变动制造费用预算直接相关，可根据变动制造费用预算和预算的标准总工时计算求得，即：

变动制造费用标准分配率=变动制造费用预算/预算的标准总工时

变动制造费用的用量标准是生产单位产品所需的工时或台时，通常采用单位产品直接人工工时标准、机器工时标准或其他用量标准。

变动制造费用标准成本等于各生产部门生产单位产品所需的变动制造费用标准分配率与标准工时的乘积之和。即：

变动制造费用标准成本=Σ（变动制造费用标准分配率×标准工时）

【任务举例 8-6】

已知海滨公司预计 2022 年甲产品消耗的变动制造费用如表 8-10 所示。

表 8-10 甲产品消耗的变动制造费用 金额单位：元

| 标准 | | 生产部门 | |
|---|---|---|---|
| | | 第一车间 | 第二车间 |
| 变动制造费用预算 | 运输 | 1 500 | 1 400 |
| | 电力 | 1 000 | 1 200 |
| | 物料消耗 | 1 300 | 1 500 |
| | 间接人工 | 5 000 | 4 800 |
| | 合计 | 8 800 | 9 000 |
| 预算的标准工时（台时） | | 2 200 | 2 000 |
| 用量标准（台时） | | 5 | 4 |

要求：确定甲产品消耗变动制造费用的标准成本。

解：第一车间变动制造费用分配率=8 800÷2 200=4（元/小时）

第二车间变动制造费用分配率=9 000÷2 000=4.5（元/小时）

第一车间变动制造费用标准成本=4×5=20（元/件）

第二车间变动制造费用标准成本=4.5×4=18（元/件）

单位甲产品消耗的变动制造费用标准成本=20+18=38（元/件）

### 2. 固定制造费用标准成本的制定

固定制造费用标准成本的制定，取决于成本计算方法。变动成本法下，产品成本中不包括固定制造费用，因此产品标准成本中也不必包括固定制造费用标准成本；完全成本法下，产品成本包括了固定制造费用，因此需要制定固定制造费用标准成本。固定制造费用标准成本包括固定制造费用价格标准和用量标准，其制定方法与变动制造费用标准成本一致。

固定制造费用价格标准是每一工时固定制造费用的标准分配率，与企业的生产能力以及固定制造费用预算直接相关，可根据固定制造费用预算和预算的标准总工时计算求得。即：

固定制造费用标准分配率=固定制造费用预算/预算的标准总工时

固定制造费用的用量标准与变动制造费用的用量标准相同，包括直接人工工时、机器工时、其他用量标准等，并且两者要保持一致，以便进行差异分析。

固定制造费用标准成本等于各生产部门生产单位产品所需的固定制造费用标准分配率与标准工时的乘积之和。即：

固定制造费用标准成本=Σ（固定制造费用标准分配率×标准工时）

【任务举例 8-7】

已知海滨公司预计年甲产品2022消耗的固定制造费用资料如表8-11所示。

表8-11　甲产品消耗的固定制造费用　金额单位：元

| 标准 | | 生产部门 | |
|---|---|---|---|
| | | 第一车间 | 第二车间 |
| 固定制造费用预算 | 折旧费 | 1 000 | 1 100 |
| | 管理人员工资 | 2 800 | 2 200 |
| | 保险费 | 300 | 400 |
| | 其他 | 300 | 300 |
| | 合计 | 4 400 | 4 000 |
| 预算的标准工时（台时） | | 2 200 | 2 000 |
| 用量标准（台时） | | 5 | 4 |

要求：确定甲产品消耗固定制造费用的标准成本。

解：第一车间固定制造费用分配率=4 400÷2 200=2（元/小时）

第二车间固定制造费用分配率=4 000÷2 000=2（元/小时）

第一车间固定制造费用标准成本=2×5=10（元/件）

第二车间固定制造费用标准成本=2×4=8（元/件）

单位甲产品消耗的固定制造费用标准成本=10+8=18（元/件）

### （五）单位产品标准成本的制定

在分别制定成本项目的标准成本基础上，汇总即可确定单位产品的标准成本。通常，企业可编制“标准成本卡”，反映产成品标准成本的具体构成。在每种产品生产之前，它的标准成本卡要送达有关人员，包括各级生产部门负责人、财会部门、仓库等，作为领料、派工和支出其他费用的依据。

【任务举例 8-8】

已知【任务举例 8-4】【任务举例 8-5】【任务举例 8-6】【任务举例 8-7】中有关A企业甲产品各个成本项目的标准成本资料。

要求：编制该公司2022年甲产品的标准成本单。

解：依题意编制的A企业2022年甲产品标准成本见表8-12。

表8-12　2022年甲产品标准成本

| 项目 | | 价格标准 | 用量标准 | 标准成本 |
| --- | --- | --- | --- | --- |
| 直接材料 | A材料 | 10.50元/千克 | 17元/千克 | 178.50元/件 |
| | B材料 | 22.30元/千克 | 19元/千克 | 423.70元/件 |
| | 小计 | — | — | 602.20元/件 |
| 直接人工 | 第一工序 | 91.20元/小时 | 45工时/件 | 4 104元/件 |
| | 第二工序 | 102.60元/小时 | 43工时/件 | 4 411.80元/件 |
| | 小计 | — | — | 8 515.80元/件 |
| 变动制造费用 | 第一车间 | 4元/台时 | 5台时/件 | 20元/件 |
| | 第二车间 | 4.5元/台时 | 4台时/件 | 18元/件 |
| | 小计 | — | — | 38元/件 |
| 固定制造费用 | 第一车间 | 2元/台时 | 5台时/件 | 10元/件 |
| | 第二车间 | 2元/台时 | 4台时/件 | 8元/件 |
| | 小计 | — | — | 18元/件 |
| 制造费用合计 | | — | — | 56元/件 |
| 单位甲产品标准成本 | | | | 9 174元/件 |

## 五、成本差异的计算分析

### （一）成本差异的含义及类型

#### 1. 成本差异的含义

成本差异是指在一定时期生产的一定数量产品所发生的实际成本与其标准成本之间的差额。成本差异可用公式表示为：

成本差异=实际成本-标准成本

#### 2. 成本差异的类型

为便于计算和分析，可将成本差异按照多种标准进行分类。

（1）按成本差异的构成内容分类

按照差异构成内容的不同进行分类，成本差异可以分为总成本差异、直接材料成本差异、直接人工成本差异、变动制造费用差异和固定制造费用差异。

总成本差异，是产品的实际总成本与标准总成本之间的差异额，该项差异能够概括反映企业成本管理工作的总体情况。

直接材料成本差异是耗用的直接材料实际成本与其标准成本之间的差异额。

直接人工成本差异是耗用的直接人工实际成本与其标准成本之间的差异额。

变动制造费用差异是耗用变动制造费用实际成本与其标准成本之间的差异额。

固定制造费用差异是耗用固定制造费用实际成本与其标准成本之间的差异额。

（2）按成本性态分类

按成本性态分类，成本差异可以分为变动成本差异和固定成本差异。

变动成本差异：直接材料成本差异、直接人工成本差异和变动制造费用差异都属于变动成本差异。

固定成本差异：固定制造费用差异属于固定成本差异。

（3）按成本差异的形成过程分类

按照差异的形成过程进行分类，成本差异可以分为价格差异和用量差异。

价格差异，是反映由于直接材料、直接人工和变动性制造费用等要素实际价格水平与标准价格水平不一致而产生的成本差异。用公式表示如下：

价格差异=（实际价格-标准价格）×实际用量

用量差异，是反映由于直接材料、直接人工和变动性制造费用等要素实际用量消耗与标准用量消耗不一致而产生的成本差异。用公式表示如下：

用量差异=（实际用量-标准用量）×标准价格

上述计算公式中，实际用量和标准用量都是总量指标，是实际产量下的耗用量；而实际价格和标准价格均为个量指标，是单价。

（4）按成本差异是否可以控制分类

按差异是否可以控制，成本差异可以分为可控差异与不可控差异。

可控差异，是指与主观努力相联系而形成的差异，又叫主观差异，是成本差异控制的重点所在。

不可控差异，是指与主观努力程度关系不大，主要受客观原因影响而形成的差异，又称为客观差异。

划分可控差异和不可控差异有利于调动有关方面进行成本控制的积极性，有利于成本指标的考核和评价。

（5）按成本差异的性质分类

按照差异的性质进行分类，成本差异可以分为有利差异与不利差异。

有利差异，是指因实际成本低于标准成本而形成的节约差。

不利差异，是指因实际成本高于标准成本而形成的超支差。

但这里的有利与不利是相对的，并不是有利差异越大越好。企业在成本管理控制过程中，不能为了盲目追求成本的有利差异，而不惜以牺牲质量为代价。

【知识辨析 8-6】

成本差异按其形成过程可划分为（　　）。

A. 数量差异和价格差异　　B. 纯差异和混合差异

C. 有利差异和不利差异　　D. 可控差异和不可控差异

答案：A

## （二）成本差异计算分析的基本模式

在实务中，为便于成本差异分析，通常按照差异的形成过程分类成本差异，分别计算价格差异和用量差异。

总成本差异=实际数量×实际价格-标准数量×标准价格

价格差异=（实际用量×实际价格）-（实际用量×标准价格）

=（实际价格-标准价格）×用量差异

用量差异=（实际用量×标准价格）-（标准用量×标准价格）

=（实际用量-标准用量）×标准价格

## （三）直接材料成本差异的计算分析

### 1. 直接材料成本差异的计算

直接材料成本是变动成本，按差异形成的原因，直接材料成本差异可以进一步分解为以下两种差异：一是实际材料用量脱离标准用量而形成的材料用量差异；二是材料实际价格脱离标准价格而形成的材料价格差异。有关计算公式如下：

直接材料成本差异=直接材料实际成本-直接材料标准成本

=直接材料用量差异+直接材料价格差异

直接材料用量差异=（材料实际用量×材料标准价格）-（材料标准用量×材料标准价格）

=（材料实际用量-材料标准用量）×材料标准价格

直接材料价格差异=（材料实际用量×材料实际价格）-（材料实际用量×材料标准价格）

=（材料实际价格-材料标准价格）×材料实际用量

【任务举例 8-9】

海滨公司年 2 月份实际生产乙产品 100 件，实际耗用 C 材料 1 200 千克，其实际单价 150 元/千克。假设 C 材料的标准价格为 200 元/千克，2021 年单位乙产品的标准用量为 10 元/千克。

要求：计算乙产品的直接材料成本差异。

C 材料成本差异分析如下：

直接材料成本差异=材料实际用量×材料实际价格-材料的标准用量×材料标准价格

=1 200×150-10×100×200=-20 000（元）（不利差异）

其中：直接材料用量差异=（材料实际用量-材料的标准用量）×材料标准价格

=（1 200-10×100）×200=40 000（元）（不利差异）

直接材料价格差异=（材料实际价格-材料标准价格）×材料实际用量

=（150-200）×1 200=-60 000（元）（有利差异）

### 2. 直接材料成本差异的分析

材料用量差异是在材料耗用过程中形成的，产生原因主要包括：材料质量差，废料过多；产品设计或工艺变更，用料标准未能及时调整；生产工人操作技术不熟练或不认真，造成废品废料；机器设备效率增减，使材料耗用量发生变化等。材料用量差异主要为可控差异，一般应由生产部门负责，但并不排除其他部门的责任，如材料质量低劣引起的用量差异应由采购部门负责。因此，需要进行具体的调查分析才能明确责任归属。

材料价格差异是在采购过程中形成的，其产生原因主要有：材料采购价格编制不当，材料市场价格变化，未按经济采购批量进货，未能及时订货造成的紧急订货使购买价格和运费上升，运输安排不当使运费和损耗增加，不必要的快速运输方式，违反合同被罚款，承接紧急订货造成额外采购等。材料价格差异一般应由采购部门负责，在分析差异时，还应区分主观、客观因素进行具体分析和调查，才能明确最终原因和责任归属。

## （四）直接人工成本差异的计算分析

### 1. 直接人工成本差异的计算

直接人工成本是变动成本，按差异形成原因，直接人工成本差异可进一步分解为以下两种差异：一是实际人工工时用量脱离标准工时用量而形成的人工用量差异，即效率差异；二是人工实际价格脱离标准价格而形成的人工价格差异，即工资率差异。有关计算公式如下：

直接人工成本差异=直接人工实际成本-直接人工标准成本

=直接人工效率差异+直接人工工资率差异

直接人工效率差异=实际工时×标准工资率-标准工时×标准工资率

=（实际工时-标准工时）×标准工资率

直接人工工资率差异=实际工资率×实际工时-标准工资率×实际工时

=（实际工资率-标准工资率）×实际工时

【任务举例 8-10】

海滨公司 2022 年 2 月份实际生产乙产品 100 件，实际耗用人工 8 000 小时，其实际工资总额 80 000 元，实际工资 10 元/小时。假设 C 工资标准率为 7 元/小时，单位乙产品标准用量为 65 工时/件。

要求：计算乙产品的直接人工成本差异。

解：依题意得，

乙产品的直接人工成本差异=实际工时×实际工资率-标准工时×标准工资

=8 000×10-65×100×7=34 500（元）（不利差异）

其中：直接人工效率差异=（实际工时-标准工时）×标准工资率

=（8 000-65×100）×7=10 500（元）（不利差异）

直接人工工资率差异=（实际工资率-标准工资率）×实际工时

=（10-7）×8 000=24 000（元）（不利差异）

### 2. 直接人工成本差异的分析

直接人工效率差异的形成原因主要包括：生产工人经验不足、工作不熟练，未能在标准工时内完成任务；工作环境差，工人劳动情绪不佳，影响生产潜能发挥；材料供应不及时，造成停工待料，浪费工时；设备故障较多，停工待修，浪费工时；生产工艺变更，未能及时修订标准；生产计划安排不当，造成“窝工”；材料质量低劣导致加工时间延长，新工人上岗多，机器或工具选用不当，产品批量少、批次多，调整准备时间长等。直接人工效率差异大部分为可控差异，主要由生产部门负责，但并不排除其他部门的责任，例如由于材料质量低劣、供应不及时或生产工艺变化等原因造成的直接人工效率差异，应由采购部门、动力部门及其他有关部门负责。因此，在分析人工效率差异时，应针对具体负责部门进行分析评价。

一般而言，直接人工工资率差异形成的原因主要包括：高低工资的工人生产调度不当，生产工人升级或降级使用；工资变动，原工资标准未及时调整；工资计算方法变更；出勤率变化：奖励制度未产生实效；加班或雇用临时工；季节性或临时性生产增发工资等。在实际工作中，主要由生产部门和人事部门承担直接人工工资率差异的责任。由于人工工资率差异产生的原因复杂且难以控制，在分析人工工资率差异时，应结合各部门的工作和责任范围，进行具体分析评价。

### （五）变动制造费用成本差异的计算分析

#### 1．变动制造费用成本差异的计算

变动制造费用成本是变动成本，按差异形成原因，变动制造费用成本差异可进一步分解以下两种差异：一是实际工时用量脱离标准工时用量而形成的用量差异，即效率差异；二是实际变动制造费用分配率脱离其标准而形成的价格差异，即开支差异，又称耗费差异。有关计算公式如下：

变动制造费用成本差异=实际变动制造费用-标准变动制造费用

=变动制造费用效率差异+变动制造费用开支差异

变动制造费用效率差异=实际工时×标准分配率-标准工时×标准分配率

=（实际工时-标准工时）×标准分配率

变动制造费用开支差异=实际分配率×实际工时-标准分配率×实际工时

=（实际分配率-标准分配率）×实际工时

【任务举例 8-11】

海滨公司 2022 年 2 月份实际生产乙产品 100 件，实际耗用人工工时 8 000 小时，其实际发生变动制造费用 16 000 元，变动制造费用的实际分配率是 2 元/小时。假设变动制造费用的标准分配率为 3 元/小时，单位产品的人工工时耗用标准为 65 小时/件。

要求：计算乙产品的变动制造费用成本差异。

解：依题意得，

乙产品的变动制造费用成本差异=实际工时×实际分配率-标准工时×标准分配率

=8 000×2-100×65×3=-3 500（元）（有利差异）

其中：变动制造费用效率差异=（实际工时-标准工时）×标准分配率

=（8 000-65×100）×3=4 500（元）（不利差异）

变动制造费用开支差异=（实际分配率-标准分配率）×实际工时

=（2-3）×8 000=-8 000（元）（有利差异）

#### 2．变动制造费用成本差异的分析

变动制造费用效率差异由人工工时或机器工时数量决定，其差异形成原因与直接人工效率差异类似，责任归属亦然。

一般而言，变动制造费用开支差异形成的原因主要包括：预算或标准估计有误，间接材料价格的变化、材料质量低劣、间接人工工资的调整，其他各项费用控制不当等。由于变动制造费用开支差异构成内容繁多，具体原因各异，因此，可根据变动制造费用的明细项目（如间接材料、间接人工、动力费用等），区分可控与不可控因素进行分析，并视具体情况确定其责任的归属。

### （六）固定制造费用成本差异的计算分析

#### 1. 固定制造费用成本差异的计算

固定制造费用是固定成本，虽然固定制造费用在相关范围内具有总额不变的特性，但是在实际工作中，由于生产能力利用程度的不同、生产效率的不同、实际执行与预算的不同，仍会出现固定制造费用成本差异，对固定制造费用进行的成本控制是通过编制预算来实现的。固定制造费用成本差异不能简单地分为价格差异和数量差异。

固定制造费用成本差异计算方法通常有两种：一是两差异法，二是三差异法。

（1）两差异法

两差异法是将固定制造费用成本差异分为耗费差异和能量差异。其中，耗费差异是实际固定制造费用脱离预算而形成的预算差异，也称预算差异或支出差异，是一种可控差异；能量差异是指固定制造费用预算脱离标准形成的差异，反映的是计划生产能量的利用程度。其计算公式为：

固定制造费用成本差异=实际固定制造费用-标准固定制造费用

=固定制造费用耗费差异+固定制造费用能量差异

固定制造费用耗费差异=实际固定制造费用-预算固定制造费用

=实际产量实际工时×固定制造费用实际分配率-预算产量标准工时×固定制造费用标准分配率

固定制造费用能量差异=预算固定制造费用-标准固定制造费用

=（预算产量标准工时-实际产量标准工时）×固定制造费用标准分配率

注：预算产量下的标准工时指的是企业的标准生产能力。

【任务举例 8-12】

海滨公司 2022 年 2 月份实际生产乙产品 100 件，实际耗用人工工时 8 000 小时，其实际发生固定制造费用 20 000 元，企业的生产能力 300，共计人工工时 19 500 小时，假定每件乙产品固定制造费用标准成本为 195 元/件，每件乙产品标准工时为 65 小时/件，标准分配率 3 元/小时。

要求：计算采用两差异法计算乙产品的固定制造费用成本差异。

乙产品的固定制造费用成本差异=实际固定制造费用-标准固定制造费用=20 000-100×195=500（元）（不利差异）

其中：固定制造费用耗费差异=实际产量实际工时×固定制造费用实际分配率-预算产量标准工时×固定制造费用标准分配率=20 000-300×65×3=-38 500（元）（有利差异）

固定制造费用能量差异=（预算产量标准工时-实际产量标准工时）×固定制造费用标准分配率=（300×65-100×65）×3=39 000（元）（不利差异）

（2）三差异法

三差异法是将固定制造费用成本差异分为耗费差异、能力差异和效率差异。其中，耗费差异是实际固定制造费用脱离预算而形成的预算差异，也称预算差异或支出差异；能力差异是由于实际工时未能达到生产能量而形成的生产能力利用差异；效率差异是实际工时脱离标准工时而形成的用量差异。其计算公式如下：

固定制造费用成本差异=实际固定制造费用-标准固定制造费用
=固定制造费用耗费差异+固定制造费用能力差异
+固定制造费用效率差异

固定制造费用耗费差异=实际固定制造费用-预算固定制造费用
=实际产量实际工时×固定制造费用实际分配率
-预算产量标准工时×固定制造费用标准分配率

固定制造费用能力差异=（预算产量标准工时-实际产量实际工时）
×固定制造费用标准分配率

固定制造费用效率差异=（实际产量实际工时-实际产量标准工时）
×固定制造费用标准分配率

【任务举例 8-13】

用标准分配率已知【任务举例 8-9】资料，要求采用三差异法计算乙产品的固定制造费用成本差异。

乙产品固定制造费用成本差异=实际固定制造费用-标准固定制造费用
=20 000-100×195=500（元）（不利差异）

其中：固定制造费用耗费差异=实际产量实际工时×固定制造费用实际分配率-预算产量标准工时×固定制造费用标准分配率
=20 000-300×65×3=-38 500（元）（有利差异）

固定制造费用能力差异=（预算产量标准工时-实际产量实际工时）×固定制造费用标准分配率
=（300×65-8 000）×3=34 500（元）（不利差异）

固定制造费用效率差异=（实际产量实际工时-实际产量标准工时）×固定制造费用标准分配率
=（8 000-100×65）×3=4 500（元）（不利差异）

三因素分析法的能力差异 34 500 元与效率差异 4 500 元之和为 39 000 元，与二因素分析法中的“能量差异”数额相同。

通过上述分析不难看出，采用三差异法能够更好地说明生产能力利用程度和生产效率高低所导致的成本差异情况，便于分清各部门的责任。

### 2．固定制造费用成本差异的分析

一般来说，对固定制造费用成本差异的分析和控制通常是通过编制固定制造费用预算与实际发生数对比来进行的。由于固定制造费用是由各个部门的许多明细项目构成的，固定制造费用预算应就每个部门及明细项目分别进行编制，实际固定制造费用也应该就每个部门及明细项目进行分别记录，因此，固定制造费用成本差异的分析和控制也应该就每个部门及明细项目分别进行。

固定制造费用能量差异形成的原因主要有：市场萎缩，订货减少；原设计生产能力过剩；供应不足，停工待料；能源短缺，开工不足；机械故障，停工待修；产品调整，批量减少；人员技术水平有限，未能充分发挥设备能力等。能量差异反映的是现有生产能力的利用程度，其责任主要应由高层管理人员负责；另外，计划部门、采购部门、生产部门、销售部门都有可能需负一定责任，例如，由于产销量达不到一定规模造成生产能力的闲置的情形。因此，在分析固定制造费用能量差异时应视具体情况分清各部门的责任。

固定制造费用耗费差异形成的原因主要有：管理人员薪酬调整，折旧方法的改变；租赁费、保险费的调整及办公费用价格上涨等。

# 项目九　责任会计与绩效管理

## 【学习目标】

### ◇知识目标

●了解组织结构与责任中心划分，掌握成本中心、利润中心、投资中心的定义、划分及考核指标，掌握责任中心业绩报告编制方法；

●熟悉绩效管理的由来，对“绩效管理”的含义有一个全面的认识；

●熟悉绩效管理的原则及应用环境；

●掌握关键绩效指标法的计算和应用；

●掌握经济增加值的基本原理；

●掌握平衡计分卡的基本原理。

### ◇技能目标

●会评价责任中心的业绩，会编制责任中心业绩报告；

●通过对绩效管理基本知识的学习，认识到绩效管理对企业发展的重要意义，会制订绩效计划与激励计划；

●通过对关键绩效指标法的学习，会运用财务和非财务指标考核企业绩效管理；

●通过对经济增加值的学习，会运用经济增加值考核企业绩效管理；

●通过对平衡计分卡的学习，会运用平衡计分卡进行绩效考核的设计与管理。

【知识导图】

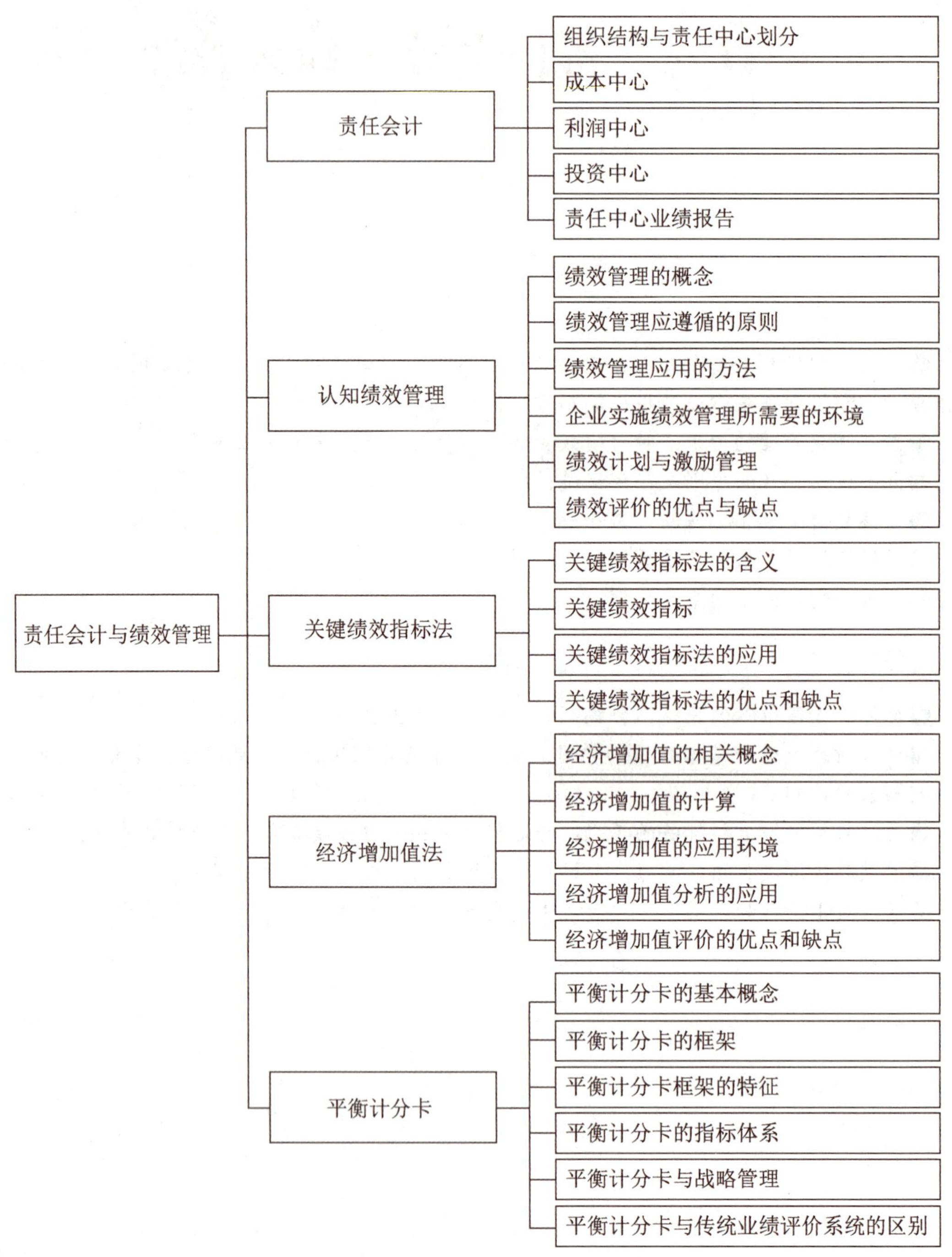


【引入案例】

海滨公司经过多年的发展，规模不断壮大，运营复杂度急剧上升，运营效率停滞不前，运营矛盾日渐成为公司的主要矛盾。根据市场发展要求，在深入分析公司面临的机遇、挑战与存在的主要矛盾后，其开启了基于战略执行的全员绩效管理变革。该体系模型以公司全员目标责任体系为中心，以全闭环绩效过程管理体系为主线，以全面综合保障体系为基础。

为适应公司新的战略目标要求，在原有“目标牵引、过程管控”绩效管理体系基础上引入战略管理与全员管理思想，紧紧围绕公司战略目标，逐步实施绩效管理变革。

全员目标责任体系将公司战略层层分解落实到每位员工实际工作中，做到了“千斤重担有人挑，人人肩上有指标”；绩效评价与结果应用对公司经营目标实行全过程跟踪、辅导与评估，确保公司经营目标顺利实现；全面综合保障体系以科学的组织体系、完备的制度体系、业绩导向的绩效文化和先进的信息技术为主要构成，全面支撑公司绩效管理高效运行。三者实现有机统一，共同构成公司基于战略执行的全员绩效管理体系。

公司通过构建基于战略执行的全员绩效管理体系，将战略目标转化为企业年度经营目标和战略举措矩阵，并将经营目标分解确定为各级组织与人员的年度业绩目标。这使得企业战略不再是企业少数几个人的任务，而是对从公司最高层管理者到每位员工的要求。而按照平衡计分卡四个维度（财务、市场、业务流程、学习与成长）从四个方面构建公司绩效指标体系，也为员工绩效指标搭建奠定了基础。

思考：企业为什么需要进行绩效管理？企业绩效管理应遵循哪些基本原则？企业绩效管理工具方法有哪些？海滨公司的绩效管理方法是什么？海滨公司在绩效管理方面还有哪些需要改进和完善的地方？ 请同学们结合这问题，开启本项目的学习之旅。

# 任务一　责任会计

## 【任务描述】

作为现代管理会计的一个重要分支，责任会计是指为适应企业内部经济责任制的要求，对企业内部各责任中心的经济业务进行规划与控制，以实现业绩考核与评价的一种内部会计控制制度。企业组织结构与其责任会计系统存在密切的关系，理想的责任会计系统应反映并支撑企业组织结构。

业绩包括企业业绩、部门业绩和个人业绩三个层面。业绩的三个层面之间是决定与制约的关系：个人业绩水平决定着部门的业绩水平，部门的业绩水平又决定着企业的业绩水平；反过来，企业业绩水平制约着部门的业绩水平，部门的业绩水平也制约着个人的业绩水平。与此相对应，业绩评价层次也可分为企业层面、部门层面和个人层面，本任务通过责任会计介绍部门层面的业绩评价及其报告。

公司实行分权管理体制，必须建立健全有效的业绩评价和考核制度。公司整体的业绩目标，需要落实到内部各部门和经营单位，成为内部单位业绩评价的依据。根据内部单位职责范围和权限大小，可以分为成本中心、收入中心、利润中心和投资中心。由于收入中心比较简单，实务中也不多见，本任务主要介绍成本中心、利润中心和投资中心。

【知识点】

了解组织结构与责任中心划分；掌握成本中心、利润中心、投资中心的定义、划分及考核指标，掌握责任中心业绩报告编制方法。

【技能点】

学会评价责任中心的业绩，会编制责任中心业绩报告。

【知识储备】

## 一、组织结构与责任中心划分

### （一）企业的集权与分权

集权和分权是企业经营管理权限的分配方式。集权是把企业经营管理权较多集中在企业上层。分权是把企业的经营管理权适当地分散在企业中下层的一种组织形式。

集权和分权虽然可以看作两种不同的组织结构形式，但实际上是上级与下级在权力分配上的比重和协调问题。采取分权的企业有一些决策也是交给上级主管作出的，特别是面对一些不经常发生的和关于企业整体发展的问题时。采取集权的企业也并不表示不让下级参与决策制定。实际上，在集权下，下级在某些事务上也拥有一定的灵活性。

集权的主要优点是便于提高决策效率，对市场作出迅速反应，容易实现目标的一致性，可以避免重复和资源浪费；缺点是容易形成对高层管理者的个人崇拜，导致独裁，导致将来企业高管更替困难，影响企业长远发展。分权的优点是可以让高层管理者将主要精力集中于重要事务，权力下放，可以充分发挥下属的积极性和主动性，增加下属的工作满足感，便于发现和培养人才，下属拥有一定的决策权，可以减少不必要的上下沟通，并可以对下属权限内的事情迅速作出反应；缺点是可能产生与企业整体目标不一致的委托—代理问题。

### （二）科层组织结构

科层组织结构中，存在两类管理机构：一类是直线指挥机构，如总部、分部、车间、工段和班组等；一类是参谋职能机构，如研究开发部、人力资源部、财务部、营销部及售后服务部等。与此相对应，存在两类管理人员：一类是直线人员，如总经理、分部经理、车间主任、工段长和班组长等；一类是参谋人员，如人力资源部部长、财务部部长、营销部部长等。前者是主体，后者是辅助，企业生产经营的决策权力主要集中在最高层的直线领导手中。

在这类组织结构中，企业的生产经营活动主要由直线人员统一领导和指挥，他们有权在自己的职责范围内向下级发布命令和指示，并负全面的领导责任。职能部门则设置在直线领导之下，分别从事专业管理，是各级直线领导的参谋部。职能部门所拟订的计划、方案以及有关指示等，均应由直线领导批准后下达执行，职能部门对下级领导者和下属职能部门无权直接下达命令或进行指挥，只能起到提供建议、咨询以及进行业务指导的作用。

科层组织结构的优点是，各个职能部门目标明确，部门主管容易控制和规划。此外，同类专业的员工一起共事，易于相互学习，提高技能。此外，内部资源较为集中，由同一部门员工分享，可减少不必要的重复和浪费。但是，这种结构的缺点是，部门之间的工作协调常会出现困难，导致不同部门各自为政，甚至争夺公司内部资源。因此，整个企业对外在环境的反应会比较迟钝。而且员工较长时间在一个部门工作，往往眼光会变得狭隘，只看到本部门的目标和利益，缺乏整体意识和创新精神。

### （三）事业部制组织结构

事业部制是一种分权的组织结构。在这种组织结构中，它把分权管理与独立核算结合在一起，在总公司统一领导下，按照产品、地区或者市场（客户）来划分经营单位（事业部）。各个事业部实行相对独立的经营和核算，具有从生产到销售的全部职能。它是在总公司控制下的利润中心，总公司以各事业部为单位制定利润预算。同时，各个事业部又是产品责任单位和市场责任单位，有自己的产品和独立的市场。事业部制的管理原则可以概括为三个：集中决策、分散经营、协调控制。

事业部可以按照产品、地区或者客户等内容划分。按照产品划分事业部是最为常见的形式。例如，广东美的集团股份有限公司就按照产品划分为家用空调、厨房电器、洗衣机、冰箱、中央空调、生活电器、热水器、环境电器、部品九大事业部，其中部品事业部主要包括压缩机和微型电机两大产品。国外通用汽车公司、福特汽车公司、日本松下电器公司等，也都是按照产品类别来划分事业部的。银行等一般按照客户来划分事业部。而按照地区来划分事业部则是在产品销售区域很广、工厂很分散的情况下采取的一种组织形式。

事业部制的主要特点如下。

1．在总公司之下，企业按照产品类别、地区类别或者顾客类别设置生产经营事业部。

2．每个事业部设置各自的执行总经理，每位执行总经理都有权进行采购、生产和销售，对其事业部的生产经营，包括收入、成本和利润的实现负全部责任。

3．总公司在重大问题上集中决策，各个事业部独立经营、独立核算、自负盈亏，是一个利润中心。

4．各个事业部的盈亏直接影响总公司的盈亏，总公司的利润是各个事业部利润之和，总公司对各个事业部下达利润指标，各个事业部必须保证实现总公司下达的利润指标。

### （四）网络组织结构

20 世纪 90 年代以来，以减少企业管理层次、强化分权管理为主要内容的组织形式变革更为强烈。英国电讯公司的管理层次由 12 层减为 6 层，在 1992 年和 1993 年两年中，该公司解雇了 900 名高级管理人员和 5 000 名中级管理人员；1994 年 2 月，该公司又宣布裁减 35 名年薪在 5 万～10 万英镑的高级主管。管理学家们预测，整个 21 世纪就业机会消失最多的岗位是中层管理人员的职位，这实质上是组织扁平化趋势的必然结果。

与事业部制相比，这种组织结构单元和单元之间的关系类似于一个网络，所以这种新企业组织形式被称为扁平化网络组织（N 形组织）。从总体上看，它是一个由众多独立的创新经营单位组成的彼此有紧密联系的网络，其主要特点如下。

1. 分散性

它不是几个或几十个大的战略经营单位的结合，而是由为数众多的小规模经营单位构成的企业联合体，这些经营单位具有很大的独立性。这种模式减少了基层单位对企业或总公司在技术、财务和人力等方面的依赖，基层单位的权力和责任大大增强，充分调动和发挥了基层员工的主动性、积极性和创造性。这一特征使管理会计信息不仅为少数高层管理者服务，而且为更广泛的基层管理者服务，为整个企业集团服务。

2. 创新性

这种组织形式的发展所导致的基层企业权力和责任的增大，需要促进基层经理对本单位的经营绩效负责。最高管理层的权力主要集中在驱动创新过程，创新活动已由过去少数高层管理人员推动转变为企业基层人员的重要职责。现代管理会计为企业的创新提供必要的信息支持。

3. 高效性

在这种组织形式下，行政管理和辅助职能部门被精简。基层企业可以自主地根据具体的市场情况组织生产经营活动，快速对市场作出反应。这一特征要求管理会计更加注重实用性，并在实践中不断学习和修正。

4. 协作性

在这种组织形式下，独立的小规模经营单位的资源是有限的，在生产经营中必须大量依赖与其他单位的广泛合作。这种基层经营单位之间主动的广泛合作，为知识、技能等资源在企业内的转移和企业能力的整合提供了重要渠道。管理会计信息开始“由内而外”，协调和服务于企业集团的整体利益。

【课程案例】

**创新精神**

齐白石，本是个木匠，靠着自学，成为画家，荣获世界和平奖。然而，面对已经取得的成功，他永不满足，而是不断汲取历代名画家的长处，改变自己作品的风格。他 60 岁以后的画，明显地不同于 60 岁以前。70 岁以后，他的画风又变了一次。80 岁以后，他的画的风格再度变化。据说，齐白石的一生，曾五易画风，正因为白石老人在成功后仍然马不停蹄，所以他晚年的作品比早期的作品更为成熟，形成独特的流派与风格。

企业家精神的本质在于创新，企业家所具有的专一、奉献、担当、务实精神等人格魅力诠释了民族情怀和社会责任感。例如，海尔集团率先提出“真诚到永远”家电售后服务理念、华为手机注重顾客体验的产品创新策略。

## 二、成本中心

### （一）成本中心的划分和类型

成本中心是指只对其成本或费用承担经济责任并负责控制和报告成本或费用的责任中

心。成本中心往往是没有收入的。例如，一个生产车间，它的产成品或半成品并不由自己出售，没有销售职能，没有货币收入。有的成本中心可能有少量收入，但不成为主要的考核内容。例如，生产车间可能会取得少量外协加工收入，但这不是它的主要职能，不是考核车间的主要内容。一个成本中心可以由若干个更小的成本中心所组成。又如，一个分厂是成本中心，它由几个车间所组成，而每个车间还可以划分为若干个工段，这些工段是更小的成本中心。任何发生成本的责任领域，都可以确定为成本中心，大的成本中心可能是一个分公司，小的成本中心可能是一台卡车和两个司机组成的单位。成本中心的职责，是用一定的成本去完成规定的具体任务。成本中心有两种类型：标准成本中心和费用中心。

#### 1．标准成本中心

标准成本中心必须是所生产的产品稳定而明确，并且已经知道单位产品所需要的投入量的责任中心。通常，标准成本中心的典型代表是制造业工厂、车间、工段、班组等。在生产制造活动中，每个产品都可以有明确的原材料、人工和制造费用的数量标准和价格标准。实际上，任何一种重复性的活动都可以建立标准成本中心，只要这种活动能够计量产出的实际数量，并且能够说明投入与产出之间可望达到的函数关系。因此，各种行业都可能建立标准成本中心。银行业根据经手支票的多少，医院根据接受检查或放射治疗的人数，快餐业根据售出的盒饭多少，都可建立标准成本中心。

#### 2．费用中心

对于那些产出不能用财务指标来衡量，或者投入和产出之间没有密切关系的部门或单位，适于划分为费用中心。这些部门或单位包括财务、人事、劳资、计划等行政管理部门，研究开发部门，销售部门等。这些部门有的产出难以度量，有的投入量与产出量之间没有密切的联系。对于费用中心，唯一可以准确计量的是实际费用，无法通过投入和产出的比较来评价其效果和效率，从而限制无效费用的支出，因此，有人称之为“无限制的费用中心”。

### （二）成本中心的考核指标

一般而言，标准成本中心的考核指标，是既定产品质量和数量条件下的标准成本。标准成本中心不需要作出定价决策、产量决策或产品结构决策，这些决策由上级管理部门作出，或授权给销售部门。标准成本中心的设备和技术决策，通常由职能管理部门作出，而不是由成本中心的管理人员自己决定。因此，标准成本中心不对生产能力的利用程度负责，而只对既定产量的投入量承担责任。

值得强调的是，如果标准成本中心的产品没有达到规定的质量，或没有按计划生产，则会对其他单位产生不利的影响。因此，标准成本中心必须按规定的质量、时间标准和计划产量来进行生产。这个要求是“硬性”的，很少有伸缩余地。完不成上述要求，成本中心要受到批评甚至惩罚。过高的产量、提前产出造成积压、超产以后销售不出去，同样会给公司带来损失，也应视为未按计划进行生产。

确定费用中心的考核指标是一项困难的工作。由于缺少度量其产出的标准，并且投入和产出之间的关系不密切，运用传统的财务技术来评估这些中心的业绩非常困难。费用中心的业绩涉及预算、工作质量和服务水平。工作质量和服务水平的量化很困难，并且与费用支出关系密切。这正是费用中心与标准成本中心的主要差别。标准成本中心的产品质量和数量有良好的量化方法，如果能以低于预算水平的实际成本生产出相同的产品，则说明该中心业绩良好。而对于费用中心则不然，一个费用中心的支出没有超过预算，可能该中心的工作质量和服务水平低于计划的要求。

通常，使用费用预算来评价费用中心的控制业绩。由于很难依据一个费用中心的工作质量和服务水平来确定预算数额，一种解决办法是考察同行业类似职能的支出水平。例如，有的公司根据销售收入的一定百分比来制定研究开发费用预算。尽管很难解释为什么研究开发费用与销售额具有某种因果关系，但是百分比法还是使人们能够在同行业之间进行比较。另外一个解决办法是零基预算法，即详尽分析支出的必要性及其取得的效果，确定预算标准。还有许多公司依据历史经验来编制费用预算。这种方法虽然简单，但缺点也十分明显。管理人员为在将来获得较多的预算，倾向于把能花的钱全部花掉。越是勤俭度日的管理人员，将越容易面临严峻的预算压力。预算的有利差异只能说明比过去少花了钱，既不表明达到了应有的节约程度，也不说明成本控制取得了应有的效果。因此，依据历史实际费用数额来编制预算并不是个好办法。从根本上说，决定费用中心预算水平有赖于了解情况的专业人员的判断。上级主管人员应信任费用中心的经理，并与他们密切配合，通过协商确定适当的预算水平。在考核预算完成情况时，要利用有经验的专业人员对该费用中心的工作质量和服务水平作出有根据的判断，才能对费用中心的控制业绩作出客观评价。

### （三）责任成本

责任成本是以具体的责任单位（部门、单位或个人）为对象，以其承担的责任为范围所归集的成本，也就是特定责任中心的全部可控成本。

可控成本是指在特定时期内、特定责任中心能够直接控制其发生的成本。所谓可控成本通常应符合以下三个条件：一是成本中心有办法知道将发生什么性质的耗费；二是成本中心有办法计量它的耗费；三是成本中心有办法控制并调节它的耗费。

凡不符合上述三个条件的，即为不可控成本。可控成本总是针对特定责任中心来说的。一项成本，对某个责任中心来说是可控的，对另外的责任中心来说则是不可控的。例如，耗用材料的进货成本，采购部门可以控制，使用材料的生产单位则不能控制。有些成本，对于下级单位来说是不可控的，而对于上级单位来说则是可控的。例如，车间主任不能控制自己的工资（尽管它通常要计入车间成本），而他的上级则可以控制。

区分可控成本和不可控成本，还要考虑成本发生的时间范围。一般来说，在消耗或支付的当期成本是可控的，一旦消耗或支付就不再可控。有些成本是以前决策的结果，如折旧费、租赁费等，在添置设备和签订租约时曾经是可控的，而使用设备或执行契约时已无法控制。

从整个公司的空间范围和很长的时间范围来观察，所有成本都是人的某种决策或行为的结果，都是可控的。但是，对于特定的人或时间来说，有些是可控的，有些是不可控的。需要进一步明确，可控成本与直接成本、变动成本是不同的概念。

直接成本和间接成本的划分依据，是成本的可追溯性。可追溯到个别产品或部门的成本是直接成本；由几个产品或部门共同引起的成本是间接成本。对生产的基层单位来说，大多数直接材料和直接人工是可控制的，但也有部分是不可控的。例如，工长的工资可能是直接成本，但工长无法改变自己的工资，对他来说该成本是不可控的。最基层单位无法控制大多数的间接成本，但有一部分是可控的。例如，机器物料的消耗可能是间接计入产品的，但机器操作工却可以控制它。

变动成本和固定成本的划分依据，是成本依产量的变动性。随产量正比例变动的成本，称为变动成本。在定幅度内不随产量变动而基本上保持不变的成本，称为固定成本。对生产单位来说，大多数变动成本是可控的，但也有部分不可控。例如，按产量和实际成本分摊的工艺装备费是变动成本，但使用工艺装备的生产车间未必能控制其成本的多少，因为产量是上级的指令，其实际成本是制造工艺装备的辅助车间控制的。固定成本和不可控成本也不能等同，与产量无关的广告费、科研开发费、教育培训费等酌量性固定成本都是可控的。

责任成本、变动（边际）成本和制造成本各自计算方法的主要区别如下：一是成本计算的目的不同：计算产品的制造成本是为了确定产品存货成本和销货成本；计算产品的变动成本是为了经营决策；计算责任成本是为了评价成本控制业绩。二是成本计算对象不同：变动成本计算和制造成本计算以产品为成本计算的对象；责任成本以责任中心为成本计算的对象。三是成本的范围不同：产品制造成本计算的范围是全部制造成本，包括直接材料、直接人工和全部制造费用；产品变动成本计算的范围包括直接材料、直接人工、变动制造费用，还包括变动的销售费用和管理费用；责任成本计算的范围是各责任中心的可控成本。四是共同费用在成本对象间分摊的原则不同：制造成本计算按受益原则归集和分摊费用，谁受益谁承担，要分摊全部的制造费用；变动成本计算只分摊变动制造费用，不分摊固定制造费用；责任成本法按可控原则把成本归属于不同责任中心，谁能控制谁负责，不仅可控的变动间接费用要分配给责任中心，可控的固定间接费用也要分配给责任中心。责任成本法是介于完全成本法和变动成本法之间的一种成本方法，有人称之为“局部吸收成本法”或“变动成本和吸收成本法结合的成本方法”。

【知识提示】

责任成本与标准成本、目标成本既有区别又有密切关系。标准成本和目标成本主要强调事先的成本计算，而责任成本重点是事后的计算、评价和考核，是责任会计的重要内容之一。标准成本在制定时 是分产品进行的，事后对差异进行分析时才判别责任归属。目标成本管理要求在事先规定目标时就考虑责任归属，并按责任归属收集和处理实际数据。不管使用目标成本还是标准成本作为控制依据，事后的评价与考核都要求核算责任成本。

计算责任成本的关键是判别每项成本费用支出的责任归属。

### 1. 判别成本费用支出责任归属的原则

通常，可以按以下原则确定责任中心的可控成本。

（1）假如某责任中心通过自己的行动能有效地影响一项成本的数额，那么该中心就要对这项成本负责。

（2）假如某责任中心有权决定是否使用某种资产或劳务，它就应对这些资产或劳务的成本负责。

（3）某管理人员虽然不直接决定某项成本，但是上级要求他参与有关事项，从而对该项成本的支出施加了重要影响，则他对该成本也要承担责任。

### 2. 制造费用的归属和分摊方法

将发生的直接材料和人工费用归属于不同的责任中心通常比较容易，而制造费用的归属则比较困难。为此，需要仔细研究各项消耗和责任中心的因果关系，采用不同的分配方法。一般是依次按下述五个步骤来处理。

（1）直接计入责任中心

将可以直接判别责任归属的费用项目，直接列入应负责的成本中心。例如，机器物料消耗、低值易耗品的领用等，在发生时可判别耗用的成本中心，不需要采用其他标准进行分配。

（2）按责任基础分配

对不能直接归属于个别责任中心的费用，优先采用责任基础分配。有些费用虽然不能直接归属于特定成本中心，但它们的数额受成本中心的控制，能找到合理依据来分配，如动力费、维修费等。如果成本中心能自己控制使用量，可以根据其用量来分配。分配时要使用固定的内部结算价格，防止供应部门的责任向使用部门倾斜。

（3）按受益基础分配

有些费用不是专门属于某个责任中心的，也不宜用责任基础分配，但与各中心的受益多少有关，可按受益基础分配，如按装机功率分配电费等。

（4）归入某一个特定的责任中心

有些费用既不能用责任基础分配，也不能用受益基础分配，则考虑有无可能将其归属于一个特定的责任中心。例如，车间的运输费用和试验检验费用，难以分配到生产班组，不如建立专门的成本中心，由其控制此项成本，不向各班组分配。

（5）不能归属于任何责任中心的固定成本，不进行分摊

例如，车间厂房的折旧是以前决策的结果，短期内无法改变，可暂时不加控制，作为不可控费用。

【知识辨析 9-1】

成本中心控制和考核的内容是（　　）。

A. 责任成本　　B. 产品成本　　C. 直接成本　　D. 目标成本

答案：A

## 三、利润中心

### （一）利润中心划分和类型

成本中心的决策权力是有限的。标准成本中心的管理人员可以决定投入，但产品的品种和数量往往要由其他人员来决定。费用中心为本公司提供服务或进行某一方面的管理。收入中心负责分配和销售产品，但不控制产品的生产。当某个责任中心被同时赋予生产和销售职能时，该中心的自主权就会显著地增加，管理人员能够决定生产什么、如何生产、产品质量的水平、价格的高低、销售的办法以及生产资源如何在不同产品之间进行分配等。这种责任中心出现在大型分散式经营的组织中，小公司很难或不必采用分散式组织结构，如果大公司采用集权式管理组织结构，也不会使下级具有如此广泛的决策权。这种具有几乎全部经营决

策权的责任中心，可以被确定为利润中心或投资中心。

利润中心是指对利润负责的责任中心。由于利润等于收入减去成本或费用，所以利润中心是对收入、成本和费用都要承担责任的责任中心。

利润中心有两种类型：一种是自然的利润中心，它直接向公司外部出售产品，在市场上进行购销业务。例如，某些公司采用事业部制，每个事业部均有销售、生产、采购的职能，有很大的独立性，这些事业部就是自然的利润中心。另一种是人为的利润中心，它主要在公司内部按照内部转移价格出售产品。例如，大型钢铁公司分成采矿、炼铁、炼钢、轧钢等几个部门，这些生产部门的产品主要在公司内部转移，它们只有少量对外销售，或者由专门的销售机构完成全部对外销售，这些生产部门可视为利润中心，并称为人为的利润中心。再如，公司内部的辅助部门，包括修理、供电、供水、供气等部门，可以按固定的价格向生产部门收费，它们也可以确定为人为的利润中心。

通常，利润中心被看成一个可以用利润衡量其一定时期业绩的组织单位。但是，并不是可以计量利润的组织单位都是真正意义上的利润中心。利润中心组织的真正目的是激励下级制定有利于整个公司的决策并努力工作。仅仅规定一个组织单位的产品价格并把投入的成本归集到该单位，并不能使该组织单位具有自主权或独立性。从根本目的上来看，利润中心是指管理人员有权对其供货的来源和市场的选择进行决策的单位。一般来说，利润中心要向顾客销售其大部分产品，并且可以自由地选择大多数材料、商品和服务等项目的来源。根据这一定义，尽管某些公司也采用利润指标来计算各生产部门的经营成果，但这些部门不一定就是利润中心。把不具有广泛权力的生产或销售部门定为利润中心，并用利润指标去评价它们的业绩，往往会引起内部冲突或次优化，对加强管理反而是有害的。

### （二）利润中心的考核指标

对利润中心进行考核的指标主要是利润。诚然，任何一个单独的业绩衡量指标都不能够反映出某个组织单位的所有经济效果，利润指标也是如此。因此，尽管利润指标具有综合性，利润计算具有强制性和较好的规范化程度，但仍然需要一些非货币的衡量方法作为补充，包括生产率、市场地位、产品质量、职工态度、社会责任、短期目标和长期目标的平衡等。

在计量一个利润中心的利润时，需要解决两个问题：第一，选择一个利润指标，分配成本到该中心；第二，为在利润中心之间转移的产品或劳务规定价格。这里先讨论第一个问题，后一个问题将单独讨论。

利润并不是一个十分具体的概念，在这个名词前边加上不同的定语，可以得出不同的具体利润指标。在评价利润中心业绩时，至少有三种选择：部门边际贡献、部门可控边际贡献、部门税前经营利润。具体计算公式如下：

部门边际贡献=部门销售收入-部门变动成本总额

部门可控边际贡献=部门边际贡献-部门可控固定成本

部门税前经营利润=部门可控边际贡献-部门不可控固定成本

【任务举例 9-1】

海滨公司一个生产部门的有关数据如表 9-1 所示。

表 9-1　海滨公司某部门有关数据　　　　单位：元

| 项目 | 成本费用 | 收益 |
| --- | --- | --- |
| 部门销售收入 | | 15 000 |
| 部门变动销货成本 | 8 000 | |
| 部门变动费用 | 2 000 | |
| （1）部门边际贡献 | | 5 000 |
| 部门可控固定成本 | 800 | |
| （2）部门可控边际贡献 | | 4 200 |
| 部门不可控固定成本 | 1 200 | |
| （3）部门税前经营利润 | | 3 000 |

以边际贡献 5 000 元作为业绩评价依据不够全面。部门经理至少可以控制某些固定成本，并且在固定成本和变动成本的划分上有一定选择余地。以边际贡献为评价依据，可能导致部门经理尽可能多地支出固定成本以减少变动成本支出，尽管这样做并不能降低总成本。因此，业绩评价时至少应包括可控制的固定成本。

以可控边际贡献 4 200 元作为业绩评价依据可能是最佳选择，因之反映了部门经理在其权限和控制范围内有效使用资源的能力。

部门经理可控制收入以及变动成本和部分固定成本，因而可以对可控边际贡献承担责任。这一衡量标准的主要问题是可控固定成本和不可控固定成本的区分比较困难。例如，折旧费用、保险费用等，如果部门经理有权处置与此相关的资产，那么，它们就是可控的；反之，则是不可控的。又如，职工的工资水平通常是由公司集中决定的，如果部门经理有权决定本部门聘用多少职工，那么，工资费用是其可控成本：如果部门经理既不能决定工资水平，又不能决定职工人数，则工资费用是不可控成本。

以税前经营利润 3 000 元作为业绩评价依据，适合评价该部门对公司利润和管理费用的贡献，而不适合于对部门经理的评价。如果要决定该部门的取舍，部门可控边际贡献是有重要意义的信息。如果要评价部门经理的业绩，因为有一部分固定成本是过去最高管理层投资决策的结果，现在的部门经理已很难改变，故税前经营利润超出了经理人员的控制范围。

有的公司将总部的管理费用分配给各部门。公司总部的管理费用是部门经理无法控制的成本，由于分配公司管理费用而引起部门利润的不利变化，不能由部门经理负责。不仅如此，分配给各部门的管理费用的计算方法常常是任意的，部门本身的活动和分配来的管理费用高低并无因果关系。普遍采用的销售百分比、资产百分比等，会使其他部门分配基数的变化影响本部门分配管理费用的数额。许多公司把所有的总部管理费用分配给下属部门，意在提醒部门经理注意各部门提供的营业利润必须抵补总部的管理费用，否则公司作为一个整体就不会盈利。其实，通过给每个部门建立一个期望能达到的可控边际贡献标准，可以更好地达到上述目的。这样，部门经理可集中精力增加收入并降低可控成本，而不必在分析那些他们不可控的分配来的管理费用上花费精力。

### （三）内部转移价格

内部转移价格，是指企业内部分公司、分厂、车间、分部等责任中心之间相互提供产品（或服务）、资金等内部交易时所采用的计价标准。

分散经营的组织单位之间相互提供产品或劳务时，需要制定一个内部转移价格。转移价格对于提供产品或劳务的生产部门来说表示收入，对于使用这些产品或劳务的购买部门来说则表示成本。因此，转移价格会影响到这两个部门的获利水平，使得部门经理非常关心转移价格的制定，并经常引起争论。

制定转移价格的目的有两个：一是防止成本转移带来的部门间责任转嫁，使每个利润中心都能作为单独的组织单位进行业绩评价；二是作为一种价格机制引导下级部门采取明智的决策。生产部门据此确定提供产品的数量，购买部门据此确定所需要的产品数量。但是，这两个目的往往有矛盾。能够满足评价部门业绩的转移价格，可能引导部门经理采取并非对公司最优的决策；而能够正确引导部门经理的转移价格，可能使某个部门获利水平很高而另一个部门亏损。我们很难找到理想的转移价格来兼顾业绩评价和价格制定决策，而只能根据公司的具体情况选择基本满意的解决办法。

可以考虑的转移价格有以下几种。

#### 1. 市场型内部转移价格

市场型内部转移价格，是指以市场价格为基础、由成本和毛利构成的内部转移价格，一般适用于利润中心。

责任中心提供的产品（或服务）经常外销且外销比例较大的，或提供的产品（或服务）有外部活跃市场可靠报价的，可以外销价格或活跃市场报价作为内部转移。

责任中心一般不对外销售，且外部市场没有可靠报价的产品（或服务），或企业管理层和有关各方认为不需要频繁变动价格的，可参照外部市场或预测价格制定模拟市场价格。责任中心没有外部市场但企业出于管理需要设置为模拟利润中心的，可以生产成本数据为基础制定的内部转移价格，一般适用于成本中心。

#### 2. 协商型内部转移价格

协商型内部转移价格是指企业内部供求双方通过协商机制制定的内部转移价格，主要适用于分权程度较高的企业。协商价格的取值范围通常较宽，一般不高于市场价，不低于单位变动成本。

【知识辨析 9-2】

产品在企业内部各责任中心之间销售，只能按照“内部转移价格”取得收入的利润中心是（　　）。

A．责任中心　　　　B．局部的利润中心

C．自然的利润中心　　　　D．人为的利润中心

答案：D

# 四、投资中心

## （一）投资中心的划分

投资中心是指某些分散经营的单位或部门，其经理所拥有的自主权不仅包括制定价格、确定产品和生产方法等经营决策权，而且包括投资规模和投资类型等投资决策权。投资中心的经理不仅能控制除公司分摊管理费用外的全部成本和收入，而且能控制占用的资产，因此，对于投资中心不仅要衡量其利润，而且要衡量其资产的投资报酬率。

## （二）投资中心的考核指标

由于所得税是根据整个企业的收益确定的，与部门的业绩评价没有直接关系，因此通常使用税前经营利润和税前投资报酬率。投资中心业绩的考核指标通常有以下两种。

### 1. 投资报酬率

这是最常见的考核投资中心业绩的指标。这里所说的投资报酬率是部门税前经营利润除以该部门所拥有的平均净经营资产。

部门投资报酬率=部门税前经营利润÷部门平均净经营资产

【任务举例 9-2】

海滨公司有 A 和 B 两个部门，有关数据如表 9-2 所示。

表 9-2　某公司 A、B 部门相关数据　　单位：元

| 项目 | A 部门 | B 部门 |
|---|---|---|
| 部门税前经营利润 | 108 000 | 90 000 |
| 所得税（税率 25%） | 27 000 | 22 500 |
| 部门税后经营净利润 | 81 000 | 67 500 |
| 部门平均经营资产 | 900 000 | 600 000 |
| 部门平均经营负债 | 50 000 | 40 000 |
| 部门平均净经营资产（部门平均净投资资本） | 850 000 | 560 000 |

A 部门投资报酬率=108 000÷850 000=12.71%

B 部门投资报酬率=90 000÷560 000=16.07%

用部门投资报酬率来评价投资中心业绩有许多优点：它是根据现有的会计资料计算的，比较客观，可用于部门之间以及不同行业之间的比较。部门投资报酬率可以分解为投资周转率和部门经营利润率两者的乘积，并可进一步分解为资产的明细项目和收支的明细项目，从而对整个部门的经营状况作出评价。

部门投资报酬率指标的不足也十分明显：部门经理会产生“次优化”行为。具体来讲，部门会放弃高于公司要求的报酬率而低于目前部门投资报酬率的机会，或者减少现有的投资报酬率较低但高于公司要求的报酬率的某些资产，使部门的业绩获得较好评价，却损害了公司整体利益。

假设【任务举例 9-2】中，公司要求的税前投资报酬率为 11%。B 部门经理面临一个税前投资报酬率为 13%的投资机会，投资额为 100 000 元，每年部门税前经营利润 13 000 元。尽管对整个公司来说，由于投资报酬率高于公司要求的报酬率，应当利用这个投资机会，却使该部门的投资报酬率由过去的 16.07%下降到 15.61%。投资报酬率=（90 000+13 000）/（560 000+ 100 000）×100%=15.61%

同样道理，当情况与此相反，假设该 B 部门现有一项资产价值 50 000 元，每年税前获利 6 500 元，税前投资报酬率为 13%，超过了公司要求的报酬率，B 部门经理却愿意放弃该项资产，以提高部门的投资报酬率：投资报酬率=（90 000 - 6 500）/（560 000 - 50 000）×100%=16.37%。

当使用投资报酬率作为业绩评价标准时，部门经理可以通过加大分子或减少分母来提高这个比率。实际上，减少分母更容易实现。这样做，会失去可以扩大股东财富的机会。从引导部门经理采取与公司总体利益一致的决策来看，投资报酬率并不是一个很好的指标。

### 2. 剩余收益

作为业绩评价指标，它的主要优点是与增加股东财富的目标一致。为了克服由于使用比率来衡量部门业绩带来的次优化问题，许多公司采用绝对数指标来实现利润与投资之间的联系，这就是剩余收益。

部门剩余收益=部门税前经营利润-部门平均净经营资产应计报酬

=部门税前经营利润-部门平均净经营资产×要求的税前投资报酬率

剩余收益的主要优点是可以使业绩评价与公司的目标协调一致，引导部门经理采纳高于公司要求的税前投资报酬率的决策。

续【任务举例 9-2】，假设 A 部门要求的税前投资报酬率为 10%，B 部门的风险较大，要求的税前投资报酬率为 12%。

A 部门剩余收益=108 000-850 000×10%=23 000（元）

B 部门剩余收益=90 000-560 000×12%=22 800（元）

B 部门经理如果采纳前面提到的投资机会（税前投资报酬率为 13%，投资额 100 000 元，每年税前获利 13 000 元），可以增加部门剩余收益：

采纳投资方案后剩余收益=（90 000+13 000）-（560 000+10 000）×12%=23 800（元）B 部门经理如果采纳前面提到的减少一项现有资产的方案（价值 50 000 元，每年税前获利 6 500 元，税前投资报酬率为 13%），会减少部门剩余收益：

采纳减资方案后剩余收益=（90 000-6 500）-（560 000-5 000）×12%=22 300（元）因此，B 部门经理会采纳投资方案而放弃减资方案，与公司总目标一致。

采用剩余收益指标还有一个好处，就是允许使用不同的风险调整资本成本。从现代财务理论来看，不同的投资有不同的风险，要求按风险程度调整其资本成本。因此，不同行业部门的资本成本不同，甚至同一部门的资产也属于不同的风险类型。例如，现金、短期应收款和长期资本投资的风险有很大区别，要求有不同的资本成本。在使用剩余收益指标时，可以对不同部门或者不同资产规定不同的资本成本百分数，使剩余收益这个指标更加灵活。

剩余收益指标的不足在于不便于不同规模的公司和部门的业绩比较。剩余收益指标是一个绝对数指标，不便于不同规模的公司和部门的比较，由此使其有用性下降。较大规模的公司即使运行效率较低，也能比规模较小的公司获得较大的剩余收益。规模大的部门容易获得较大的剩余收益，而它们的投资报酬率并不一定很高。另一个不足在于它依赖于会计数据的质量。剩余收益的计算要使用会计数据，包括净利润、投资的账面价值等。如果会计信息的质量低劣，也会导致低质量的剩余收益和业绩评价。

现对三大责任中心的特征进行归纳总结，如表 9-3 所示。

表 9-3　三大责任中心特征对比表

| 项目 | 应用范围 | 权利 | 考核范围 | 考核指标 |
| --- | --- | --- | --- | --- |
| 成本中心 | 最广 | 可控成本的控制权 | 可控的成本、费用 | 标准成本中心：既定产品质量和数量条件下的标准成本<br>费用中心：费用预算 |
| 利润中心 | 较窄 | 有权对其供货的来源和市场的选择进行决策（经营决策权） | 成本（费用）、收入、利润 | 部门边际贡献<br>部门可控边际贡献<br>部门税前经营利润 |
| 投资中心 | 最小 | 经营决策权、投资决策权 | 成本（费用）、收入、利润、投资效果（率） | 部门投资报酬率<br>部门剩余收益 |

【知识辨析 9-3】

在下列各项中，需要同时对成本、收入、利润和投资负责的是（　　）。

A. 成本中心　　B. 利润中心　　C. 投资中心　　D. 责任中心

答案：C

## 五、责任中心业绩报告

企业内部责任中心，如前文所述可以划分为成本中心、利润中心和投资中心。责任中心的业绩评价和考核应该通过编制业绩报告来完成。业绩报告也称责任报告、绩效报告，它是反映责任预算实际执行情况，揭示责任预算与实际结果之间差异的内部管理会计报告。它着重于对责任中心管理者的业绩评价，其本质是要得到一个结论：与预期的目标相比较，责任中心管理者干得怎样。

业绩报告的主要目的在于将责任中心的实际业绩与其在特定环境下本应取得的业绩进行比较，因此实际业绩与预期业绩之间差异的原因应得到分析，并且应尽可能予以数量化。这样，业绩报告中应当传递出三种信息：一是关于实际业绩的信息；二是关于预期业绩的信息；三是关于实际业绩与预期业绩之间差异的信息。这也意味着合格的业绩报告的三个主要特征：报告应当与个人责任相联系、实际业绩应该与最佳标准相比较、重要信息应当予以突出显示。

### （一）成本中心业绩报告

成本中心的业绩考核指标通常为该成本中心的所有可控成本，即责任成本。成本中心的业绩报告，通常是按成本中心可控成本的各明细项目列示其预算数、实际数和成本差异数的三栏式表格。由于各成本中心是逐级设置的，所以其业绩报告也应自下而上，从最基层的成本中心逐级向上汇编，直至最高层次的成本中心。每级的业绩报告，除最基层只有本身的可控成本外，都应包括本身的可控成本和下属部门转来的责任成本。例如，海滨公司制造部是个成本中心，下属两个分厂，每个分厂设有三个车间。其成本中心的业绩报告如表 9-4 所示。

表 9-4　成本中心的业绩报告　　单位：元

| 制造部一分厂甲车间业绩报告 | | | |
|---|---|---|---|
| | 预算成本 | 实际可控成本 | 差异 |
| 工人工资 | 58 100 | 58 000 | 100（F） |
| 原材料 | 32 500 | 34 225 | 1 725（U） |
| 行政人员工资 | 6 400 | 6 400 | |
| 水电费 | 5 750 | 5 690 | 60（F） |
| 折旧费用 | 4 000 | 4 000 | |
| 设备维修 | 2 000 | 1 990 | 10（F） |
| 保险费 | 975 | 975 | |
| 合计 | 109 725 | 111 280 | 1 555（U） |
| 制造部一分厂业绩报告 | | | |
| | 预算成本 | 实际可控成本 | 差异 |
| 管理费用 | 17 500 | 17 350 | 150（F） |
| 甲车间 | 109 725 | 111 280 | 1 555（U） |
| 乙车间 | 190 500 | 192 600 | 2 100（U） |
| 丙车间 | 149 750 | 149 100 | 650（F） |
| 合计 | 467 475 | 470 330 | 2 855（U） |
| 制造部业绩报告 | | | |
| | 预算成本 | 实际可控成本 | 差异 |
| 管理费用 | 19 500 | 19 700 | 200（U） |
| 一分厂 | 467 475 | 470 330 | 2 855（U） |
| 二分厂 | 395 225 | 394 300 | 925（F） |
| 合计 | 882 200 | 884 330 | 2 130（U） |

注：U 表示不利差异，F 表示有利差异，下同。

从表 9-4 可以看出，总体上看，在制造部，一分厂产生了不利差异，还比较大：从一分厂内部看，其不利差异主要是甲车间和乙车间引起的；从甲车间看，引起不利差异的主要原因是原材料成本超支了。成本中心的各级经理人，就其权责范围编制业绩报告并对其负责部门的成本差异负责。级别越低的成本中心，从事的经营活动越具体，其业绩报告涉及的成本项目分类也越详细。根据成本绩效报告，责任中心的各级经理人可以针对成本差异，寻找原因对症下药，以便对成本费用实施有效的管理控制，从而提高业绩水平。

### （二）利润中心业绩报告

利润中心的考核指标通常为该利润中心的部门边际贡献、分部经理可控边际贡献和部门可控边际贡献。利润中心的业绩报告，分别列出其可控的销售收入、变动成本、边际贡献、分部经理人员的可追溯固定成本、分部经理可控边际贡献、分部经理不可控但高层管理人员可控的可追溯固定成本、部门可控边际贡献的预算数和实际数；并通过实际与预算的对比，分别计算差异，据此进行差异的调查、分析产生差异的原因。利润中心的业绩报告也是自下而上逐级汇编的，直至整个企业的息税前利润。利润中心的业绩报告的基本形式如表9-5所示。

表9-5　利润中心业绩报告　　单位：元

| 项目 | 预算 | 实际 | 差异 |
| --- | --- | --- | --- |
| 部门销售收入 | 245 000 | 248 000 | 3 000（F） |
| 减：部门变动成本 | 111 000 | 112 000 | 1 000（U） |
| 部门边际贡献 | 134 000 | 136 000 | 2 000（F） |
| 部门可控固定成本 | 24 000 | 24 500 | 500（U） |
| 部门可控边际贡献 | 110 000 | 111 500 | 1 500（F） |
| 部门不可控固定成本 | 18 000 | 18 900 | 900（U） |
| 部门税前经营利润 | 92 000 | 92 600 | 600（F） |

从表9-5可以看出，无论从部门边际贡献，还是部门可控边际贡献，还是部门税前经营利润都是有利差异，都超额完成了预算指标。

### （三）投资中心业绩报告

投资中心的主要考核指标是投资报酬率和剩余收益，补充的指标是现金回收率和剩余现金流量。投资中心不仅需要对成本、收入和利润负责，而且要对所占用的全部资产（包括固定资产和营运资金）的经营效益承担责任。投资中心的业绩评价指标除了成本、收入和利润指标外，主要还包括投资报酬率、剩余收益等指标。因此，对于投资中心而言，它的业绩报告通常包含上述评价指标。现举例说明如下：

【任务举例9-3】

海滨公司A分公司为一投资中心，该公司规定的最低报酬率为12%。现根据A分公司的有关原始凭证等资料，编制出该投资中心的业绩报告，如表9-6所示。

表9-6　投资中心业绩报告　　金额单位：元

| 项目 | 预算 | 实际 | 差异 |
| --- | --- | --- | --- |
| 部门销售收入 | 573 000 | 591 000 | 18 000（F） |
| 部门变动成本 | 246 000 | 251 200 | 5 200（U） |
| 部门边际贡献 | 327 000 | 339 800 | 12 800（F） |
| 部门可控固定成本 | 140 000 | 141 400 | 1 400（U） |
| 部门可控边际贡献 | 187 000 | 198 400 | 11 400（F） |
| 部门不可控固定成本 | 12 000 | 15 000 | 3 000（U） |
| 部门税前经营利润 | 175 000 | 183 400 | 8 400（F） |
| 部门平均净经营资产 | 665 500 | 690 500 | 25 000 |
| 部门投资报酬率 | 26.3% | 26.6% | 0.3%（F） |
| 要求的税前投资报酬率 | 12% | 12% | |
| 要求的税前投资收益 | 79 860 | 82 860 | |
| 部门剩余收益 | 95 140 | 100 540 | 5 400（F） |

从表 9-6 可知，A 分公司的实际投资报酬率与剩余收益均超过了预算数，说明该投资中心在本年度的经营业绩较好。

# 任务二　认知绩效管理

## 【任务描述】

绩效管理的核心是绩效评价和激励管理。绩效评价，是指企业运用系统的工具方法，对一定时期内企业营运效率与效果进行综合评判的管理活动。绩效评价是企业实施激励管理的重要依据。激励管理，是指企业运用系统的工具方法，调动企业员工的积极性、主动性和创造性，激发企业员工工作动力的管理活动。激励管理是促进企业绩效提升的重要手段。

## 【知识点】

了解绩效管理的概念，熟悉绩效管理应遵循的原则，掌握绩效管理应用的方法，掌握企业实施绩效管理所需要的环境绩效计划与激励管理，了解绩效评价的优点与缺点。

## 【技能点】

学会制订绩效计划与激励计划。

## 【知识储备】

## 一、绩效管理的概念

绩效管理，是指企业与所属单位（部门）、员工之间就绩效目标及如何实现绩效目标达成共识，并帮助和激励员工取得优异绩效，从而实现企业目标的管理过程。

## 二、绩效管理应遵循的原则

### （一）战略导向原则

绩效管理应为企业实现战略目标服务，支持价值创造能力提升。企业实施绩效管理的目的是为战略目标的实现提供支持，帮助企业分解并落实企业的战略目标，这是绩效管理最终要致力达到的目标。

### （二）客观公正原则

绩效管理应实事求是，评价过程应客观公正，激励实施应公平合理。公平公正是确立和推行绩效考核的前提。不公平公正，就不可能发挥绩效考核应有的作用。对于绩效考核的结论应对本人公开，这是保证绩效考核发挥作用的重要手段。这样做，一方面可以使被考核者

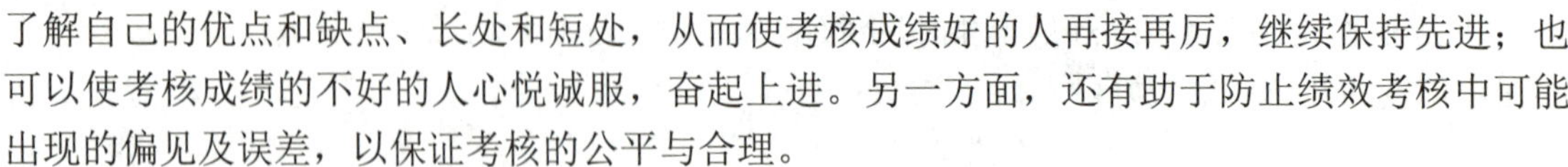

了解自己的优点和缺点、长处和短处，从而使考核成绩好的人再接再厉，继续保持先进；也可以使考核成绩的不好的人心悦诚服，奋起上进。另一方面，还有助于防止绩效考核中可能出现的偏见及误差，以保证考核的公平与合理。

### （三）规范统一原则

绩效管理的政策和制度应统一明确，并严格执行规定的程序和流程。绩效管理所有标准及流程以制度的形式明文规定，在企业内部形成确定的组织、时间、方法和标准，便于考核人与被考核人按照规范化的程序进行操作，以保证程序规范。提高企业的绩效管理效率，必须设立有效的绩效管理流程，根据公司的部门设置和权限划分，制定公司绩效管理的规范化流程，确认各部门在绩效管理流程中的具体职责，有利于绩效管理具体措施的实施，避免绩效管理方案成为一纸空文。

### （四）科学有效原则

绩效管理应做到目标符合实际，方法科学有效，激励与约束并重，操作简便易行。绩效管理是否按照已设定的流程顺利进行，需要依赖科学有效的绩效管理监督机制。建立科学有效的绩效管理监督机制，在企业内部设立专门监督各部门、员工个人绩效目标的监督机制，对按要求高质量实现绩效目标的部门和个人实施一定的奖励方案，对没有按时按质完成公司规定的绩效目标的个人和部门，采取一定的惩罚措施，这有助于提高企业内部各部门和员工个人对企业工作的责任感和积极性。

## 三、绩效管理应用的方法

绩效管理领域应用的管理会计工具方法，一般包括关键绩效指标法、经济增加值法、平衡计分卡、股权激励等。企业可根据自身战略目标、业务特点和管理需要，结合不同工具方法的特征及适用范围，既可选择一种适合的绩效管理工具方法单独使用，又可选择两种或两种以上的工具方法综合运用。这些方法将在后面的任务中说明。

【知识辨析 9-4】

下列项目中，不属于绩效管理领域应用的管理会计工具方法的是（　　）。

A. 关键绩效指标法　　B. 经济增加值法

C. 股权激励　　D. 股票激励

答案：D

## 四、企业实施绩效管理所需要的环境

### （一）机构要求

企业进行绩效管理时，应设立薪酬与考核委员会或类似机构，主要负责审核绩效管理的政策和制度、绩效计划与激励计划、绩效评价结果与激励实施方案、绩效评价与激励管理报告等，协调解决绩效管理工作中的重大问题。

### （二）体系要求

企业应建立健全绩效管理的制度体系，明确绩效管理的工作目标、职责分工、工作程序、工具方法、信息报告等内容。

### （三）系统要求

企业应建立有助于绩效管理实施的信息系统，为绩效管理工作提供信息支持。

## 五、绩效计划与激励管理

### （一）绩效计划与激励计划的制订

#### 1. 一般程序

企业应用绩效管理工具方法，一般按照制订绩效计划与激励计划、执行绩效计划与激励计划、实施绩效评价与激励、编制绩效评价与激励管理报告等程序进行。

#### 2. 编制背景

企业应根据战略目标，综合考虑绩效评价期间宏观经济政策、外部市场环境、内部管理需要等因素，结合业务计划与预算，按照上下结合、分级编制、逐级分解的程序，在沟通反馈的基础上，编制各层级的绩效计划与激励计划。

#### 3. 绩效计划落实的顺序

绩效计划是企业开展绩效评价工作的行动方案，包括构建指标体系、分配指标权重、确定绩效目标值、选择计分方法和评价周期、拟定绩效责任书等一系列管理活动。制订绩效计划通常从企业级开始，层层分解到所属单位（部门），最终落实到具体岗位和员工。

#### 4. 绩效评定方法及指标的选择

企业可单独或综合运用关键绩效指标法、经济增加值法、平衡计分卡等工具方法构建指标体系。指标体系应反映企业战略目标实现的关键成功因素，具体指标应含义明确、可度量。

指标权重的确定可选择运用主观赋权法和客观赋权法，也可综合运用这两种方法。主观赋权法是利用专家或个人的知识与经验来确定指标权重的方法，如德尔菲法、层次分析法等。客观赋权法是从指标的统计性质入手，由调查数据确定指标权重的方法，如主成分分析法、均方差法等。

绩效目标值的确定可参考内部标准与外部标准。内部标准有预算标准、历史标准、经验标准等；外部标准有行业标准、竞争对手标准、标杆标准等。

（1）绩效评价的计分方法

绩效评价计分方法可分为定量法和定性法。定量法主要有功效系数法和综合指数法等；定性法主要有素质法和行为法等。

①功效系数法，是指根据多目标规划原理，将所要评价的各项指标分别对照各自的标准，并根据各项指标的权重，通过功效函数转化为可以度量的评价分数，再对各项指标的单项评价分数进行加总，得出综合评价分数的一种方法。该方法的优点是从不同侧面对评价对象进行计算评分，满足了企业多目标、多层次、多因素的绩效评价要求；缺点是标准值确定难度较大，比较复杂。功效系数法的计算公式为：

绩效指标总得分=Σ单项指标得分

单项指标得分=本档基础分+调整分

本档基础分=指标权重×本档标准系数

调整分=功效系数×（上档基础分-本档基础分）

上档基础分=指标权重×上档标准系数

功效系数=（实际值-本档标准值）/（上档标准值-本档标准值）

对评价标准值的选用，应结合评价的目的、范围、企业所处行业、企业规模等具体情况，参考国家相关部门或研究机构发布的标准值确定。

【任务举例 9-4】

单个指标计分方法——功效系数法

评价指标：净资产收益率

评价标准值：18%

功效系数法量表如表 9-7 所示。

表 9-7 功效系数法量表

| 优秀 | 良好 | 合格 | 较低 | 较差 |
|---|---|---|---|---|
| 25% | 20% | 15% | 10% | 5% |
| 1.0 | 0.8 | 0.6 | 0.4 | 0.2 |

实际值：16%

评价结果：该指标得分={0.6+[（16%-15%）÷（20%-15%）]（0.8-0.6）}×100=64

②综合指数法，是指根据指数分析的基本原理，计算各项绩效指标的单项评价指数和加权评价指数，据以进行综合评价的方法。该方法的优点是操作简单，容易理解；缺点是在标准值存在异常时影响结果的准确性。综合指数法的计算公式为：

绩效指标总得分=Σ（单项指标评价指数×该项评价指标的权重）

③素质法，是指评估员工个人或团队在多大程度上具有组织所要求的某种基本素质、关键技能和主要特质的方法。

④行为法，是指专注于描述与绩效有关的行为状态，考核员工在多大程度上采取了管理者所期望或工作角色所要求的组织行为的方法。

（2）绩效评价的周期

绩效评价周期一般可分为月度、季度、半年度、年度。月度、季度绩效评价一般适用于企业基层员工和管理人员，半年度绩效评价一般适用于企业中高层管理人员，年度绩效评价适用于企业所有被评价对象，任期绩效评价主要适用于企业负责人。

（3）激励计划

激励计划是企业为激励被评价对象而采取的行动方案，包括激励对象、激励形式、激励条件、激励周期等内容。激励计划按激励形式可分为薪酬激励计划、能力开发激励计划、职业发展激励计划和其他激励计划。薪酬激励计划按期限还可分为短期薪酬激励计划和中长期薪酬激励计划。

①短期薪酬激励计划主要包括绩效工资、绩效奖金、绩效福利等。

②中长期薪酬激励计划主要包括股票期权、股票增值权、限制性股票以及虚拟股票等。

③能力开发激励计划主要包括对员工知识、技能等方面的提升计划。

④职业发展激励计划主要是对员工职业发展作出的规划。

⑤其他激励计划包括良好的工作环境、晋升与降职、表扬与批评等。

（4）绩效计划与激励计划制订完成后应注意的问题

激励计划的制订应以绩效计划为基础，采用多元化的激励形式，兼顾内在激励与外在激励、短期激励与长期激励、现金激励与非现金激励、个人激励与团队激励、正向激励与负向激励，充分发挥各种激励形式的综合作用。

绩效计划与激励计划制订完成后，应经薪酬与考核委员会或类似机构审核，报董事会或类似机构审批。经审批的绩效计划与激励计划应保持稳定，一般不予调整，若受国家政策、市场环境、不可抗力等客观因素影响，确需调整的，应严格履行规定的审批程序。

## （二）绩效计划与激励计划的执行

审批后的绩效计划与激励计划，应以正式文件的形式下达执行，确保与计划相关的被评价对象能够了解计划的具体内容和要求。

绩效计划与激励计划下达后，各计划执行单位（部门）应认真组织实施，从横向和纵向两个方面落实到各所属单位（部门）、各岗位员工，形成全方位的绩效计划与激励计划执行责任体系。

绩效计划与激励计划执行过程中，企业应建立配套的监督控制机制，及时记录执行情况，进行差异分析与纠偏，持续优化业务流程，确保绩效计划与激励计划的有效执行。

### 1．监控与记录

企业可借助信息系统或其他信息支持手段，监控和记录指标完成情况、重大事项、员工的工作表现、激励措施执行情况等内容。收集信息的方法主要有观察法、工作记录法、他人反馈法等。

### 2．分析与纠偏

根据监控与记录的结果，重点分析指标完成值与目标值的偏差、激励效果与预期目标的偏差，提出相应整改建议并采取必要的改进措施。

### 3．编制分析报告

分析报告主要反映绩效计划与激励计划的执行情况及分析结果，其频率可以是月度、季度、年度，也可以根据需要编制。

绩效计划与激励计划执行过程中，绩效管理工作机构应通过会议、培训、网络、公告栏等形式，进行多渠道、多样化、持续不断的沟通与辅导，使绩效计划与激励计划得到充分理解和有效执行。

【知识辨析 9-5】

绩效计划和激励计划执行过程应包括（　　）。

A. 监控与记录　　B. 分析与纠偏　　C. 核算与管理　　D. 编制分析报告

答案：ABD

## （三）绩效评价与激励计划的实施

### 1. 进行评价

绩效管理工作机构应根据计划的执行情况定期实施绩效评价与激励，按照绩效计划与激励计划的约定，对被评价对象的绩效表现进行系统、全面、公正、客观地评价，并根据评价结果实施相应的激励。

### 2. 形成综合评价结果

评价主体应按照绩效计划收集相关信息，获取被评价对象的绩效指标实际值，对照目标值，应用选定的计分方法，计算评价分值，并进一步形成对被评价对象的综合评价结果。

### 3. 确认评价结果，并公开发布或公开告知

绩效评价过程及结果应有完整的记录，结果应得到评价主体和被评价对象的确认，并进行公开发布或非公开告知。公开发布的主要方式有召开绩效发布会、在企业网站公示绩效、在面板公告绩效等；非公开发布一般采用一对一书面、电子邮件函告或面谈告知等方式进行。

### 4. 进行绩效反馈

评价主体应及时向被评价对象进行绩效反馈，反馈内容包括评价结果、差距分析、改进建议及措施等，可采取反馈报告、反馈面谈、反馈报告会等方式进行。

### 5. 兑现激励计划

绩效结果发布后，企业应依据绩效评价的结果，组织兑现激励计划，综合运用绩效薪酬激励、能力开发激励、职业发展激励等多种方式，逐级兑现激励计划。

## （四）绩效评价与激励管理报告

绩效管理工作机构应定期或根据需要编制绩效评价与激励管理报告，对绩效评价和激励管理的结果进行反映。绩效评价与激励管理报告是企业管理会计报告的重要组成部分，应确保内容真实、数据可靠、分析客观、结论清楚，为报告使用者提供满足决策需要的信息。

### 1. 报告的分类

绩效评价与激励管理报告可分为定期报告、不定期报告。

定期报告主要反映一定期间内被评价对象的绩效评价与激励管理情况。每个会计年度至少出具一份定期报告。

不定期报告根据需要编制，反映部分特殊事项或特定项目的绩效评价与激励管理情况。

### 2. 报告的内容

（1）绩效评价报告根据评价结果编制

反映被评价对象的绩效计划完成情况，通常由报告正文和附件构成。报告正文主要包括以下两部分：①评价情况说明，包括评价对象、评价依据、评价过程、评价结果、需要说明的重大事项等；②管理建议，报告附件包括评价计分表、问卷调查结果分析、专家咨询意见等报告正文的支持性文档。

（2）激励管理报告根据激励计划的执行结果编制

反映被评价对象的激励计划实施情况。激励管理报告主要包括以下两部分：①激励情况说明，包括激励对象、激励依据、激励措施、激励执行结果、需要说明的重大事项等；②管理建议。

### 3. 报告的后续工作

绩效评价与激励管理报告应根据需要及时报送薪酬与考核委员会或类似机构审批，企业应定期通过回顾和分析，检查和评估绩效评价与激励管理的实施效果，不断优化绩效计划和激励计划，改进未来绩效管理工作。

## 六、绩效评价的优点与缺点

### （一）财务业绩评价的优点与缺点

财务业绩评价，是根据财务信息来评价管理者业绩的方法，常见的财务评价指标包括净利润、资产报酬率、经济增加值等。在责任会计中，各类责任中心的业绩评价指标所采用的就是财务业绩评价。

作为一种传统的评价方法，财务业绩一方面可以反映企业的综合经营成果；另一方面从会计系统中获得相应的数据，操作简便，易于理解，因此被广泛使用。

但财务业绩评价也有不足之处。首先，财务业绩体现的是企业当期的财务成果，反映的是企业的短期业绩，无法反映管理者在企业的长期业绩改善方面所作的努力。其次，财务业绩是一种结果导向，即只注重最终的财务结果，而对达成该结果的改善过程欠缺考虑。最后，财务业绩通过会计程序产生的会计数据进行考核，而会计数据则是根据公认的会计原则产生的，受到稳健性原则有偏估计的影响，因此可能无法公允地反映管理层的真正业绩。

### （二）非财务业绩评价的优点与缺点

非财务业绩评价是指根据非财务信息指标来评价管理者业绩的方法，比如与顾客相关的指标：市场份额、关键客户订货量、顾客满意度、顾客忠诚度等；与企业内部营运相关的指标：及时送货率、存货周转率、产品或服务质量（缺陷率）、周转时间等；反映员工学习与成长的指标：员工满意度、员工建议次数、员工拥有并熟练使用电脑比例、员工第二专长人数、员工流动率；等等。

非财务业绩评价的优点是可以避免财务业绩评价只侧重于过去、比较短视的不足；更体现长远业绩和外部对企业的整体评价。非财务业绩评价的缺点是一些关键的非财务业绩指标往往比较主观，数据的收集比较困难，评价指标数据的可靠性难以保证。

# 任务三　关键绩效指标法

【任务描述】

关键绩效指标，是对企业绩效产生关键影响力的指标，是通过对企业战略目标、关键成果领域的绩效特征分析，识别和提炼出的最能有效驱动企业价值创造的指标。关键绩效指标法可以单独使用，也可以与经济增加值法、平衡计分卡等其他方法结合使用。关键绩效指标法的应用对象可以是企业，也可以是企业所属的单位（部门）和员工。

【知识点】

了解关键绩效指标法的含义熟悉关键绩效指标掌握关键绩效指标法的应用。

【技能点】

学会运用财务和非财务指标考核企业绩效管理。

【知识储备】

## 一、关键绩效指标法的含义

关键绩效指标法是指基于企业战略目标，通过建立关键绩效指标（Key Performance Indicator，KPI）体系，将价值创造活动与战略规划目标有效联系起来，并据此进行绩效管理的方法。

## 二、关键绩效指标

企业的关键绩效指标一般可分为结果类和动因类两类指标。结果类指标是反映企业绩效的价值指标，主要包括投资资本回报率、净资产收益率、经济增加值、息税前利润、自由现金流等综合指标。动因类指标是反映企业价值关键驱动因素的指标，主要包括资本性支出、单位生产成本、产量、销量、客户满意度、员工满意度等。

## （一）结果类指标

（1）投资资本回报率，是指企业在一定会计期间内取得的息前税后利润占其所使用的全部投资资本的比例，反映企业在该会计期间内有效利用投资资本创造回报的能力。一般计算公式如下：

投资资本回报率=[税前利润×（1-所得税税率）+利息支出]/投资资本平均余额×100%

投资资本平均余额=（期初投资资本+期末投资资本）/2

投资资本=有息债务+所有者（股东）权益

（2）净资产收益率（也称权益净利率），是反映企业在一定会计期间内取得的净利润占其所使用的净资产平均数的比例，反映企业全部资产的获利能力。一般计算公式如下：

净资产收益率=净利润/平均净资产×100%

（3）经济增加值，是指税后净营业利润扣除全部投入资本的成本后的剩余收益。

经济增加值=税后净营业利润-平均资本占用×加权平均资本成本

（4）息税前利润，是指企业当年实现税前利润与利息支出的合计数。一般计算公式如下：

息税前利润=税前利润+利息支出

（5）自由现金流，是指企业在一定会计期间内经营活动产生的净现金流超过付现资本性支出的金额，反映企业可动用的现金。一般计算公式如下：

自由现金流=经营活动净现金流-付现资本性支出

（6）资产负债率，是指企业负债总额与资产总额的比值，反映企业整体财务风险程度。一般计算公式如下：

资产负债率=负债总额/资产总额×100%

【知识辨析 9-6】

企业的关键绩效指标一般可分为结果类和动因类两类指标。结果类指标是反映企业绩效的价值指标，主要包括（　　）等综合指标。

A. 投资回报率　　B. 净资产收益率　　C. 经济增加值　　D. 息税前利润

答案：ABCD

【任务举例 9-5】

海滨公司 2022 年有关资料如下：

（1）有关财务指标如表 9-8 所示：

表 9-8　财务指标资料　　单位：万元

| 项目名称 | 年初数 | 年末数 |
|---|---|---|
| 无息债务 | 200 | 300 |
| 有息债务 | 450 | 550 |
| 所有者权益 | 1 200 | 1 300 |

（2）企业所得税率为 25%。

（3）税前利润总额 420 万元，其中财务费用利息支出 48 万元。

计算投资资本回报率、净资产收益率、息税前利润、资产负债率等结果类指标值如下：

投资资本平均余额=（1 200+450+1 300+550）÷2=1 750（万元）

投资资本回报率=［420×（1-25%）+48］÷1 750=20.74%

净资产收益率=420×（1-25%）÷［（450+550）］÷2=63%

息税前利润=420+48=468（万元）

年初资产负债率=（200+450）÷1 200=54.17%

年末资产负债率=（300+550）÷1 300=65.38%

### （二）动因类指标

动因类指标主要包括资本性支出、单位生产成本、产量、销量、客户满意度和员工满意度。

资本性支出是指企业发生的、其效益涉及两个或两个以上会计年度的各项支出。

单位生产成本是指生产单位产品平均耗费的成本。

产量是指企业在一定时期内生产出来的产品数量。

销量是指企业在一定时期内销售商品的数量。

客户满意度是指客户期望值与客户体验的匹配程度，即客户通过对某项产品或服务的实际感知与期望值相比较后得出的指数。客户满意度收集渠道主要包括问卷调查、客户投诉、与客户的直接沟通、消费者组织的报告、各种媒体的报告和行业研究的结果等。

员工满意度是指员工对企业的实际感知与其期望值相比较后得出的指数。主要通过问卷调查、访谈调查等方式，从工作环境、工作关系、工作内容、薪酬福利、职业发展等方面进行衡量。

## 三、关键绩效指标法的应用

企业应用关键绩效指标法，一般包括如下程序：制订以关键绩效指标为核心的绩效计划、制订激励计划、执行绩效计划与激励计划、实施绩效评价与激励、编制绩效评价报告与激励管理报告等。其中，与其他业绩评价方法关键的不同是制订和实施以关键绩效指标为核心的绩效计划。

制订绩效计划包括构建关键绩效指标体系、分配指标权重、确定绩效目标值等。

### （一）构建关键绩效指标体系

对于一个企业，可以分三个层次来制定关键绩效指标体系。

#### 1. 企业级关键绩效指标

企业应根据战略目标，结合价值创造模式，综合考虑企业内外部经营环境等因素，设定企业级关键绩效指标。

### 2．所属单位（部门）级关键绩效指标

根据企业级关键绩效指标，结合所属单位（部门）关键业务流程，按照上下结合、分级编制、逐级分解的程序，在沟通反馈的基础上，设定所属单位（部门）级关键绩效指标。

### 3．岗位（员工）级关键绩效指标

根据所属单位（部门）级关键绩效指标，结合员工岗位职责和关键工作价值贡献，设定岗位（员工）级关键绩效指标。

企业的关键绩效指标一般可分为结果类和动因类两类指标。结果类指标是反映企业绩效的价值指标，主要包括投资报酬率、权益净利率、经济增加值、息税前利润、自由现金流量等综合指标；动因类指标是反映企业价值关键驱动因素的指标，主要包括资本性支出、单位生产成本、产量、销量、客户满意度、员工满意度等。

关键绩效指标应含义明确、可度量、与战略目标高度相关。指标的数量不宜过多，每层级关键绩效指标一般不超过10个。

## （二）分配指标权重

### 1．指标权重确定方法

（1）德尔菲法

德尔菲法又称专家调查法，是指邀请专家对各项指标进行权重设置，将汇总平均后的结果反馈给专家，再次征询意见，经过多次反复，逐步取得较一致结果的方法。

（2）层次分析法

层次分析法是指将绩效指标分解成多个层次，通过下层元素对于上层元素相对重要性的两两比较，构成两两比较的判断矩阵，求出判断矩阵最大特征值所对应的特征向量，以该特征向量作为指标权重值的方法。

（3）主成分分析法

主成分分析法是指将多个变量重新组合成一组新的相互无关的综合变量，根据实际需要从中挑选出尽可能多地反映原来变量信息的少数综合变量，进一步求出各变量的方差贡献率，以确定指标权重的方法。

（4）均方差法

均方差法是指将各项指标定为随机变量，指标在不同方案下的数值为该随机变量的取值，首先求出这些随机变量（各指标）的均方差，然后根据不同随机变量的离散程度确定指标权重的方法。

### 2．指标权重的设定

关键绩效指标的权重分配应以企业战略目标为导向，反映被评价对象对企业价值贡献或支持的程度，以及各指标之间的重要性水平。单项关键绩效指标权重一般设定在5%～30%，对特别重要的指标可适当提高权重。对特别关键、影响企业整体价值的指标可设立“一票否决”制度，即如果某项关键绩效指标未完成，无论其他指标是否完成，均视为未

完成绩效目标。

### （三）确定绩效目标值

企业确定关键绩效指标目标值，一般参考如下标准。

#### 1．参考国家标准

参考国家有关部门或权威机构发布的行业标准或参考竞争对手标准，比如国务院国资委考核分配局编制并每年更新出版的《企业绩效评价标准值》。

#### 2．参照企业内部标准

参照企业内部标准，包括企业战略目标、年度生产经营计划目标、年度预算目标、历年指标水平等。

#### 3．根据企业历史经验值确定

关键绩效指标的目标值确定后，应规定因内外部环境发生重大变化、自然灾害等不可抗力因素对绩效完成结果产生重大影响时，对目标值进行调整的办法和程序。一般情况下，由被评价对象或评价主体测算确定影响额度，向相应的绩效管理工作机构提出调整申请，报薪酬与考核委员会或类似机构审批。

### （四）其他程序

绩效评价计分方法与周期的选择、绩效责任书的签订、激励计划的制订，绩效计划与激励计划的执行、实施及编制报告等程序可参照任务一相关说明予以办理。

【知识辨析 9-7】

企业应用关键绩效指标法，一般按照（　　）。

A．制订以关键绩效指标为核心的绩效计划

B．制订激励计划

C．执行绩效计划与激励计划

D．实施绩效评价与激励

答案：ABCD

## 四、关键绩效指标法的优点和缺点

关键绩效指标法的主要优点：一是使企业业绩评价与企业战略目标密切相关，有利于企业战略目标的实现；二是通过识别价值创造模式把握关键价值驱动因素，能够更有效地实现企业价值增值目标；三是评价指标数量相对较少，易于理解和使用，实施成本相对较低，有利于推广实施。

关键绩效指标法的主要缺点：关键绩效指标法应用要求较高。关键绩效指标的选取需要透彻理解企业价值创造模式和战略目标，有效识别企业核心业务流程和关键价值驱动因素。指标体系设计不当将导致错误的价值导向和管理缺失。

# 任务四 经济增加值法

【任务描述】

经济增加值法，是指以经济增加值（Economic Value Added，EVA）为核心，建立绩效指标体系，引导企业注重价值创造，并据此进行绩效管理的方法。经济增加值法指标体系通常包括经济增加值、经济增加值改善值、经济增加值回报率、资本周转率、产量、销量、单位生产成本等。

【知识点】

了解经济增加值的相关概念，掌握经济增加值的计算方法，熟悉经济增加值的应用环境，掌握经济增加值分析的应用，了解经济增加值评价的优点和缺点。

【技能点】

学会运用经济增加值考核企业绩效管理。

【知识储备】

## 一、经济增加值的相关概念

### （一）经济增加值法的含义

经济增加值法，是指以经济增加值（Economic Value Added，EVA）为核心，建立绩效指标体系，引导企业注重价值创造，并据此进行绩效管理的方法。

经济增加值法指标体系通常包括经济增加值、经济增加值改善值、经济增加值回报率、资本周转率、产量、销量、单位生产成本等。

### （二）经济增加值的含义

经济增加值，是指税后净营业利润扣除全部投入资本成本后的剩余收益。经济增加值为正，表明经营者在为企业创造价值；经济增加值为负，表明经营者在损毁企业价值。

经济增加值=税后净营业利润-平均资本占用×加权平均资本成本

其中：（1）税后净营业利润衡量的是企业的经营盈利情况，税后净营业利润等于会计上的税后净利润加上利息支出等会计调整项目后得到的税后利润。（2）平均资本占用反映的是企业持续投入的各种债务资本和股权资本，其中债务资本包括融资活动产生的各类有息负债，不包括经营活动产生的无息流动负债。股权资本中包含少数股东权益。

资本占用除根据经济业务实质相应调整资产减值损失、递延所得税等，还可根据管理需要调整研发支出、在建工程等项目，引导企业注重长期价值创造。

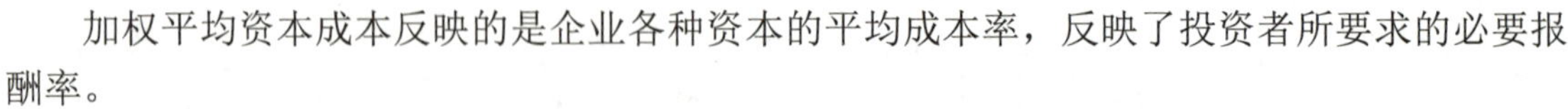

加权平均资本成本反映的是企业各种资本的平均成本率，反映了投资者所要求的必要报酬率。

【知识辨析 9-8】

经济增加值法是指税后净营业利润扣除全部投入资本的成本后的（　　）。

A. 利润总额　　B. 净利润　　C. 剩余收益　　D. 净现值

答案：C

### （三）经济增加值改善值的含义

经济增加值目标值根据经济增加值基准值（简称 EVA 基准值）和期望的经济增加值改善值（简称期望的ΔEVA）确定。计算公式如下：

$$\text{EVA 目标值}=\text{EVA 基准值}+\text{期望的}\Delta \text{EVA}$$

企业在确定 EVA 基准值和期望的 ΔEVA 值时，要充分考虑企业规模、发展阶段、行业特点等因素。其中，EVA 基准值可参照上年实际完成值、上年实际完成值与目标值的平均值、近几年（比如前 3 年）实际完成值的平均值等确定。期望的ΔEVA 值，根据企业战略目标、年度生产经营计划、年度预算安排、投资者期望等因素，结合价值创造能力改善等要求综合确定。

经济增加值及其改善值是全面评价经营者有效使用资本和为企业创造价值的重要指标。

## 二、经济增加值的计算

### （一）经济增加值的一般计算

【任务举例 9-6】

新华公司税后营业净利润 810 000 元，资产平均余额 9 000 000 元，负债平均余额 500 000 元。假设加权平均税前资本成本为 11%，且没有需要调整的项目，请计算该公司的经济增加值。

经济增加值 EVA=税后净营业利润-平均资本占用×加权平均资本成本

=810 000-（9 000 000-500 000）×11%×（1-25%）=108 750（元）

### （二）税后净营业利润的调整对经济增加值的影响

如前所述，税后净营业利润等于会计上的税后净利润加上利息支出等会计调整项目后得到的税后利润。这里的会计调整项目包括以下内容。

（1）研究开发费、大型广告费等一次性支出但收益期较长的费用，应予以资本化处理，不计入当期费用。

（2）反映付息债务成本的利息支出，不作为期间费用扣除，计算税后净营业利润时扣除所得税影响后予以加回。

（3）营业外收入、营业外支出具有偶发性，将当期发生的营业外收支从税后净营业利润中扣除。

（4）将当期减值损失扣除所得税影响后予以加回，并在计算资本占用时相应调整资产减值准备发生额。

（5）递延税金不反映实际支付的税款情况，将递延所得税资产及递延所得税负债变动影响的企业所得税从税后净营业利润中扣除，相应调整资本占用。

（6）其他非经常性损益调整项目，如股权转让收益等。

经过调整后的税后净营业利润为：

税后净营业利润=净利润+（利息支出±其他调整项）×（1-25%）

【任务举例 9-7】

海滨公司 2022 年税后营业净利润为 500 万元，全年资产平均余额为 9 000 万元，负债平均余额为 3 000 万元（全部为有息债务）。假设加权平均税前资本成本为 11%。2022 年有下列需要调整的项目：

本年年初大型广告费支出 200 万元，预计受益期 5 年。

（1）“财务费用”项目本年发生额 18 万元，其中借款利息支出 15 万元。

（2）“营业外收入”项目本年发生额 4 万元。

（3）“资产减值损失”项目本年发生额 10 万元，属于年末计提的存货跌价准备。

（4）“投资收益”项目本年发生额 6 万元，其中股权转让收益 3 万元。

（5）“在建工程”项目年初余额 200 万元，年末余额 160 万元。

除此之外，企业无其他会计调整项目。计算该公司的经济增加值。

（1）税后净营业利润=500+（160+15-4+10-3）×（1-25%）=633.5（万元）

（2）平均资产占用=9 000-（200+160）÷2+10÷2=8 825（万元）

平均资本占用=8 825-3 000=5 825（万元）

（3）经济增加值 EVA=500-5 825×11%×（1-25%）=19.44（万元）

## （三）平均资本占用的调整对经济增加值的影响

平均资本占用是所有投资者投入企业经营的全部资本，包括债务资本和股权资本。

其中：

（1）债务资本包括融资活动产生的各类有息负债，不包括经营活动产生的无息流动负债。无息流动负债是指企业财务报表中“应付票据”“应付账款”“预收款项”“应交税费”“应付利息”“应付职工薪酬”“应付股利”“其他应付款”和“其他流动负债（不含其他带息流动负债）”。“专项应付款”可视同无息流动负债予以扣除。

（2）股权资本中应包含少数股东权益。

（3）资本占用除根据经济业务实质相应调整资产减值损失、递延所得税等，还可根据管理需要调减研发支出、在建工程等项目，引导企业注重长期价值创造。

【知识辨析 9-9】

在计算平均资本占用时，不需要考虑的项目是（　　）。

A．应付账款　　B．短期借款　　C．长期借款　　D．应付债券

答案：A

### （四）加权平均资本成本的确定

加权平均资本成本是债务资本成本和股权资本成本的加权平均，反映了投资者所要求的必要报酬率。加权平均资本成本的计算公式如下：

$$KWACC=KD\times DC/TC（1-T）+KS\times EC/TC$$

其中：TC 代表资本占用，EC 代表股权资本，DC 代表债务资本；T 代表所得税税率；KWACC 代表加权平均资本成本，KD 代表债务资本成本，KS 代表股权资本成本。

债务资本成本是企业实际支付给债权人的税前利率，反映的是企业在资本市场中债务融资的成本率。如果企业存在不同利率的融资来源，债务资本成本应使用加权平均值。

股权资本成本是在不同风险下，所有者对投资者要求的最低回报率。通常根据资本资产定价模型确定，计算公式为：

$$KS=Rf+\beta（Rm-Rf）$$

其中：Rf 为无风险收益率，Rm 为市场预期回报率，Rm-Rf 为市场风险溢价。β 是企业股票相对于整个市场的风险指数。上市企业的 β 值，可采用回归分析法或单独使用最小二乘法等方法测算确定，也可以直接采用证券机构等提供或发布的 β 值；非上市企业的 β 值，可采用类比法，参考同类上市企业的 β 值确定。

【任务举例 9-8】

海滨公司 2022 年度债务资本为 4 000 万元，债务资本成本率为 7.2%，股权资本为 6 000 万元。无风险收益率为 6%，市场预期回报率为 14%，β 系数为 1.5。相关指标计算如下：

债务资本成本 KD=7.2%×（1-25%）=5.4%

债权资本比重=4 000÷（4 000+6 000）×100%=40%

股权资本成本 KS=6%+1.5×（14%-6%）=18%

股权资本比重=6 000÷（4 000+6 000）×100%=60%

加权平均资本成本=5.4%×40%+18%×60%=12.96%

企业级加权平均资本成本确定后，应结合行业情况、不同所属单位（部门）的特点，通过计算（能单独计算的）或指定（不能单独计算的）的方式确定所属单位（部门）的资本成本。

通常情况下，企业对所属单位（部门）所投入资本即股权资本的成本率是相同的，为简化资本成本的计算，所属单位（部门）的加权平均资本成本一般与企业保持一致。

## 三、经济增加值的应用环境

1．企业应用经济增加值法，应遵循《管理会计应用指引第 600 号——绩效管理》中对应用环境的一般要求。

2．企业应用经济增加值法，应树立价值管理理念，明确以价值创造为中心的战略目标，建立以经济增加值为核心的价值管理体系，使价值管理成为企业的核心管理制度。

3．企业应综合考虑宏观环境、行业特点和企业的实际情况，通过价值创造模式的识别，确定关键价值驱动因素，构建以经济增加值为核心的指标体系。

4．企业应建立清晰的资本资产管理责任体系，确定不同被评价对象的资本资产管理责任。

5．企业应建立健全会计核算体系，确保会计数据真实可靠、内容完整，并及时获取与经济增加值计算相关的会计数据。

6．企业应加强融资管理，关注筹资来源与渠道，及时获取债务资本成本、股权资本成本等相关信息，合理确定资本成本。

7．企业应加强投资管理，把能否增加价值作为新增投资项目决策的主要评判标准，以保持持续的价值创造能力。

## 四、经济增加值分析的应用

企业应用经济增加值法，一般按照制订以经济增加值指标为核心的绩效计划、制定激励计划、执行绩效计划与激励计划、实施绩效评价与激励、编制绩效评价与激励管理报告等程序进行。

【任务举例 9-9】

已知海滨公司计算 EVA 的相关基础数据如表 9-9 所示。

表 9-9　EVA 计算表

| 项　目 | 2018 年 | 2019 年 | 2020 年 | 2021 年 | 2022 年 |
|---|---|---|---|---|---|
| 调整后的净营业利润/万元 | 122 330 | 106 702 | 144 256 | 147 063 | 135 358 |
| 调整后的资本总额/万元 | 904 925 | 936 721 | 1 080 837 | 1 218 477 | 1 420 325 |
| 加权平均资本成本/% | 7.0 | 7.6 | 8.2 | 8.75 | 9.6 |

要求：根据以上数据，计算海滨公司 2017－2021 年的经济增加值，并据以对该公司的绩效进行评判。

任务处理如下：

2018 年的 EVA=122 330-904 925×7%=58 985.25（万元）

2019 年的 EVA=106 702-936 721×7.6%=35 511.20（万元）

2020 年的 EVA=144 256-1 080 837×8.19%=55 735.45（万元）

2021 年的 EVA=147 063-1 218 477×8.75%=40 446.46（万元）

2022 年的 EVA=135 358-1 420 325×9.6%=-993.20（万元）

可以看到，2018－2022 年，海滨公司连续 4 年的 EVA 均为正数，说明在此期间公司能够持续地为股东创造财富，公司的价值创造能力持续增强。然而，到了 2022 年时，情况出现逆转，公司的 EVA 仅为-993.20 万元，说明该公司当年不仅没有继续为股东创造财富，而且使公司价值下降 993.20 万元。仔细观察后可以发现，这主要是因为公司在出现调整后净营业利润下滑这一不利局面的同时，加权平均资本成本也从 2021 年的 8.75%增至 2022 年的 9.6%。为此，下一步，需结合影响公司会计利润创造能力的因素，以及影响加权平均资本成本的债务融资、股本融资及成本的内外部环境等因素，进行详细而全面的分析，以了解公司2018－2022年财务绩效出现上述波动的深层次原因，并采取有效措施，提升公司的价值创造能力。

## 五、经济增加值评价的优点和缺点

### （一）经济增加值评价的优点

实现了企业利益、经营者利益和员工利益的统一，激励经营者和所有员工为企业创造更多价值；能有效遏制企业盲目扩张规模以追求利润总量和增长率的倾向，引导企业注重长期价值创造。

经济增加值不仅仅是一种业绩评价指标，它还是一种全面财务管理和薪酬激励框架。经济增加值的吸引力主要在于它把资本预算、业绩评价和激励报酬结合起来了。过去，人们使用净现值和内部报酬率评价资本预算，用权益资本报酬率或每股收益评价公司业绩，用另外的一些效益指标作为发放奖金的依据。经理人员在作决策时，常常要考虑一堆杂乱无章，相互矛盾或互不联系的财务指标。经理们的奖金计划不断变更，使他们无所适从，只好糊里糊涂地应付眼前的变化。以经济增加值为依据的管理，其经营目标是经济增加值的提升，资本预算的决策基础是以适当折现率折现的经济增加值，衡量生产经营效益的指标是经济增加值，奖金根据适当的目标单位经济增加值来确定。这种管理变得简单、直接、统一与和谐。经济增加值框架下的综合财务管理系统，可以指导公司的每个决策，包括营业预算、年度资本预算、战略规划、公司收购和公司出售等。经济增加值是培训员工甚至培训公司最普通员工的简单而有效的方法。经济增加值是一个独特的薪金激励制度的关键变量。它第一次真正把管理者的利益和股东利益统一起来，使管理者像股东那样思维和行动。经济增加值是一种治理公司的内部控制制度。在这种控制制度下，所有员工可以协同工作，积极地追求最好的业绩。

在经济增加值的框架下，公司可以向投资人宣传他们的目标和成就，投资人也可以用经济增加值选择最有前景的公司。经济增加值还是股票分析家手中的一个强有力的工具。

### （二）经济增加值评价的缺点

首先，EVA仅对企业当期或未来1～3年价值创造情况进行衡量和预判，无法衡量企业长远发展战略的价值创造情况；其次，EVA计算主要基于财务指标，无法对企业的营运效率与效果进行综合评价；再次，不同行业，不同发展阶段、不同规模等的企业，其会计调整项和加权平均资本成本各不相同，计算比较复杂，影响指标的可比性；最后，由于经济增加值是绝对数指标，不便于比较不同规模公司的业绩。

经济增加值也有许多和投资报酬率一样误导使用人的缺点，例如，处于成长阶段的公司经济增加值较少，而处于衰退阶段的公司经济增加值可能较高。

在计算经济增加值时，对于净收益应作哪些调整以及资本成本的确定等，尚存在许多争议。这些争议不利于建立一个统一的规范。而缺乏统一性的业绩评价指标，只能在一个公司的历史分析以及内部评价中使用。

# 任务五　平衡计分卡

【任务描述】

平衡计分卡打破了传统的只注重财务指标的业绩评价模式，认为传统的财务指标属于滞后性指标，对于指导和评价企业如何通过投资于客户、供应商、雇员、生产程序、技术和创新等来创造未来的价值是不够的。因而需要在传统财务指标的基础上，增加用于评估企业未来投资价值好坏的具有前瞻性的先行指标。另外，《财富》杂志指出，事实上只有不到 10%的企业战略被有效地执行，真正的问题不是战略不好，而是执行能力不够，至少 70%的原因是战略执行的失败，而非战略本身的错误。战略执行失败的原因是由沟通障碍、管理障碍、资源障碍和人员障碍造成的。为了有效地解决业绩评价和战略实施问题，平衡计分卡应运而生，它是由哈佛商学院的会计教授罗伯特・卡普兰（Robert Kaplan）和战略复兴集团总裁大卫・诺顿（David Norton）提出和倡导的。

【知识点】

了解平衡计分卡的基本概念，掌握平衡计分卡的框架及平衡计分卡框架的特征，熟悉平衡计分卡的指标体系，掌握平衡计分卡与战略管理。

【技能点】

学会运用平衡计分卡进行绩效考核的设计与管理。

【知识储备】

## 一、平衡计分卡的基本概念

平衡计分卡，是指基于企业战略，从财务、客户、内部业务流程、学习与成长四个维度，将战略目标逐层分解转化为具体的、相互平衡的绩效指标体系，并据此进行绩效管理的方法。

## 二、平衡计分卡的框架

平衡计分卡通过将财务指标与非财务指标相结合，将企业的业绩评价同企业战略发展联系起来，设计出了一套能使企业高管迅速且全面了解企业经营状况的指标体系，用来表达企业进行战略性发展所必达到的目标，把任务和决策转化成目标和指标。平衡计分卡的目标和指标来源于企业的愿景和战略，这些目标和指标从四个维度来考察企业的业绩，即财务、顾客、内部业务流程、学习与成长维度。

## （一）财务维度

这一维度的目标是解决“股东如何看待我们”这一类问题。表明企业的努力是否最终对企业的经济收益产生了积极的作用。众所周知，现代企业财务管理目标是企业价值最大化，而对企业价值目标的计量是离不开相关财务指标的。财务维度指标通常包括投资报酬率、权益净利率、经济增加值、息税前利润、自由现金流量、资产负债率、总资产周转率等。

## （二）顾客维度

这一维度回答“顾客如何看待我们”的问题。顾客是企业之本，是现代企业的利润来源。顾客感受理应成为企业关注的焦点，应当从时间、质量、服务效率以及成本等方面了解市场份额、顾客需求和顾客满意程度。常用的顾客维度指标有市场份额、客户满意度、客户获得率、客户保持率、客户获利率、战略客户数量等。

## （三）内部业务流程维度

这一维度着眼于企业的核心竞争力，解决“我们的优势是什么”的问题。企业要想按时向顾客交货，满足现在和未来顾客的需要，必须以优化企业的内部业务流程为前提。因此，企业应当遴选出那些对顾客满意度有最大影响的业务流程，明确自身的核心竞争能力，并把它们转化成具体的测评指标。反映内部业务流程维度的常用指标有交货及时率、生产负荷率、产品合格率、存货周转率，单位生产成本等。

## （四）学习与成长维度

这一维度的目标是解决“我们是否能继续提高并创造价值”的问题。只有持续不断地开发新产品，为客户创造更多价值并提高经营效率，企业才能打入新市场，才能赢得顾客的信任，从而增加股东价值。企业的学习与成长来自员工、信息系统和企业程序等。根据经营环境和利润增长点的差异，企业可以确定不同的产品创新、过程创新和生产水平提高指标，如新产品开发周期、员工满意度、员工保持率、员工生产率、培训计划完成率等。

传统的业绩评价系统仅仅将指标提供给管理者，无论财务的还是非财务的，很少看到彼此间的关联以及对企业最终目标的影响。但是，平衡计分卡则不同，它的各个组成部分是以一种集成的方式来设计的，公司现在的努力与未来的前景之间存在着一种因果关系，在企业目标与业绩指标之间存在着一条“因果关系链”。从平衡计分卡中，管理者能够看到并分析影响企业整体目标的各种关键因素，而不单单是短期的财务结果。它有助于管理者对整个业务活动的发展过程始终保持关注，并确保现在的实际经营业绩与公司的长期战略保持一致。

【知识辨析 9-10】

下列项目中，属于学习与成长维度的核心指标的有（　　）。

A. 员工生产率　　B. 员工保持率

C. 培训计划完成率　　D. 员工满意度

答案：ABCD

## 三、平衡计分卡框架的特征

平衡计分卡模型之所以“平衡”，就在于它突破了传统财务绩效评价方法的不足，在综合影响组织绩效的各个方面后，从整体上对企业进行评价。在平衡计分卡指标体系构建时，应注重短期目标与长期目标的平衡、财务指标与非财务指标的平衡、结果性指标与动因性指标的平衡、企业内部利益与外部利益的平衡。

### （一）短期目标与长期目标的平衡

权益净利率、经济增加值等单一财务评价指标往往会导致企业追求短期利益，忽视长远发展。平衡计分卡模型则利用财务指标与非财务指标的结合，从利润等短期目标的实现与客户满意度、员工的培训与提升等长期目标的实现两个方面共同评价和考核企业，从而实现了对企业长、短期绩效的全方位评价，能够推动企业明确自己的发展方向与位置，并在经营过程中自觉保持短期目标与长期目标的均衡，在获取眼前利益的同时，注意追求未来的长远发展。

### （二）财务指标与非财务指标的平衡

传统的企业绩效评价方法一般只注重财务方面的绩效，这对工业时代的企业来说是足够的。然而，随着内外部环境的日益复杂化和企业竞争程度的加剧，通过改进企业内部业务流程、学习与创新，改善与股东、顾客的关系，对于企业获得长期的竞争优势、实现价值创造变得至关重要。平衡计分卡模型不仅有效保留了财务指标中的有益成分，而且将非财务指标补充进来，使企业绩效评价指标体系更加完整，进而实现了对企业的全面评价。

### （三）结果性指标与动因性指标的平衡

企业所取得的成果都有相应的驱动因素，企业应当清楚其追求的成果与产生这些成果的关键因素，即动因，以及代表该动因的指标等，分别都是什么，都有哪些。只有找到正确的动因，才能采取有效措施实现目标，才能建立科学的评价指标体系来对企业的绩效进行合理评估。

### （四）企业内部利益和外部利益的平衡

传统的绩效评价往往只注重企业内部财务评价，平衡计分卡模型则将评价的视线由企业内部扩大到企业外部，如股东、顾客，实现了对企业经营的全方位评价，以不断获取和保持竞争优势。同时，平衡计分卡模型以全新的目光重新认识企业内部，将以往只看重最终结果扩展到既看重结果又重视内部流程及创新和学习，重视企业运营的效率，以适应知识经济和现代企业发展的要求，促进企业持续发展。

平衡计分卡在对企业的战略目标进行指标描述的基础上，将此目标进行分解，进而细化到事业部、作业中心等各个层面乃至到个人。这一方式不仅可以确保企业内部所有员工了解企业的战略目标，也有助于把企业和部门的目标传达给每一位员工，促使其把这些目标转化为自己的任务和具体目标，并采取实际行动，确保企业战略和目标的完成。

平衡计分卡模型通过分析确定实现战略目标的动因以及能够代表该动因的指标等，在指标与指标之间建立一种驱动关系。比如，员工素质是内部流程方面的指标，顾客满意度是顾客方面的指标，两者之间就存在着驱动关系：员工素质高，服务质量就高，顾客满意度也会相应提高，而顾客满意度的提高又可以提高产品的销售利润率，从而提高企业投入资本的回报率，进而良性循环下去，实现公司长远的、可持续发展的目标。

【知识辨析 9-11】

平衡计分卡模型之所以“平衡”，是由于在平衡计分卡指标体系构建时注重（　　）。

A．短期目标与长期目标的平衡

B．财务指标与非财务指标的平衡

C．结果性指标与动因性指标的平衡

D．企业内部利益与外部利益的平衡

答案：ABCD

## 四、平衡计分卡的指标体系

### （一）平衡计分卡指标体系的具体构建

平衡计分卡指标体系构建时，企业应以财务维度为核心，其他维度的指标都与核心维度的一个或多个指标相联系。通过梳理核心维度目标的实现过程，确定每个维度的关键驱动因素，结合战略主题，选取关键绩效指标。平衡计分卡每个维度的指标通常为 4～7 个，总数量一般不超过 25 个。

【知识辨析 9-12】

平衡计分卡指标体系构建时，总数量一般不超过（　　）。

A．10 个　　B．15 个　　C．20 个　　D．25 个

答案：D

#### 1．财务维度指标体系的构建

财务维度以财务术语描述了战略目标的有形成果。财务绩效指标可以显示企业的战略及其实施和执行是否对改善企业盈利作出贡献。财务指标通常与获利能力有关。企业常用指标有投资资本回报率、净资产收益率、经济增加值回报率，息税前利润、自由现金流、资产负债率、总资产周转率、资本周转率等。

（1）投资资本回报率，是指企业在一定会计期间内取得的息前税后利润占其所使用的全部投资资本的比例，反映企业在该会计期间内有效利用投资资本创造回报的能力。一般计算公式如下：

投资资本回报率=[税前利润×（1-所得税税率）+利息支出]/投资资本平均余额×100%

投资资本平均余额=（期初投资资本+期末投资资本）/2

投资资本=有息债务+所有者（股东）权益

（2）净资产收益率（也称权益净利率），是反映企业在一定会计期间内取得的净利润占

其所使用的净资产平均数的比例，反映企业全部资产的获利能力。一般计算公式如下：

净资产收益率=净利润/平均净资产×100%

（3）经济增加值回报率，是反映企业在一定会计期间内经济增加值与平均资本占用的比值。一般计算公式如下：

经济增加值回报率=经济增加值/平均资本占用×100%

（4）息税前利润，是反映企业当年实现税前利润与利息支出的合计数。一般计算公式如下：

息税前利润=税前利润+利息支出

（5）自由现金流，是指企业在一定会计期间内经营活动产生的净现金流超过付现资本性支出的金额，反映企业可动用的现金。一般计算公式如下：

自由现金流=经营活动净现金流-付现资本性支出

（6）资产负债率，是指企业负债总额与资产总额的比值，反映企业整体的财务风险程度。一般计算公式如下：

资产负债率=负债总额/资产总额×100%

（7）总资产周转率，是指企业营业收入与总资产平均余额的比值，反映总资产在一定会计期间内周转的次数。一般计算公式如下：

总资产周转率=营业收入/总资产平均余额

（8）资本周转率，是指企业在一定会计期间内营业收入与平均资本占用的比值。一般计算公式如下：

资本周转率=营业收入/平均资本占用×100%

### 2. 客户维度指标体系的构建

客户维度界定了目标客户的价值主张。企业常用指标有市场份额、客户满意度、客户获得率、客户保持率、客户获利率、战略客户数量等。

（1）市场份额，是指一个企业的销售量（或销售额）在市场同类产品中所占的比重。

（2）客户满意度，是指客户期望值与客户体验的匹配程度，即客户通过对某项产品或服务的实际感知与其期望值相比较后得出的指数。客户满意度收集渠道主要包括问卷调查、客户投诉、与客户的直接沟通、消费者组织的报告、各种媒体的报告和行业研究的结果等。

（3）客户获得率，是指企业在争取新客户时获得成功部分的比例。该指标可用客户数量增长率或客户交易额增长率来描述。一般计算公式如下：

客户数量增长率=（本期客户数量-上期客户数量）/上期客户数量×100%

客户交易额增长率=（本期客户交易额-上期客户交易额）/上期客户交易额×100%

（4）客户保持率，是指企业继续保持与老客户交易关系的比例。该指标可用老客户交易额增长率来描述。一般计算公式如下：

老客户交易增长率=（老客户本期交易额-老客户上期交易额）/老客户上期交易额×100%

（5）客户获利率，是指企业从单一客户得到的净利润与付出的总成本的比率，一般计算公式如下：

单一客户获利率=（单一客户净利润/单一客户总成本）×100%

（6）战略客户数量，是指对企业战略目标实现有重要作用的客户的数量。

### 3．内部业务流程维度指标体系的构建

内部业务流程维度确定了对战略目标产生影响的关键流程。企业常用指标有交货及时率、生产负荷率、产品合格率、存货周转率等。

（1）交货及时率，是指企业在一定会计期间内及时交货的次数占总交货次数的比例。一般计算公式如下：

交货及时率=及时交货的订单个数/总订单个数×100%

（2）生产负荷率，是指投产项目在一定会计期间内的实际产量与设计生产能力的比例，一般计算公式如下：

生产负荷率=实际产量/设计生产能力×100%

（3）产品合格率，是指合格产品数量占总产品产量的比例。一般计算公式如下：

产品合格率=合格产品数量/总产品数量×100%

（4）存货周转率，是指企业营业收入与存货平均余额的比值，反映存货在一定会计期间内周转的次数。一般计算公式如下：

存货周转率=营业收入/存货平均余额

### 4．学习与成长维度指标体系的构建

学习与成长维度确定了对战略最重要的无形资产。企业常用指标有员工流失率、员工生产率、培训计划完成率等。

（1）员工流失率和员工保持率，是指企业在一定会计期间内离职员工占员工平均人数的比例。一般计算公式如下：

员工流失率=本期离职员工人数/员工平均人数×100%

员工保持率=1-员工流失率

（2）员工生产率，是指员工在一定会计期间内创造的劳动成果与其相应员工数量的比值。该指标可用人均产品生产数量或人均营业收入进行衡量。一般计算公式如下：

人均产品生产数量=本期产品生产总量/生产人数

人均营业收入=本期营业收入/员工人数

（3）培训计划完成率，是指培训计划实际执行的总时数占培训计划总时数的比例。一般计算公式如下：

培训计划完成率=培训计划实际执行的总时数/培训计划总时数×100%

## （二）建立通用类指标库

企业可根据实际情况建立通用类指标库，不同层级单位和部门结合不同的战略定位，业务特点选择适合的指标体系。

## （三）确立平衡计分卡指标权重

平衡计分卡指标的权重分配应以战略目标为导向，反映被评价对象对企业战略目标贡献或支持的程度，以及各指标之间的重要性水平。企业绩效指标权重一般设定在 5%～

30%，对特别重要的指标可适当提高权重。对特别关键、影响企业整体价值的指标可设立“一票否决”制度，即如果某项绩效指标未完成，无论其他指标是否完成，均视为未完成绩效目标。

### （四）确定平衡计分卡绩效目标值

平衡计分卡绩效目标值应根据战略地图的因果关系分别设置。首先确定战略主题的目标值；其次确定主题内的目标值；最后基于平衡计分卡评价指标与战略目标的对应关系，为每个评价指标设定目标值，通常设计 3～5 年的目标值。平衡计分卡绩效目标值确定后，应规定在内外部环境发生重大变化、自然灾害等不可抗力因素对绩效完成结果产生重大影响时，对目标值进行调整的办法和程序。一般情况下，由被评价对象或评价主体测算确定影响程度，向相应的绩效管理工作机构提出调整申请，报薪酬与考核委员会或类似机构审批。

## 五、平衡计分卡与战略管理

战略管理是企业管理的高级阶段，立足于企业的长远发展，根据外部环境及自身特点，围绕战略目标，采取独特的竞争战略，以求取得竞争优势。平衡计分卡则是突破了传统业绩评价系统的局限性，在战略高度上评价企业的经营业绩，把一整套财务与非财务指标同企业的战略联系在一起，是进行战略管理的基础。建立平衡计分卡，明确企业的愿景目标，就能协助管理人员建立一个得到大家广泛认同的愿景和战略，并将这些愿景和战略转化为一系列相互联系的衡量指标，确保企业各个层面了解长期战略，驱使各级部门采取有利于实现愿景和战略的行动，将部门、个人目标与长期战略相联系。

### （一）平衡计分卡和战略管理的关系

一方面，战略规划中所制定的目标是平衡计分卡考核的一个基准；另一方面，平衡计分卡又是一个有效的战略执行系统，它通过引入四个程序（说明愿景、沟通与联系、业务规划、反馈与学习），使得管理者能够把长期行为与短期行为联系在一起。

#### 1. 阐明并诠释愿景与战略

所谓愿景，可以简单理解为企业所要达到的远期目标。有效地说明愿景，可以使其成为企业所有成员的共同理想和目标，从而有助于管理人员就企业的使命和战略达成共识，这样才能成为企业取得成功的长期因素。

#### 2. 沟通与联系

它使得管理人员在企业中对战略上下沟通，并将它与部门及个人目标联系起来。

#### 3. 计划与制定目标值

它使企业能够实现业务计划和财务计划一体化。

#### 4. 战略反馈与学习

它使得企业以一个组织的形式获得战略型学习与改进的能力。

【知识辨析 9-13】

平衡计分卡的实施主要包括以下哪些步骤（　　）。

A. 阐释并诠释愿景与战略　　B. 沟通与联系

C. 计划与制定目标值　　D. 战略反馈与学习

答案：ABCD

### （二）平衡计分卡的要求

为了使平衡计分卡同企业战略更好地结合，必须做到以下几点。

#### 1. 平衡计分卡的四个方面应互为因果，最终结果是实现企业的战略

一个有效的平衡计分卡，绝对不仅是业绩衡量指标的结合，而且各个指标之间应该互相联系、互相补充，围绕企业战略所建立的因果关系链，应当贯穿于平衡计分卡的四个方面。

#### 2. 将企业的战略结果与驱动因素结合

平衡计分卡中不能只有具体的业绩衡量指标，还应包括这些具体衡量指标的驱动因素。否则无法说明怎样行动才能实现这些目标，也不能及时反映战略是否顺利实施。一套出色的平衡计分卡应该是把企业的战略结果同驱动因素结合起来。

#### 3. 平衡计分卡应该最终和财务指标联系起来

因为企业的最终目标是实现良好的经济利润，平衡计分卡必须强调经营成果，这关系到企业未来的生存与发展。

## 六、平衡计分卡与传统业绩评价系统的区别

（1）从“制定目标→执行目标→计算与分析实际业绩与目标值的差异→采取纠正措施”的目标管理系统来看，传统的业绩考核注重对员工执行过程的控制，平衡计分卡则强调目标制定的环节。平衡计分卡方法认为，目标制定的前提应当是员工有能力为达成目标而采取必要的行动方案，因此设定业绩评价指标的目的不在于控制员工的行为，而在于使员工能够理解企业的战略使命并为之付出努力。

（2）传统的业绩评价与企业的战略执行脱节。平衡计分卡把企业战略和业绩管理系统联系起来，是企业战略执行的基础架构。

（3）平衡计分卡在财务、客户、内部流程以及学习与成长四个维度建立公司的战略目标。用来表达企业在生产能力竞争和技术革新竞争环境中所必须达到的、多样的、相互联系的目标。

（4）平衡计分卡帮助公司及时考评战略执行的情况，根据需要（每月或每季度）适时调整战略、目标和考核指标。

（5）平衡计分卡能够帮助公司有效地建立跨部门团队合作机制，促进内部管理过程的顺利进行。

# 附录　资金时间价值系数表

附表一　1 元复利终值表

| 期数 | 1% | 2% | 3% | 4% | 5% | 6% | 7% | 8% | 9% | 10% |
|---|---|---|---|---|---|---|---|---|---|---|
| 1 | 1.0100 | 1.0200 | 1.0300 | 1.0400 | 1.0500 | 1.0600 | 1.0700 | 1.0800 | 1.0900 | 1.1000 |
| 2 | 1.0201 | 1.0404 | 1.0609 | 1.0816 | 1.1025 | 1.1236 | 1.1449 | 1.1664 | 1.1881 | 1.2100 |
| 3 | 1.0303 | 1.0612 | 1.0927 | 1.1249 | 1.1576 | 1.1910 | 1.2250 | 1.2597 | 1.2950 | 1.3310 |
| 4 | 1.0406 | 1.0824 | 1.1255 | 1.1699 | 1.2155 | 1.2625 | 1.3108 | 1.3605 | 1.4116 | 1.4641 |
| 5 | 1.0510 | 1.1041 | 1.1593 | 1.2167 | 1.2763 | 1.3382 | 1.4026 | 1.4693 | 1.5386 | 1.6105 |
| 6 | 1.0615 | 1.1262 | 1.1941 | 1.2653 | 1.3401 | 1.4185 | 1.5007 | 1.5809 | 1.6771 | 1.7716 |
| 7 | 1.0721 | 1.1487 | 1.2299 | 1.3159 | 1.4071 | 1.5036 | 1.6058 | 1.7138 | 1.8280 | 1.9487 |
| 8 | 1.0829 | 1.1717 | 1.2668 | 1.3686 | 1.4775 | 1.5938 | 1.7182 | 1.8509 | 1.9926 | 2.1436 |
| 9 | 1.0937 | 1.1951 | 1.3048 | 1.4233 | 1.5513 | 1.6895 | 1.8385 | 1.9990 | 2.1719 | 2.3579 |
| 10 | 1.1046 | 1.2190 | 1.3439 | 1.4802 | 1.6289 | 1.7908 | 1.9672 | 2.1589 | 2.3674 | 2.5937 |
| 11 | 1.1157 | 1.2434 | 1.3842 | 1.5395 | 1.7103 | 1.8983 | 2.1049 | 2.3316 | 2.5804 | 2.8531 |
| 12 | 1.1268 | 1.2682 | 1.4258 | 1.6010 | 1.7959 | 2.0122 | 2.2522 | 2.5182 | 2.8127 | 3.1384 |
| 13 | 1.1381 | 1.2936 | 1.4685 | 1.6651 | 1.8856 | 2.1329 | 2.4098 | 2.7196 | 3.0658 | 3.4523 |
| 14 | 1.1495 | 1.3195 | 1.5126 | 1.7317 | 1.9799 | 2.2609 | 2.5785 | 2.9372 | 3.3417 | 3.7975 |
| 15 | 1.1610 | 1.3459 | 1.5580 | 1.8009 | 2.0789 | 2.3966 | 2.7590 | 3.1722 | 3.6425 | 4.1772 |
| 16 | 1.1726 | 1.3728 | 1.6047 | 1.8730 | 2.1829 | 2.5404 | 2.9522 | 3.4259 | 3.9703 | 4.5950 |
| 17 | 1.1843 | 1.4002 | 1.6528 | 1.9479 | 2.2920 | 2.6928 | 3.1588 | 3.7000 | 4.3276 | 5.0545 |
| 18 | 1.1961 | 1.4282 | 1.7024 | 2.0258 | 2.4066 | 2.8543 | 3.3799 | 3.9960 | 4.7171 | 5.5599 |
| 19 | 1.2081 | 1.4568 | 1.7535 | 2.1068 | 2.5270 | 3.0256 | 3.6165 | 4.3157 | 5.1417 | 6.1159 |
| 20 | 1.2202 | 1.4859 | 1.8061 | 2.1911 | 2.6533 | 3.2071 | 3.8697 | 4.6610 | 5.6044 | 6.7275 |
| 21 | 1.2324 | 1.5157 | 1.8603 | 2.2788 | 2.7860 | 3.3996 | 4.1406 | 5.0338 | 6.1088 | 7.4002 |
| 22 | 1.2447 | 1.5460 | 1.9161 | 2.3699 | 2.9253 | 3.6035 | 4.4304 | 5.4365 | 6.6586 | 8.1403 |
| 23 | 1.2572 | 1.5769 | 1.9736 | 2.4647 | 3.0715 | 3.8197 | 4.7405 | 5.8715 | 7.2579 | 8.2543 |
| 24 | 1.2697 | 1.6084 | 2.0328 | 2.5633 | 3.2251 | 4.0489 | 5.0724 | 6.3412 | 7.9111 | 9.8497 |
| 25 | 1.2824 | 1.6406 | 2.0938 | 2.6658 | 3.3864 | 4.2919 | 5.4274 | 6.8485 | 8.6231 | 10.835 |
| 26 | 1.2953 | 1.6734 | 2.1566 | 2.7725 | 3.5557 | 4.5494 | 5.8074 | 7.3964 | 9.3992 | 11.918 |
| 27 | 1.3082 | 1.7069 | 2.2213 | 2.8834 | 3.7335 | 4.8823 | 6.2139 | 7.9881 | 10.245 | 13.110 |
| 28 | 1.3213 | 1.7410 | 2.2879 | 2.9987 | 3.9201 | 5.1117 | 6.6488 | 8.6271 | 11.167 | 14.421 |
| 29 | 1.3345 | 1.7758 | 2.3566 | 3.1187 | 4.1161 | 5.4184 | 7.1143 | 9.3173 | 12.172 | 15.863 |
| 30 | 1.3478 | 1.8114 | 2.4273 | 3.2434 | 4.3219 | 5.7435 | 7.6123 | 10.063 | 13.268 | 17.449 |
| 40 | 1.4889 | 2.2080 | 3.2620 | 4.8010 | 7.0400 | 10.286 | 14.794 | 21.725 | 31.408 | 45.259 |
| 50 | 1.6446 | 2.6916 | 4.3839 | 7.1067 | 11.467 | 18.420 | 29.457 | 46.902 | 74.358 | 117.39 |
| 60 | 1.8167 | 3.2810 | 5.8916 | 10.520 | 18.679 | 32.988 | 57.946 | 101.26 | 176.03 | 304.48 |

续表

| 期数 | 12% | 14% | 15% | 16% | 18% | 20% | 24% | 28% | 32% | 36% |
|---|---|---|---|---|---|---|---|---|---|---|
| 1 | 1.1200 | 1.1400 | 1.1500 | 1.1600 | 1.1800 | 1.2000 | 1.2400 | 1.2800 | 1.3200 | 1.3600 |
| 2 | 1.2544 | 1.2996 | 1.3225 | 1.3456 | 1.3924 | 1.4400 | 1.5376 | 1.6384 | 1.7424 | 1.8496 |
| 3 | 1.4049 | 1.4815 | 1.5209 | 1.5609 | 1.6430 | 1.7280 | 1.9066 | 2.0872 | 2.3000 | 2.5155 |
| 4 | 1.5735 | 1.6890 | 1..7490 | 1.8106 | 1.9388 | 2.0736 | 2.3642 | 2.6844 | 3.0360 | 3.4210 |
| 5 | 1.7623 | 1.9254 | 2.0114 | 2.1003 | 2.2878 | 2.4883 | 2.9316 | 3.4360 | 4.0075 | 4.6526 |
| 6 | 1.9738 | 2.1950 | 2.3131 | 2.4364 | 2.6996 | 2.9860 | 3.6352 | 4.3980 | 5.2899 | 6.3275 |
| 7 | 2.2107 | 2.5023 | 2.6600 | 2.8262 | 3.1855 | 3.5832 | 4.5077 | 5.6295 | 6.9826 | 8.6054 |
| 8 | 2.4760 | 2.8526 | 3.0590 | 3.2784 | 3.7589 | 4.2998 | 5.5895 | 7.2058 | 9.2170 | 11.703 |
| 9 | 2.7731 | 3.2519 | 3.5179 | 3.8030 | 4.4355 | 5.1598 | 6.9310 | 9.2234 | 12.166 | 15.917 |
| 10 | 3.1058 | 3.7072 | 4.0456 | 4.4114 | 5.2338 | 6.1917 | 8.5944 | 11.806 | 16.060 | 21.647 |
| 11 | 3.4785 | 4.2262 | 4.6524 | 5.1173 | 6.1759 | 7.4301 | 10.657 | 15.112 | 21.199 | 29.439 |
| 12 | 3.8960 | 4.8179 | 5.3503 | 5.9360 | 7.2876 | 8.9161 | 13.215 | 19.343 | 27.983 | 40.037 |
| 13 | 4.3635 | 5.4924 | 6.1528 | 6.8858 | 8.5994 | 10.699 | 16.386 | 24.759 | 36.937 | 54.451 |
| 14 | 4.8871 | 6.2613 | 7.0757 | 7.9875 | 10.147 | 12.839 | 20.319 | 31.691 | 48.757 | 74.053 |
| 15 | 5.4736 | 7.1379 | 8.1371 | 9.2655 | 11.974 | 15.407 | 25.196 | 40.565 | 64.359 | 100.71 |
| 16 | 6.1304 | 8.1372 | 9.3576 | 10.748 | 14.129 | 18.488 | 31.243 | 51.923 | 84.954 | 136.97 |
| 17 | 6.8660 | 9.2765 | 10.761 | 12.468 | 16.672 | 22.186 | 38.741 | 66.461 | 112.14 | 186..28 |
| 18 | 7.6900 | 10.575 | 12.375 | 14.463 | 19.673 | 26.623 | 48.039 | 86.071 | 148.02 | 253.34 |
| 19 | 8.6128 | 12.056 | 14.232 | 16.777 | 23.214 | 31.948 | 59.568 | 108.89 | 195.39 | 344.54 |
| 20 | 9.6463 | 13.743 | 16.367 | 19.461 | 27.393 | 38.338 | 73.864 | 139.38 | 257.92 | 468.57 |
| 21 | 10.804 | 15.668 | 18.822 | 22.574 | 32.324 | 46.005 | 91.592 | 178.41 | 340.45 | 637.26 |
| 22 | 12.100 | 17.861 | 21.645 | 26.186 | 38.142 | 55.206 | 113.57 | 228.36 | 449.39 | 866.67 |
| 23 | 13.552 | 20.362 | 24.891 | 30.376 | 45.008 | 66.247 | 140.83 | 292.30 | 593.20 | 1178.7 |
| 24 | 15.179 | 23.212 | 28.625 | 35.236 | 53.109 | 79.497 | 174.63 | 374.14 | 783.02 | 1603.0 |
| 25 | 17.000 | 26.462 | 32.919 | 40.874 | 62.669 | 95.396 | 216.54 | 478.90 | 1033.6 | 2180.1 |
| 26 | 19.040 | 30.167 | 37.857 | 47.414 | 73.949 | 114.48 | 268.51 | 613.00 | 1364.3 | 2964.9 |
| 27 | 21.325 | 34.390 | 43.535 | 55.000 | 87.260 | 137.37 | 332.95 | 784.64 | 1800.9 | 4032.3 |
| 28 | 23.884 | 39.204 | 50.066 | 63.800 | 102.97 | 164.84 | 412.86 | 1004.3 | 2377.2 | 5483.9 |
| 29 | 26.750 | 44.693 | 57.575 | 74.009 | 121.50 | 197.81 | 511.95 | 1285.6 | 3137.9 | 7458.1 |
| 30 | 29.960 | 50.950 | 66.212 | 85.850 | 143.37 | 237.38 | 634.82 | 1645.5 | 4142.1 | 10143. |
| 40 | 93.051 | 188.83 | 267.86 | 378.72 | 750.38 | 1469.8 | 5455.9 | 19427 | 66521 | * |
| 50 | 289.00 | 700.23 | 1083.7 | 1670.7 | 3927.4 | 9100.4 | 46890 | * | * | * |
| 60 | 897.60 | 2595.9 | 4384.0 | 7370.2 | 20555. | 56348. | * | * | * | * |
| | | *〉99999 | | | | | | | | |

## 附表二 1元复利现值表

| 期数 | 1% | 2% | 3% | 4% | 5% | 6% | 7% | 8% | 9% | 10% |
|---|---|---|---|---|---|---|---|---|---|---|
| 1 | .9901 | .9804 | .9709 | .9615 | .9524 | .9434 | .9346 | .9259 | .9174 | .9091 |
| 2 | .9803 | .9712 | .9426 | .9246 | .9070 | .8900 | .8734 | .8573 | .8417 | .8264 |
| 3 | .9706 | .9423 | .9151 | .8890 | .8638 | .8396 | .8163 | .7938 | .7722 | .7513 |
| 4 | .9610 | .9238 | .8885 | .8548 | .8227 | .7921 | .7629 | .7350 | .7084 | .6830 |
| 5 | .9515 | .9057 | .8626 | .8219 | .7835 | .7473 | .7130 | .6806 | .6499 | .6209 |
| 6 | .9420 | .8880 | .8375 | .7903 | .7462 | .7050 | .6663 | .6302 | .5963 | .5645 |
| 7 | .9327 | .8606 | .8131 | .7599 | .7107 | .6651 | .6227 | .5835 | .5470 | .5132 |
| 8 | .9235 | .8535 | .7874 | .7307 | .6768 | .6274 | .5820 | .5403 | .5019 | .4665 |
| 9 | .9143 | .8368 | .7664 | .7026 | .6446 | .5919 | .5439 | .5002 | .4604 | .4241 |
| 10 | .9053 | .8203 | .7441 | .6756 | .6139 | .5584 | .5083 | .4632 | .4224 | .3855 |
| 11 | .8963 | .8043 | .7224 | .6496 | .5847 | .5268 | .4751 | .4289 | .3875 | .3505 |
| 12 | .8874 | .7885 | .7014 | .6246 | .5568 | .4970 | .4440 | .3971 | .3555 | .3186 |
| 13 | .8787 | .7730 | .6810 | .6006 | .5303 | .4688 | .4150 | .3677 | .3262 | .2897 |
| 14 | .8700 | .7579 | .6611 | .5775 | .5051 | .4423 | .3878 | .3405 | .2992 | .2633 |
| 15 | .8613 | .7430 | .6419 | .5553 | .4810 | .4173 | .3624 | .3152 | .2745 | .2394 |
| 16 | .8528 | .7284 | .6232 | .5339 | .4581 | .3936 | .3387 | .2919 | .2519 | .2176 |
| 17 | .8444 | .7142 | .6050 | .5134 | .4363 | .3714 | .3166 | .2703 | .2311 | .1978 |
| 18 | .8360 | .7002 | .5874 | .4936 | .4155 | .3503 | .2959 | .2502 | .2120 | .1799 |
| 19 | .8277 | .6864 | .5703 | .4746 | .3957 | .3305 | .2765 | .2317 | .1945 | .1635 |
| 20 | .8195 | .6730 | .5537 | .4564 | .3769 | .3118 | .2584 | .2145 | .1784 | .1486 |
| 21 | .8114 | .6598 | .5375 | .4388 | .3589 | .2942 | .2415 | .1987 | .1637 | .1351 |
| 22 | .8034 | .6468 | .5219 | .4220 | .3418 | .2775 | .2257 | .1839 | .1502 | .1228 |
| 23 | .7954 | .6342 | .5067 | .4057 | .3256 | .2618 | .2109 | .1703 | .1378 | .1117 |
| 24 | .7876 | .6217 | .4919 | .3901 | .3101 | .2470 | .1971 | .1577 | .1264 | .1015 |
| 25 | .7798 | .6095 | .4776 | .3751 | .2953 | .2330 | .1842 | .1460 | .1160 | .0923 |
| 26 | .7720 | .5976 | .4637 | .3604 | .2812 | .2198 | .1722 | .1352 | .1064 | .0839 |
| 27 | .7644 | .5859 | .4502 | .3468 | .2678 | .2074 | .1609 | .1252 | .0976 | .0763 |
| 28 | .7568 | .5744 | .4371 | .3335 | .2551 | .1956 | .1504 | .1159 | .0895 | .0693 |
| 29 | .7493 | .5631 | .4243 | .3207 | .2429 | .1846 | .1406 | .1073 | .0822 | .0630 |
| 30 | .7419 | .5521 | .4120 | .3083 | .2314 | .1741 | .1314 | .0994 | .0754 | .0573 |
| 35 | .7059 | .5000 | .3554 | .2534 | .1813 | .1301 | .0937 | .0676 | .0490 | .0356 |
| 40 | .6717 | .4529 | .3066 | .2083 | .1420 | .0972 | .0668 | .0460 | .0318 | .0221 |
| 45 | .6491 | .4102 | .2644 | .1712 | .1113 | .0727 | .0476 | .0313 | .0207 | .0137 |
| 50 | .6080 | .3715 | .2281 | .1407 | .0872 | .0543 | .0339 | .0213 | .0134 | .0085 |
| 55 | .5785 | .3365 | .1968 | .1157 | .0683 | .0406 | .0242 | .0145 | .0087 | .0053 |

续表

| 期数 | 12% | 14% | 15% | 16% | 18% | 20% | 24% | 28% | 32% | 36% |
|---|---|---|---|---|---|---|---|---|---|---|
| 1 | .8929 | .8772 | .8696 | .8621 | .8475 | .8333 | .8065 | .7813 | .7576 | .7353 |
| 2 | .7972 | .7695 | .7561 | .7432 | .7182 | .6944 | .6504 | .6104 | .5739 | .5407 |
| 3 | .7118 | .6750 | .6575 | .6407 | .6086 | .5787 | .5245 | .4768 | .4348 | .3975 |
| 4 | .6355 | .5921 | .5718 | .5523 | .5158 | .4823 | .4230 | .3725 | .3294 | .2923 |
| 5 | .5674 | .5194 | .4972 | .4762 | .4371 | .4019 | .3411 | .2910 | .2495 | .2149 |
| 6 | .5066 | .4556 | .4323 | .4104 | .3704 | .3349 | .2751 | .2274 | .1890 | .1580 |
| 7 | .4523 | .3996 | .3759 | .3538 | .3139 | .2791 | .2218 | .1776 | .1432 | .1162 |
| 8 | .4039 | .3506 | .3269 | .3050 | .2660 | .2326 | .1789 | .1388 | .1085 | .0854 |
| 9 | .3606 | .3075 | .2843 | .2630 | .2255 | .1938 | .1443 | .1084 | .0822 | .0628 |
| 10 | .3220 | .2697 | .2472 | .2267 | .1911 | .1615 | .1164 | .0847 | .0623 | .0462 |
| 11 | .2875 | .2366 | .2149 | .1954 | .1619 | .1346 | .0938 | .0662 | .0472 | .0340 |
| 12 | .2567 | .2076 | .1869 | .1685 | .1373 | .1122 | .0557 | .0517 | .0357 | .0250 |
| 13 | .2292 | .1821 | .1625 | .1452 | .1163 | .0935 | .0610 | .0404 | .0271 | .0184 |
| 14 | .2046 | .1597 | .1413 | .1252 | .0985 | .0779 | .0492 | .0316 | .0205 | .0135 |
| 15 | .1827 | .1401 | .1229 | .1079 | .0835 | .0649 | .0397 | .0247 | .0155 | .0099 |
| 16 | .1631 | .1229 | .1069 | .0980 | .0709 | .0541 | .0320 | .0193 | .0118 | .0073 |
| 17 | .1456 | .1078 | .0929 | .0802 | .0600 | .0451 | .0259 | .0150 | .0089 | .0054 |
| 18 | .1300 | .0946 | .0808 | .0691 | .0508 | .0376 | .0208 | .0118 | .0068 | .0039 |
| 19 | .1161 | .0829 | .0703 | .0596 | .0431 | .0313 | .0168 | .0092 | .0051 | .0029 |
| 20 | .1037 | .0728 | .0611 | .0514 | .0365 | .0261 | .0135 | .0072 | .0039 | .0021 |
| 21 | .0926 | .0638 | .0531 | .0443 | .0309 | .0217 | .0109 | .0056 | .0029 | .0016 |
| 22 | .0826 | .0560 | .0462 | .0382 | .0262 | .0181 | .0088 | .0044 | .0022 | .0012 |
| 23 | .0738 | .0491 | .0402 | .0329 | .0222 | .0151 | .0071 | .0034 | .0017 | .0008 |
| 24 | .0659 | .0431 | .0349 | .0284 | .0188 | .0126 | .0057 | .0027 | .0013 | .0006 |
| 25 | .0588 | .0378 | .0304 | .0245 | .0160 | .0105 | .0046 | .0021 | .0010 | .0005 |
| 26 | .0525 | .0331 | .0264 | .0211 | .0135 | .0087 | .0037 | .0016 | .0007 | .0003 |
| 27 | .0469 | .0291 | .0230 | .0182 | .0115 | .0073 | .0030 | .0013 | .0006 | .0002 |
| 28 | .0419 | .0255 | .0200 | .0157 | .0097 | .0061 | .0024 | .0010 | .0004 | .0002 |
| 29 | .0374 | .0224 | .0174 | .0135 | .0082 | .0051 | .0020 | .0008 | .0003 | .0001 |
| 30 | .0334 | .0196 | .0151 | .0116 | .0070 | .0042 | .0016 | .0006 | .0002 | .0001 |
| 35 | .0189 | .0102 | .0075 | .0055 | .0030 | .0017 | .0005 | .0002 | .0001 | * |
| 40 | .0107 | .0053 | .0037 | .0026 | .0013 | .0007 | .0002 | .0001 | * | * |
| 45 | .0061 | .0027 | .0019 | .0013 | .0006 | .0003 | .0001 | * | * | * |
| 50 | .0035 | .0014 | .0009 | .0006 | .0003 | .0001 | * | * | * | * |
| 55 | .0020 | .0007 | .0005 | .0003 | .0001 | * | * | * | * | * |
| | 〈.0001 | | | | | | | | | |

附表三　1 元年金终值表

| 期数 | 1% | 2% | 3% | 4% | 5% | 6% | 7% | 8% | 9% | 10% |
|---|---|---|---|---|---|---|---|---|---|---|
| 1 | 1.0000 | 1.0000 | 1.0000 | 1.0000 | 1.0000 | 1.0000 | 1.0000 | 1.0000 | 1.0000 | 1.0000 |
| 2 | 2.0100 | 2.0200 | 2.0300 | 2.0400 | 2.0500 | 2.0600 | 2.0700 | 2.0800 | 2.0900 | 2.1000 |
| 3 | 3.0301 | 3.0604 | 3.0909 | 3.1216 | 3.1525 | 3.1836 | 3.2149 | 3.2464 | 3.2781 | 3.3100 |
| 4 | 4.0604 | 4.1216 | 4.1836 | 4.2465 | 4.3101 | 4.3746 | 4.4399 | 4.5061 | 4.5731 | 4.6410 |
| 5 | 5.1010 | 5.2040 | 5.3091 | 5.4163 | 5.5256 | 5.6371 | 5.7507 | 5.8666 | 5.9847 | 6.1051 |
| 6 | 6.1520 | 6.3081 | 6.4684 | 6.6330 | 6.8019 | 6.9753 | 7.1533 | 7.3359 | 7.5233 | 7.7156 |
| 7 | 7.2135 | 7.4343 | 7.6625 | 7.8983 | 8.1420 | 8.3938 | 8.6540 | 8.9228 | 9.2004 | 9.4872 |
| 8 | 8.2857 | 8.5830 | 8.8923 | 9.2142 | 9.5491 | 9.8975 | 10.260 | 10.637 | 11.028 | 11.436 |
| 9 | 9.3685 | 9.7546 | 10.159 | 10.583 | 11.027 | 11.491 | 11.978 | 12.488 | 13.021 | 13.579 |
| 10 | 10.462 | 10.950 | 11.464 | 12.006 | 12.578 | 13.181 | 13.816 | 14.487 | 15.193 | 15.937 |
| 11 | 11.567 | 12.169 | 12.808 | 13.486 | 14.207 | 14.972 | 15.784 | 16.645 | 17.560 | 18.531 |
| 12 | 12.683 | 13.412 | 14.192 | 15.026 | 15.917 | 16.870 | 17.888 | 18.977 | 20.141 | 21.384 |
| 13 | 13.809 | 14.680 | 15.618 | 16.627 | 17.713 | 18.882 | 20.141 | 21.495 | 22.953 | 24.523 |
| 14 | 14.947 | 15.974 | 17.086 | 18.292 | 19.599 | 21.015 | 22.550 | 24.214 | 26.019 | 27.975 |
| 15 | 16.097 | 17.293 | 18.599 | 20.024 | 21.579 | 23.276 | 25.129 | 27.152 | 29.361 | 31.772 |
| 16 | 17.258 | 18.639 | 20.157 | 21.825 | 23.657 | 25.673 | 27.888 | 30.324 | 33.003 | 35.950 |
| 17 | 18.430 | 20.012 | 21.762 | 23.698 | 25.840 | 28.213 | 30.840 | 33.750 | 36.974 | 40.545 |
| 18 | 19.615 | 21.412 | 23.414 | 25.645 | 28.132 | 30.906 | 33.999 | 37.450 | 41.301 | 45.599 |
| 19 | 20.811 | 22.841 | 25.117 | 27.671 | 30.539 | 33.760 | 37.379 | 41.446 | 46.018 | 51.159 |
| 20 | 22.019 | 24.297 | 26.870 | 29.778 | 33.066 | 36.786 | 40.995 | 45.752 | 51.160 | 57.275 |
| 21 | 23.239 | 25.783 | 28.676 | 31.969 | 35.719 | 39.993 | 44.865 | 50.423 | 56.765 | 64.002 |
| 22 | 24.472 | 27.299 | 30.537 | 34.248 | 38.505 | 43.392 | 49.006 | 55.457 | 62.873 | 71.403 |
| 23 | 25.716 | 28.845 | 32.453 | 36.618 | 41.430 | 46.996 | 53.436 | 60.883 | 69.532 | 79.543 |
| 24 | 26.973 | 30.422 | 34.426 | 39.083 | 44.502 | 50.816 | 58.177 | 66.765 | 76.790 | 88.497 |
| 25 | 28.243 | 32.030 | 36.459 | 41.646 | 47.727 | 54.863 | 63.249 | 73.106 | 84.701 | 98.347 |
| 26 | 29.526 | 33.671 | 38.553 | 44.312 | 51.113 | 59.156 | 68.676 | 79.954 | 93.324 | 109.18 |
| 27 | 30.821 | 35.344 | 40.710 | 47.084 | 54.669 | 63.706 | 74.484 | 87.351 | 102.72 | 121.10 |
| 28 | 32.129 | 37.051 | 42.931 | 49.968 | 58.403 | 68.528 | 80.698 | 95.339 | 112.97 | 134.21 |
| 29 | 33.450 | 38.792 | 45.219 | 52.966 | 62.323 | 73.640 | 87.347 | 103.97 | 124.14 | 148.63 |
| 30 | 34.785 | 40.568 | 47.575 | 56.085 | 66.439 | 79.058 | 94.461 | 113.28 | 136.31 | 164.49 |
| 40 | 48.886 | 60.402 | 75.401 | 95.026 | 120.80 | 154.76 | 199.64 | 259.06 | 337.88 | 442.59 |
| 50 | 64.463 | 84.579 | 112.80 | 152.67 | 209.35 | 290.34 | 406.53 | 573.77 | 815.08 | 1163.9 |
| 60 | 81.670 | 114.05 | 163.05 | 237.99 | 353.58 | 533.13 | 813.52 | 1253.2 | 1944.8 | 3034.8 |

续表

| 期数 | 12% | 14% | 15% | 16% | 18% | 20% | 24% | 28% | 32% | 36% |
|---|---|---|---|---|---|---|---|---|---|---|
| 1 | 1.0000 | 1.0000 | 1.0000 | 1.0000 | 1.0000 | 1.0000 | 1.0000 | 1.0000 | 1.0000 | 1.0000 |
| 2 | 2.1200 | 2.1400 | 2.1500 | 2.1600 | 2.1800 | 2.2000 | 2.2400 | 2.2800 | 2.3200 | 2.3600 |
| 3 | 3.3744 | 3.4396 | 3.4725 | 3.5056 | 3.5724 | 3.6400 | 3.7776 | 3.9184 | 3.0624 | 3.2096 |
| 4 | 4.7793 | 4.9211 | 4.9934 | 5.0665 | 5.2154 | 5.3680 | 5.6842 | 6.0156 | 6.3624 | 6.7251 |
| 5 | 6.3528 | 6.6101 | 6.7424 | 6.8771 | 7.1542 | 7.4416 | 8.0484 | 8.6999 | 9.3983 | 10.146 |
| 6 | 8.1152 | 8.5355 | 8.7537 | 8.9775 | 9.4420 | 9.9299 | 10.980 | 12.136 | 13.406 | 14.799 |
| 7 | 10.089 | 10.730 | 11.067 | 11.414 | 12.142 | 12.916 | 14.615 | 16.534 | 18.696 | 21.126 |
| 8 | 12.300 | 13.233 | 13.727 | 14.240 | 15.327 | 16.499 | 19.123 | 22.163 | 25.678 | 29.732 |
| 9 | 14.776 | 16.085 | 16.786 | 17.519 | 19.086 | 20.799 | 24.712 | 29.369 | 34.895 | 41.435 |
| 10 | 17.549 | 19.337 | 20.304 | 21.321 | 23.521 | 25.959. | 31.643 | 38.593 | 47.062 | 57.352 |
| 11 | 20.655 | 23.045 | 24.349 | 25.733 | 28.755 | 32.150 | 40.238 | 50.398 | 63.122 | 78.998 |
| 12 | 24.133 | 27.271 | 29.002 | 30.850 | 34.931 | 39.581 | 50.895 | 65.510 | 84.320 | 108.44 |
| 13 | 28.029 | 32.089 | 34.352 | 36.786 | 42.219 | 48.497 | 64.110 | 84.853 | 112.30 | 148.47 |
| 14 | 32.393 | 37.581 | 40.505 | 43.672 | 50.818 | 59.196 | 80.496 | 109.61 | 149.24 | 202.93 |
| 15 | 37.280 | 43.842 | 47.580 | 51.660 | 60.965 | 72.035 | 100.82 | 141.30 | 198.00 | 276.98 |
| 16 | 42.753 | 50.980 | 55.717 | 60.925 | 72.939 | 87.442 | 126.01 | 181.87 | 262.36 | 377.69 |
| 17 | 48.884 | 59.118 | 65.075 | 71.673 | 87.068 | 105.93 | 157.25 | 233.79 | 347.31 | 514.66 |
| 18 | 55.750 | 68.394 | 75.836 | 84.141 | 103.74 | 128.12 | 195.99 | 300.25 | 459.45 | 770.94 |
| 19 | 63.440 | 78.969 | 88.212 | 98.603 | 123.41 | 154.74 | 244.03 | 385.32 | 607.47 | 954.28 |
| 20 | 72.052 | 91.025 | 102.44 | 115.38 | 146.63 | 186.69 | 303.60 | 494.21 | 802.86 | 1298.8 |
| 21 | 81.699 | 104.77 | 118.81 | 134.84 | 174.02 | 225.03 | 377.46 | 633.59 | 1060.8 | 1767.4 |
| 22 | 92.503 | 120.44 | 137.63 | 157.41 | 206.34 | 271.03 | 469.06 | 812.00 | 1401.2 | 2404.7 |
| 23 | 104.60 | 138.30 | 159.28 | 183.60 | 244.49 | 326.24 | 582.63 | 1040.4 | 1850.6 | 3271.3 |
| 24 | 118.16 | 158.66 | 184.17 | 213.98 | 289.49 | 392.48 | 723.46 | 1332.7 | 2443.8 | 4450.0 |
| 25 | 133.33 | 181.87 | 212.79 | 249.21 | 342.60 | 471.98 | 898.09 | 1706.8 | 3226.8 | 6053.0 |
| 26 | 150.33 | 208.33 | 245.71 | 290.09 | 405.27 | 567.38 | 1114.6 | 2185.7 | 4260.4 | 8233.1 |
| 27 | 169.37 | 238.50 | 283.57 | 337.50 | 479.22 | 681.85 | 1383.1 | 2798.7 | 5624.8 | 11198.0 |
| 28 | 190.70 | 272.89 | 327.10 | 392.50 | 566.48 | 819.22 | 1716.1 | 3583.3 | 7425.7 | 15230.3 |
| 29 | 214.58 | 312.09 | 377.17 | 456.30 | 669.45 | 984.07 | 2129.0 | 4587.7 | 9802.9 | 20714.2 |
| 30 | 241.33 | 356.79 | 434.75 | 530.31 | 790.95 | 1181.9 | 2640.9 | 5873.2 | 12941. | 28172.3 |
| 40 | 767.09 | 1342.0 | 1779.1 | 2360.8 | 4163.2 | 7343.2 | 2729. | 69377. | * | * |
| 50 | 2400.0 | 4994.5 | 7217.7 | 10436. | 21813. | 45497. | * | * | * | * |
| 60 | 7471.6 | 18535. | 29220. | 46058. | * | * | * | * | * | * |
|  | *〉99999 |  |  |  |  |  |  |  |  |  |

## 附表四　1元年金现值表

| 期数 | 1% | 2% | 3% | 4% | 5% | 6% | 7% | 8% | 9% |
|---|---|---|---|---|---|---|---|---|---|
| 1 | 0.9901 | 0.9804 | 0.9709 | 0.9615 | 0.9524 | 0.9434 | 0.9346 | 0.9259 | 0.9174 |
| 2 | 1.9704 | 1.9416 | 1.9135 | 1.8861 | 1.8594 | 1.8334 | 1.8080 | 1.7833 | 1.7591 |
| 3 | 2.9410 | 2.8839 | 2.8286 | 2.7751 | 2.7232 | 2.6730 | 2.6243 | 2.5771 | 2.5313 |
| 4 | 3.9020 | 3.8077 | 3.7171 | 3.6299 | 3.5460 | 3.4651 | 3.3872 | 3.3121 | 3.2397 |
| 5 | 4.8534 | 4.7135 | 4.5797 | 4.4518 | 4.3295 | 4.2124 | 4.1002 | 3.9927 | 3.8897 |
| 6 | 5.7955 | 5.6014 | 5.4172 | 5.2421 | 5.0757 | 4.9173 | 4.7665 | 4.6229 | 4.4859 |
| 7 | 6.7282 | 6.4720 | 6.2303 | 6.0021 | 5.7864 | 5.5824 | 5.3893 | 5.2064 | 5.0330 |
| 8 | 7.6517 | 7.3255 | 7.0197 | 6.7327 | 6.4632 | 6.2098 | 5.9713 | 5.7466 | 5.5348 |
| 9 | 8.5660 | 8.1622 | 7.7861 | 7.4353 | 7.1078 | 6.8017 | 6.5152 | 6.2469 | 5.9952 |
| 10 | 9.4713 | 8.9826 | 8.5302 | 8.1109 | 7.7217 | 7..3601 | 7.0236 | 6.7101 | 6.4177 |
| 11 | 10.3676 | 9.7868 | 9.2526 | 8.7605 | 8.3064 | 7.8869 | 7.4987 | 7.1390 | 6.8052 |
| 12 | 11.2551 | 10.5753 | 9.9540 | 9.3851 | 8.8633 | 8.3838 | 7.9427 | 7.5361 | 7.1607 |
| 13 | 12.1337 | 11.3484 | 10.6350 | 9.9856 | 9.3936 | 8.8527 | 8.3577 | 7.9038 | 7.4869 |
| 14 | 13.0037 | 12.1062 | 11.2961 | 10.5631 | 9.8986 | 9.2950 | 8.7455 | 8.2442 | 7.7862 |
| 15 | 13.8651 | 12.8493 | 11.9379 | 11.1184 | 10.3797 | 9.7122 | 9.1079 | 8.5595 | 8..0607 |
| 16 | 14.7179 | 13.5777 | 12.5611 | 11.6523 | 10.8378 | 10.1059 | 9.4466 | 8.8514 | 8.3126 |
| 17 | 15.5623 | 14.2919 | 13.1661 | 12.1657 | 11.2741 | 10.4773 | 9.7632 | 9.1216 | 8.5436 |
| 18 | 16.3983 | 14.9920 | 13.7535 | 12.6896 | 11.6896 | 10.8276 | 10.0591 | 9.3719 | 8.7556 |
| 19 | 17.2260 | 15.6785 | 14.3238 | 13.1339 | 12.0853 | 11.1581 | 10.3356 | 9.6036 | 8.9601 |
| 20 | 18.0456 | 16.3514 | 14.8775 | 13.5903 | 12.4622 | 11.4699 | 10.5940 | 9.8181 | 9.1285 |
| 21 | 18.8570 | 17.0112 | 15.4150 | 14.0292 | 12.8212 | 11.7641 | 10.8355 | 10.0168 | 9.02922 |
| 22 | 19.6604 | 17.6580 | 15.9369 | 14.4511 | 13.4886 | 12.3034 | 11.0612 | 10.2007 | 9.4424 |
| 23 | 20.4558 | 18.2922 | 16.4436 | 14.8568 | 13.4886 | 12.3034 | 11.2722 | 10.3711 | 9.5802 |
| 24 | 21.2434 | 18.9139 | 16.9355 | 15.2470 | 13.7986 | 12.5504 | 11.4693 | 10.5288 | 9.7066 |
| 25 | 22.0232 | 19.5235 | 17.4131 | 15.6221 | 14.0939 | 12.7834 | 11.6536 | 10.6748 | 9.8226 |
| 26 | 22.7952 | 20.1210 | 17.8768 | 15.9828 | 14.3752 | 13.0032 | 11.8258 | 10.8100 | 9.9290 |
| 27 | 23.5596 | 20.7059 | 18.3270 | 16.3296 | 14.6430 | 13.2105 | 11.9867 | 10.9352 | 10.0266 |
| 28 | 24.3164 | 21.2813 | 18.7641 | 16.6631 | 14.8981 | 13.4062 | 12.1371 | 11.0511 | 10.1161 |
| 29 | 25.0658 | 21.8444 | 19.1885 | 16.9837 | 15.1411 | 13.5907 | 12.2777 | 11.1584 | 10.1983 |
| 30 | 25.8077 | 22.3965 | 19.6004 | 17.2920 | 15.3725 | 13.7648 | 12.4090 | 11.2578 | 10.2737 |
| 35 | 29.4086 | 24.9986 | 21.4872 | 18.6646 | 16.3742 | 14.4982 | 12.9477 | 11.6546 | 10.5668 |
| 40 | 32.8347 | 27.3555 | 23.1148 | 19.7928 | 17.1591 | 15.0463 | 13.3317 | 11.9246 | 10.7574 |
| 45 | 36.0945 | 29.4902 | 24.5187 | 20.7200 | 17.7741 | 15.4558 | 13.6055 | 12.1084 | 10.8812 |
| 50 | 39.1961 | 31.4236 | 25.7298 | 21.4822 | 18.2559 | 15.7619 | 13.8007 | 12.2335 | 10.9617 |
| 55 | 42.1472 | 33.1748 | 26.7744 | 22.1086 | 18.6335 | 15.9905 | 13.9399 | 12.3186 | 11.0140 |

续表

| 期数 | 10% | 12% | 14% | 15% | 16% | 18% | 20% | 24% | 28% | 32% |
|---|---|---|---|---|---|---|---|---|---|---|
| 1 | 0.9091 | 0.8929 | 0.8772 | 0.8696 | 0.8621 | 0.8475 | 0.8333 | 0.8065 | 0.7813 | 0.7576 |
| 2 | 1.7355 | 1.6901 | 1.6467 | 1.6257 | 1.6052 | 1.5656 | 1.5278 | 1.4568 | 1.3916 | 1.3315 |
| 3 | 2.4869 | 2.4018 | 2.3216 | 2.2832 | 2.2459 | 2.1743 | 2.1065 | 1.9813 | 1.8684 | 1.7663 |
| 4 | 3.1699 | 3.0373 | 2.9173 | 2.8550 | 2.7982 | 2.6901 | 2.5887 | 2.4043 | 2.2410 | 2.0957 |
| 5 | 3.7908 | 3.6048 | 3.4331 | 3.3522 | 3.2743 | 3.1272 | 2.9906 | 2.7454 | 2.5320 | 2.3452 |
| 6 | 4.3553 | 4.1114 | 3.8887 | 3.7845 | 3.6847 | 3.4976 | 3.3255 | 3.0205 | 2.7594 | 2.5342 |
| 7 | 4.8684 | 4.5638 | 4.2882 | 4.1604 | 4.0386 | 3.8115 | 3.6046 | 3.2423 | 2.9370 | 2.6775 |
| 8 | 5.3349 | 4.9676 | 4.6389 | 4.4873 | 4.3436 | 4.0776 | 3.8372 | 3.4212 | 3.0758 | 2.7860 |
| 9 | 5.7590 | 5.3282 | 4.9164 | 4.7716 | 4.6065 | 4.3030 | 4.0310 | 3.5655 | 3.1842 | 2.8681 |
| 10 | 6.1446 | 5.6502 | 5.2161 | 5.0188 | 4.8332 | 4.4941 | 4.1925 | 3.6819 | 3.2689 | 2.9304 |
| 11 | 6.4951 | 5.9377 | 5.4527 | 5.2337 | 5.0286 | 4.6560 | 4.3271 | 3.7757 | 3.3351 | 2.9776 |
| 12 | 6.8137 | 6.1944 | 5.6603 | 5.4206 | 5.1971 | 4.7932 | 4.4392 | 3.8514 | 3.3868 | 3.0133 |
| 13 | 7.1034 | 6.4235 | 5.8424 | 5.5831 | 5.3423 | 4.9095 | 4.5327 | 3.9124 | 3.4272 | 3.0404 |
| 14 | 7.3667 | 6.6282 | 6.0021 | 5.7245 | 5.4675 | 5.0081 | 4.6106 | 3.9616 | 3.4587 | 3.0609 |
| 15 | 7.6061 | 6.8109 | 6.1422 | 5.8474 | 5.5755 | 5.0916 | 4.6755 | 4.0013 | 3.4834 | 3.0764 |
| 16 | 7.8237 | 6.9740 | 6.2651 | 5.9542 | 5.6685 | 5.1624 | 4.7296 | 4.0333 | 3.5026 | 3.0882 |
| 17 | 8.0216 | 7.1196 | 6.3729 | 6.0472 | 5.7487 | 5.2223 | 4.7746 | 4.0591 | 3.5177 | 3.0971 |
| 18 | 8.0216 | 7.2497 | 6.4674 | 6.1280 | 5.8178 | 5.2732 | 4.8122 | 4.0799 | 3.5294 | 3.1039 |
| 19 | 8.3649 | 7.3658 | 6.5504 | 6.1982 | 5.8775 | 5.3162 | 4.8435 | 4.0967 | 3.5386 | 3.1090 |
| 20 | 8.5136 | 7.4694 | 6.6231 | 6.2593 | 5.9288 | 5.3527 | 4.8696 | 4.1103 | 3.5458 | 3.1129 |
| 21 | 8.6487 | 7.5620 | 6.6870 | 6.3125 | 5.9731 | 5.3837 | 4.8913 | 4.1212 | 3.5514 | 3.1158 |
| 22 | 8.7715 | 7.6446 | 6.7429 | 6.3587 | 6.0113 | 5.4099 | 4.9094 | 4.1300 | 3.5558 | 3.1180 |
| 23 | 8.8832 | 7.7184 | 6.7921 | 6.3988 | 6.0442 | 5.3421 | 4.9245 | 4.1371 | 3.5592 | 3.1197 |
| 24 | 8.9847 | 7.7843 | 6.8351 | 6.4338 | 6.0726 | 5.4509 | 4.9371 | 4.1428 | 3.5619 | 3.1210 |
| 25 | 9.0770 | 7.8431 | 6.8729 | 6.4641 | 6.0971 | 5.4669 | 4.9476 | 4.1474 | 3.5640 | 3.1220 |
| 26 | 9.1609 | 7.8957 | 6.9061 | 6.4906 | 6.1182 | 5.4804 | 4.9563 | 4.1511 | 3.5656 | 3.1227 |
| 27 | 9.2372 | 7.9426 | 6.9352 | 6.5135 | 6.1364 | 5.4919 | 4.9636 | 4.1542 | 3.5669 | 3.1233 |
| 28 | 9.3066 | 7.9844 | 6.9607 | 6.5335 | 6.1520 | 5.5016 | 4.9697 | 4.1566 | 3.5679 | 3.1237 |
| 29 | 9.3696 | 8.0218 | 6.9830 | 6.5509 | 6.1656 | 5.5098 | 4.9747 | 4.1585 | 3.5687 | 3.1240 |
| 30 | 9.4269 | 8.0552 | 7.0027 | 6.5660 | 6.1772 | 5.5166 | 4.9789 | 4.1601 | 3.5693 | 3.1242 |
| 35 | 9.6442 | 8.1755 | 7.0700 | 6.6166 | 6.2153 | 5.5386 | 4.9915 | 4.1644 | 3.5708 | 3.1248 |
| 40 | 9.7791 | 8.2438 | 7.1050 | 6.6418 | 6.2335 | 5.5482 | 4.9966 | 4.1659 | 3.5712 | 3.1250 |
| 45 | 9.8628 | 8.2825 | 7.1232 | 6.6543 | 6.2421 | 5.5523 | 4.9986 | 4.1664 | 3.5714 | 3.1250 |
| 50 | 9.9148 | 8.3045 | 7.1327 | 6.6605 | 6.2463 | 5.5541 | 4.9995 | 4.1666 | 3.5714 | 3.1250 |

# 参考文献


[1] 财政部. 管理会计基本指引. 财政部文件，2016.
[2] 财政部. 管理会计应用指引［M］. 上海：立信会计出版社，2018.
[3] 财政部会计资格评价中心. 初级会计实务［M］. 北京：经济科学出版社，
[4] 财政部会计资格评价中心. 财务管理［M］. 北京：经济科学出版社，2021.
[5] 财政部会计资格评价中心. 高级会计实务［M］. 北京：经济科学出版社，20
[6] 中国注册会计师协会. 财务成本管理［M］. 北京：中国财政经济出版社，202
[7] 高翠莲. 管理会计基础［M］. 北京：高等教育出版社，2018.
[8] 孙茂竹，文光伟，杨万贵. 管理会计学［M］. 北京：中国人民大学出版社，2017.
[9] 潘飞. 管理会计职业道德［M］. 上海：上海财经大学出版社，2017.
[10] 闫华红. 财务成本管理（下册）［M］. 北京：北京科学技术出版社，2018.
[11] 韩鹏，程慧芳，王千红. 管理会计学［M］. 北京：北京大学出版社，2015.
[12] 吴大军. 管理会计［M］. 大连：东北财经大学出版社，2018.

2021.

21.

21.